华中科技大学民族精神研究院主持

国家教育部重大攻关项目“弘扬和培育民族精神研究”成果

民族精神研究丛书

主编：杨叔子　刘献君　欧阳康

民族精神研究丛书

杨叔子 刘献君 欧阳康 主编

文化反思与价值建构
——全球化与民族精神

欧阳康 主编

栗志刚 副主编

人民出版社

总　序

杨叔子　欧阳康　刘献君

中华民族精神是中华民族在数千年历史发展中形成的以爱国主义为核心的团结统一、爱好和平、勤劳勇敢、自强不息的伟大精神。在发生亘古未有之巨变的近现代，中华民族精神一方面经受了巨大的挑战，显示出强大的生命力，但同时也得到了新的磨炼、丰富和扩展。在当今全球化的时代背景下，国家之间的竞争已不仅仅是经济实力的竞争，同时更是文化实力的竞争。一个民族，没有强大的科学技术，一打就垮；没有民族精神和文化，不打自垮。先进生产力的发展离不开先进的文化，而先进文化归根到底依赖于并体现于文化精神的先进。在全面实现小康社会的伟大历史征程中，在贯彻落实科学发展观的伟大社会实践中，中国特色的社会主义文化建设尤其应当把民族精神的培育和弘扬作为重中之重。江泽民在中国共产党第十六次全国代表大会上所作的报告中指出："面对世界范围各种思想文化的相互激荡，必须把弘扬和培育民族精神作为文化建设极为重要的任务，纳入国民教育全过程，纳入精神文明建设全过程，使全体人民始终保持昂扬向上的精神状态。”为此，2003年教育部设立了哲学社会科学重大攻关项目“弘扬与培育民族精神研究”课题，华中科技大学组队申报获得成功。至承担课题后，又组成了课题组，课题组成员围绕如何弘扬与培育中华民族精神这一时代课题，从理论、历史、现实、比较、对策等不同角度进行了一系列深入的研究和考证。经过多年的精心组织、分工合作、联合攻关形成了本套丛书，集中反映了我们在这方面所取得的具有学术和应用价值的初步研究成果。

一

民族精神是一个民族在长期共同生活和实践中逐步形成和培育起来的，并通过他们特定的社会行为方式表现出来的思想观念、价值信念、性格与心理的总和。作为一种特定的文化现象，民族精神是一个民族共同的思想品格、价值取向和道德规范的综合体现，是被高度综合和概括了的一个民族的共同的精神品质和风貌。中国传统文化博大精深，源远流长，勤劳善良的劳动人民在长期的社会生产实践中逐渐形成了一系列优秀的文化传统和文化精神。在此基础上也形成了以爱国主义为核心，以团结统一、爱好和平、勤劳勇敢、自强不息为主要内容的中华民族精神。仁民爱物、忧乐天下、自强不息、与时偕行是中华民族精神的精髓。在全球化浪潮中，现代文明的示范影响早已突破商品生产和贸易往来，渗透到社会生活的方方面面，人们在日常生活中所接受的已不仅仅是本国本民族的文化传统和生活习俗,而且有来自世界各地的文化和信息。伴随文化交流而来的文化渗透,必然产生对民族文化的冲击,对于各民族的价值体系、思维方式、伦理观念、国民品性以及审美情趣,都会产生难以估量的影响。厘定固有民族精神的优秀因子,汲取其他民族精神的合理因素,凝聚中华民族的新的精神形态,是实现中华民族的伟大复兴并跻身世界伟大民族之林的必然要求。

开展民族精神研究具有深远的理论意义和实践意义。首先,该研究将有助于提高全体国民对民族精神重要性的认识,自觉地用民族精神指导、规范、激励自己的思想、意志和行动,成为合格的有美德的公民。其次,该研究有助于在经济全球化背景下,强化凝聚民族精神、加强民族认同的时代感和紧迫性,以爱国主义精神支持和激励民族的团结和国家的统一。最后,该研究有助于为精神文明建设提供根本的着眼点、新的思路和具体落实措施,从制度和规则上保障转变社会风气,有效地服务于全面建设小康社会,使物质文明、精神文明和政治文明及其制度建设协调发展,并为人类走出精神的低迷、形成新的文明做出贡献。

根据我们的考察,以往的研究成果虽取得了有目共睹的成绩,但还存在着严重的不足之处:

一是缺乏系统性。研究者往往仅仅从自己所在的学科出发来开展研究,而缺乏对于这个宏大课题的整体关照,少有从整体上去把握弘扬和培育民族精神这个论题的应有广度和深度。实际上,“弘扬和培育民族精神”这个论题是一个有自己理论体系的重大课题,从概念内涵、基本原理、基本规律到研究路径,应该是多层的立体的。

二是缺乏实证性。没有或少有关于民族精神现状的严密和求实的社会调查作为理论研究的支撑,因此研究难以深入,突出表现在论题和论证存在“泛化”倾向。如论证有一定的广度而深度欠缺,纵向谈论较多而横向比较研究很少。概而论之的多,深入具体分析的少。

三是缺乏比较性。对于国外和海外如何培育和弘扬民族精神不甚了解,缺乏多种参照系,也就难以更加科学合理地把握我们自身的民族精神。

四是缺乏时代性。对于如何在经济全球化和世界一体化的全新时代背景下培育和弘扬中华民族精神缺乏足够的关照。

五是缺乏建构性。对于如何科学合理和有效地弘扬中华民族精神缺乏具体和系统的探讨,缺乏对策性的建议,从而难以在实践中发挥积极作用。

有鉴于此,进一步开展弘扬与培育民族精神的研究就具备了现实的可能性和较大的探索空间。

二

我们的研究目标是:在认真学习吸取已有研究成果的基础上,努力克服在理论研究和实践运作中尚存的问题,科学地运用马克思主义哲学的基本理论和方法,立足于对世界格局、时代精神、中国特色的全面把握和深刻理解,以理论与实证、历史与现实、批判与继承、比较与借鉴相结合的方法,确立合理可行的研究思路和构架,围绕弘扬和培育民族精神的主题展开系列研究,构建和完善中华民族精神研究的理论体系,探索和寻求弘扬培育民族精神的实施策略和有效路径,为弘扬培育民族精神的实践提供理论与制度、机制上的支持。为此,我们分别从以下方面进行了深入细致的研究:

理论研究。旨在通过多学科交叉与综合基础上的学理性研究来奠定民族精神研究的学术和理论基础,其基本内容可概括为民族精神与民族生存、民族精神与民族文化以及民族精神与现代人的生存境遇三个部分。

历史研究。旨在以中华民族精神的起源、演化和发展进程为主线,通过深入研究来揭示中华民族精神发展的历史命脉和内在逻辑。

实证研究。目的是通过严密科学和广泛合理的社会调查统计和资料分析,展现当代中国人的精神生态,把握当前中国公众对中华民族精神的认同状况,揭示在民族精神的弘扬与发展实践中尚存的问题。

比较研究。我们力求以开阔的国际化视野将中华民族精神的弘扬与培育置于全球性的文化和精神碰撞之中,通过对跨国跨境不同文化和民族精神的比照和研究,尝试从海外境外寻求思想和学术借鉴,以推动中华民族精神的不断发展与创新。

对策研究。这是本课题研究的落脚点和归宿,旨在通过深入的历史与现实、理论与实践研究,探索有效弘扬民族精神的基本途径与方法。

三

本课题组自2004年年初启动"弘扬与培育民族精神研究"

课题后，专门成立了国内首家民族精神研究院，下设若干研究所，集中学校和海内外专家协同攻关；开设了“弘扬与培育民族精神”系列学术讲座，宣传造势，形成良好的学术和社会氛围；召开了“弘扬和培育民族精神”课题开题报告会和“全球化与民族精神”国际学术研讨会等，广泛开展国际和国内学术交流；在《华中科技大学学报》（社会科学版）开设了“民族精神研究”专栏，自2004年第1期开始到现在持续刊登本专题论文，已发表了近百篇相关专题学术论文。在进行学术研究的同时，我们根据国家教育部关于将中华民族精神教育贯穿在国民教育的全过程的要求，编辑出版了《中华民族精神教育读本》系列教材，分为小学版（含拼音版）、初中版、高中版，由华中科技大学出版社出版，力图将学术研究成果转化为教材和教学内容。教材已于2007年春季开始在湖北省部分中小学使用，迄今已印刷发行15万册，产生了较大的社会影响。

我们把弘扬与培育民族精神的研究从学理、实证、比较、对策等四个主要方面设立了相应的课题组，在课题负责人的带领下开展协同研究，取得了丰硕的和有价值的研究成果，形成了目前这5本学术专著。通过研究，在以下方面取得了一定突破：

其一，从人类生存的视角考察了民族精神与民族生存的相互关系；科学界定了民族精神的本质属性和文化内涵；探讨了民族精神与意识形态的关系；揭示了民族精神的道德支撑及其形而上学本质。

其二，探索了民族精神在表现方式上的多样性及其和时代内涵的统一性；揭示了民族精神与时代精神的关联；阐明了民族精神的相对稳定性及其与时俱进的变化性之间的关系。

其三，勾勒出比较清晰的民族精神的内容体系；系统阐述了民族精神与民族文化、哲学的民族精神与文化的民族精神之间的关系；全面把握中华民族精神的核心内容与构成要素、传统形态及其现代转换。

其四，探讨了中华民族精神与其他民族精神间的良性互动问题；分析了不同文化传统和民族精神比较研究的必要性和可能性；指出了民族精神比较研究中的误区并对民族精神比较研究中的若干前提性问题进行了反思；对与中华民族未来发展走向密切相关的东西方民族国家的不同文化传统和民族精神进行了较为细致深入的比较研究。

其五，结合实证研究手段，通过全面系统、科学合理的社会调查及其数据分析，揭示了当代中国人的精神生态和新时期的社会意识状况，为探索弘扬与培育中华民族精神的现实途径提供了可靠和有效依据。

其六，积极探索新时期培育与弘扬中华民族精神的有效途径和方法建议；把弘扬民族精神作为全面建设小康社会和人的自由全面发展的必要精神条件，为全面建设小康社会寻求理论资源和动力。

其七，研究了全球化进程中民族的自我认同和民族凝聚问题；为民族成员提供自觉弘扬、培育坚守民族精神的明确目标；同时提出了适应新的时代的以继承民族文化核心理念为基础的现代民族精神系统。

通过研究我们清醒地认识到，正如马克思所言，理论的难题无非是实践难题的一种观念表现。对于任何可能把理论难题探讨引向神秘主义的东西，都应当在实践中和对实践的合理理解中得到科学的解答。面对经济全球化和世界一体化的挑战,当代中华民族的民族精神应该而且必将在社会主义市场经济和现代化建设的实践中得以振兴、提升和发扬光大。当代中国特色社会主义建设的伟大实践不仅是民族精神的学术研究活动,更是中华民族精神的弘扬与培育最为丰厚的思想源泉和不竭的发展动力。

四

经过多年的精心研究,课题组成员积极探索了民族精神从理论走向实践的有效路径。但由于以下原因,本课题研究还需继续推进:第一,民族精神是一个非常重大和复杂的问题,具有很强的跨学科、跨地域和跨文化性,需要更加深入持久的研究;第二,从中央到民众对这个问题的认识与认同都在不断的深化和发展之中,尤其是社会主义核心价值体系构建和建设中华民族共有精神家园问题的提出,对于民族精神研究提出了更高的要求;第三,弘扬民族精神是一个涉及面很广、实践性很强、政策性很强的任务,需要更加全面深入的研究和探讨;第四,我们的学术平台刚刚搭建起来,学术队伍刚刚整合起来,学术研究的水平还有待提高,以推出更有分量的成果。

为此,我们准备在以下方面继续开展相关研究:一是继续深入开展理论研究,尤其是深入开展民族精神与社会主义和谐文化、民族精神与社会主义核心价值体系、民族精神与中华民族共有精神家园相关性研究。二是继续在民族精神层面开展国际学术对话与交流,积极学习借鉴其他国家开展民族精神教育的经验和办法,加强中华民族精神的国际宣传与交流,提升我国的国际影响力和竞争力。三是加强研究成果在实际中的推广应用。四是认真总结弘扬和培育民族精神的实践经验,在合适的时候推出适合大学生和各方面各层次人员需要的民族精神教育读本。五是开展民族精神与科技文化沟通与交融的理论与实践研究,探讨在现代条件下全层次有效开展民族精神教育的科学合理途径。

弘扬与培育民族精神是一个重大的研究课题,涉及的领域广泛,需要多方面的紧密合作。除课题组成员外,在课题设计和研究过程中,国内外、校内外的众多学者都不同程度地以各种方式参与其中,有的还参加了有关书稿的撰写,在此一并表示衷心谢意。课题的研究进展还得益于众多的博士生、硕士生的不断加盟,他们有的帮助搜集资料和翻译论文,还有的以此为题撰写学位论文。本丛书饱含着他们的汗水、辛劳和智慧。我们衷心希望,本丛书的出版不仅有助于民族精神研究的深化,而且能够对中华民族精神在当代中国与世界的弘扬有所助益。

人民出版社的领导和编辑为本丛书的出版费心谋划,特别是哲学编辑室的陈亚明主任、夏青编辑等同仁们的努力,促成本丛书顺利出版。在此表示由衷的敬意和谢忱。

目 录

一 民族精神的审视

民族精神:中华民族文化哲理的凝现 ………………………… 杨叔子/3
探究民族精神的价值 ………………… [美国]G. John M. 阿巴罗/24
民族精神与人的生存 …………………………………………… 张曙光/30
——时代的精神问题及出路
历史教育与民族精神 …………………………………………… 李传印/38

二 全球化语境中的民族精神

全球化与民族精神 ……………………………………………… 欧阳康/53
——中华民族的反思与超越
多元文化社会中的宽容精神 ………… [美国]George F. 麦克林/66
民族精神面临全球化挑战 …………………………… [越南]阮仲準/77
论全球化和民族意识 …………………………………………… 李太平/83
多元文化与民族认同 …………………………………………… 陈 刚/94
全球化视野中的民族主义 …………………………………… 栗志刚/102
从浪漫主义向民族主义的转变 ……………………………… 张廷国/113
——德国民族主义形成的原因

三 全球化与民族精神的弘扬和培育

全球化形势下培育和弘扬民族精神的
对策 …………………………………………… 蒋济永 周 艳／125
交融与独立:全球化趋势下弘扬和培育民族精神的
思考 ………………………………………………………… 吴中宇／131
全球化语境下中国现代民族精神的建构 …… 董 慧 夏增民／143
经济全球化对中华民族精神的挑战及
对策 …………………………………………… 金荣学 宋德勇／152
在全球化背景下发扬当今越南民族精神 ………［越南］范文德／162
以上帝的名义:伊朗文化精神 ………［伊朗］哥拉瑞扎-阿瓦尼／171
印度同一性和文化延续性 …………………［印度］S. R. 伯哈特／179

四 中华民族精神探究

中华传统文化精神论纲 ………………………………… 何晓明／193
“内圣外王”与中国古代民族精神的建构………………… 田勤耘／200
清朝末季:民族自信的丧失与实用理性的延续 ………… 黄岭峻／208
——中华民族精神的现代转型研究之一
楚民族精神略议 ………………………………………… 刘玉堂／217
少数民族文化中的伦理资源与民族精神的培育 ……… 朱为鸿／227
论《儿女英雄传》中的族群意识 ……………………… 李 婷／235

五 文化视域中的民族精神

文化类型理论与我国文化类型研究及其反思…………… 孙秋云／259
理念与社会进步 …………………………［中国台湾］陈文团／277

文化、传统和社会进步 …………………… [印度]S. R. 伯哈特 / 294
中国大学生及留美中国大学生民族精神之对比研究 ………………………… 范 蕾 樊葳葳 / 304
民族精神与新闻媒介功能实现 ………………………… 刘 洁 / 318
思维的网络性与市场经济的宏观调控 …………………… 萧汉明 / 326
——关于中国古代的网络思维及其现代转换

后 记 ………………………………………………………… / 339

一

民族精神的审视

民族精神:中华民族文化哲理的凝现

杨叔子

“事有必至,理有固然。”人类经历几千年文明史的发展,风风雨雨,坎坎坷坷,为什么至今只有中华民族、中华民族文化(以下简称中华文化)不仅没有消亡,而且其历史从未中断?这绝不是什么偶然,也绝不是什么侥幸,而是取决于事物的本身,即在于中华文化的本身,在于这一文化所蕴涵的哲理,在于这一哲理所拥有的丰富情感与卓越智慧以及由此产生的力量,在于这一哲理所凝现的民族精神,在于以这一民族精神作为脊梁骨所挺立起来的中华民族具有不可战胜的强大生命力。历史已充分证明,这一民族、这一生命力绝不为任何艰难险阻所压倒,相反,一定要克服一切艰难险阻,并从中汲取营养而变得更加强大。

民族,主要是文化的概念而非基因的概念。有什么样的文化,就有什么样的哲理,就有什么样的民族。我完全赞成这一论点:文化是民族的身份证。党的十六大报告讲得多么深刻:“文化的力量深深熔铸在民族的生命力、创造力和凝聚力之中。”凝聚力,主要取决于对民族文化的认同,取决于民族文化情感的吸引力;创造力,主要取决于对民族文化精髓的掌握,取决于民族文化智慧的开拓力;而生命力,主要是凝聚力与创造力的总和,是这一总和所体现的战斗力,是民族文化哲理在精神与物质层面上的总体现。正因为中华民族拥有如此富有深刻哲理的民族文化,从而具有无比的情感、智慧与无比的力量,具有强大的凝聚力、创造力与生命力,具有支撑中华民族赖以生存、成长、发展的不可战胜的民族精神，具有以此民族精神作为坚不可摧的脊梁骨。中华民族在五千多年文明史演进的征程中，遭到许多惨烈的天灾人祸与严峻的历史考验，但是，它并没有倒下去，而是顽强地站住了，以史为鉴，以事为师，吃一堑，长一智，天才地吸取了宝贵的经验教训，曲折地然而胜利地向前发展，可谓玉我于成。

一

中华文化博大精深，源远流长。中华文化哲理所蕴涵的整体观、变化观与本质观，十分宝贵。所谓整体观，是全局地有联系地看问题；所谓变化观，是长远地发展地看问题；所谓本质观，是深入地辩证地看问题。而这三者又是紧密相联而不可分割的。

首先，是整体观。中华文化哲理的一大精华就是讲整体，讲全局，讲“天人合一”，讲“四海一家”，讲“古今一体”。世界是一个整体，事物相互联系而又不可分割。客观世界是一个整体，主观世界是一个整体，主、客观世界也是一个整体。人与人、个人与集体、个人与社会、人与自然都是一体的。庄子讲得对，“物无非彼，物无非是”，“彼出于是，是亦因彼”（按：“是”在这里是指彼此的“此”），“天地与我并生，而万物与我为一”。（《庄子·齐物论》）但是，“并生”、“为一”，不等于并列，而是老子讲的“人法地，地法天，天法道，道法自然”。（《老子》第二十五章）前三个“法”，是指“效法”，“道法自然”却是讲“道”就是“自”“然”，“自”是主体，“然”是按主体本身的固有规律而动。世界这个整体是按其本身固有的规律而动，这绝不可违反。孔子讲的“天何言哉！四时行焉，百物生焉，天何言哉！”（《论语·阳货》）也是这个意思。我国先哲从未否认人的重大作用，老子就讲“道大，天大，地大，人亦大；域中有四大，而人居其一焉”。（《老子》第二十五章）我国先哲所讲的“天道”、“天命”、“常”等，本质上就是世界本身固有的规律。荀子主张的“制天命而用之”，并非要人去征服自然,要自然听从人的主观主义的意愿;相反,是要从自然界的整体出发,而非从一地一物一事一时出发,来运用其固有规律,以造福于社会。我国古代许多工程就是如此决策而完成的,都江堰工程就是其中杰出的典范之一。它显示了李冰父子中华文化哲理的整体观,正确处理了分水、排沙等多方面的相互关系,不但整治了岷江水患,造就一个富饶的成都平原;而且丝毫无害并有利于自然环境,泽被千秋,功垂万代。今天,一谈到对自然环境的开发,就似乎不可避免地或多或少要破坏环境,以牺牲环境为代价来换取发展。这种只从一地一物一事一时而非整体地来按照"科学"办事、来开发、来发展,结果得不偿失,这岂不令人三思? 我国历史上在水利、农业、医药等领域中的许多杰出成就,正是这一整体观在科学技术中的深刻体现。特别是中医,中医治病是辨证施治:头痛可能医脚,脚痛可能医头,强调人是一个整体;同一病症,因人因时因地因势而异地下诊断结论、开治病处方,将人作为一个同季节、地方、心情、历史等因素有密切联系的这么一个"天人合一"的整体的人来诊治,而非力求有一"万应灵丹",来包治同一病症。还有,中医治病的中药往往是以改变人体细胞所含的化学成分及其浓度,来增强人的内部抵抗力,而非只着眼于杀死致病的细菌、病毒等。我国强调"胸中有全局",正是整体观的深入浅出的表达。

其次,是变化观。整体观同变化观是不可分割的。整体观就是将事物相互联系成为一个整体,就是要认识到事物间的相互联系,就是要联系地看问题。其中重要的是,这一联系是动态的或运动的而非静止的,是变化的或发展的而非停顿的,是有机的或相互作用的而非僵死的。中华文化哲理精华之一就是承认"变"。《周易》的"易",实质就是"变"。毛泽东的诗句"人间正道是沧桑","人间"就是世界,"正道"就是固有规律,"沧桑"就是"变"。美国物理学家 F. 卡普拉在《物理学之道——近代物理学与东方神秘主义》一书中明确指出:"东方宇宙观的两个基本主题是:所有现象是统一的、相互联系的,宇宙在本质上是能动的。"①他又指出:"我们越深入到亚

① F. 卡普拉:《物理学之道——近代物理学与东方神秘主义》,北京出版社 1999 年版,第 11 页。

微观世界,就越会认识到近代物理学家是如何像东方神秘主义者一样,终于把世界看成是一个不可分割的、相互作用的,其组成部分是永远运动着的这么一个体系,而观察者本身也是这个体系中必不可少的一部分。"[①]近代物理学家都知道由爱因斯坦等人提出的思想实验中最著名的是 EPR 实验,对这一实验的验证,真确地证明了宇宙的整体性。中国科技大学潘建伟与荷兰波密斯特合作,1997 年 9 月就实现了这样的光子量子态的远程传输实验。在实验中,并没有实际的光子从一地飞往另一地,而是两地的光子量子态同时发生了相应的变化。报道这一成果的《量子态隐性传输实验研究》论文不仅在《自然》这一权威刊物上发表,而且被该刊物誉为近百年来它所发表的 21 篇近代物理学研究经典论文之一。这个世界、这个联系,是变化着的,是发展着的;"物之生也,若骤若驰,无动而不变,无时而不移"(《庄子·秋水篇》);"方生方死,方死方生"(《庄子·齐物论》);世界就是这样地"道生一,一生二,二生三,三生万物;万物负阴而抱阳,冲气以为和"(《老子》第四十二章)。正因为我国先哲深知世界在相互联系中起着变化,因此,一方面,如实地将事物作为变化的而非静止的事物来看待。中医的"经络学说"最为典型,对于活人,经络确实存在,针灸之类的治病实为有效,然而对于死人,解剖之后,却确无经络存在。另一方面,努力地预测事物变化的未来,"祸兮,福之所倚;福兮,祸之所伏"(《老子》第五十八章);"反者道之动"(《老子》第四十章),相辅相成,事物无不在一定条件下向其反面转化,因此,《中庸》告诫我们:"凡事预则立,不预则废"。《论语》也讲:"人无远虑,必有近忧。"正因为事物在变化,所以,《周易》指出:"不可为典要,唯变所适"。一定要顺天应人,适应变化了的形势,而不能僵死不变。

再次,就是本质观。整体观、变化观同本质观是不可分割的。作为一个整体的世界,其所有的组成部分,尽管相互联系、相互作用、不断变化、永恒运动,演化出大千世界,但在最深的层次上,却是统一的,即本质是相同的。俗语讲得极为精辟:"万变不离其宗"。"宗",就是本质。这体现着"道通为

① F. 卡普拉:《物理学之道——近代物理学与东方神秘主义》,北京出版社 1999 年版,第 11 页。

一”。世界上万事万物,“其分也,成也;其成也,毁也。凡物无成无毁,复通为一”(《庄子·齐物论》)。“天地万物生于有,有生于无”(《老子》第四十章)。“一切即一,皆同无性;一即一切,因果历然”。这“宗”,这“无”,这“一”,就是佛家的“空”,道家的“气”,就是物理学的“真空”,就是F.卡普拉所讲的近代物理学的“量子场”,就是大千世界的本质,就是宇宙整体的统一之处。F.卡普拉讲,世界本身就是一个量子场,是一个具有连续能量的东西;在某种条件下,由于激发能量而凝集成粒子,粒子随着能量的变化,时而存在,时而消散。目前,物理学前沿又出现了还很不了解的“暗物质”、“暗能量”,但是,可以深信,物理学将来会有更大的突破,会更深入地认识到世界的统一的本质。名称当然很可能不叫什么“量子场”,但世界的统一的本质确实存在。“有物混成,先天地生;寂兮寥兮,独立而不改,周行而不殆,可以为天下母。”(《老子》第二十五章)老子这一卓越的思辨结论,无疑是正确的。正因为中华文化哲理是如此的唯物地看待世界,所以在中华文化哲理中,就没有神,就没有“上帝的一棒”,就不是以神为本,而是“域中有四大,人居其一焉”(《老子》第二十五章),以人为本。对天命的敬畏,实质上是对世界固有规律的尊敬,以及因知晓一切违反规律的行为必遭规律惩处而产生的畏惧。这一敬畏是极为科学的。中华文化深深了解:“善有善报,恶有恶报,不是不报,时候未到;时候一到,一齐报销。”这多么通俗!多么深刻!

世界上的万事万物,在最深层次上,是统一的,即本质是相同的。但是,万事万物有不同的层次,在不同层次上有不同的本质,即:在较浅层次上,本质是互异的,而在较深层次上,本质却是相同的。在物质水平上,冰、水、水蒸气三者是互异的,而在分子水平上,它们本是相同的,都是H_2O分子构成的;在分子水平上,氧与臭氧的分子是互异的,而在原子水平上,氧与臭氧的原子却是相同的;在原子水平上,氧原子与碳原子是互异的,而在电子、质子、中子水平上,它们的电子、质子、中子的性质却是相同的。我们还可以类推到粒子、基本粒子水平上去。“兄弟阋于墙,外御其侮。”在家这一层次中,兄弟互异,有矛盾,还要打架;在对外这一层次中,兄弟相同,一家人,一致对外。正因为如此,世界有众多的层次,事物有众多相应的本质,从而事物就有千姿百态的相应的不同。当今科学四大基本问题:宇宙起源、物质结构、生命起源、思维奥秘(即大脑本质),就是人类对世界几乎是最深层次本质认识的追求。每一层次的突破,都是科学上划时代重大的发现,都是人类认识世界划时代重大的进步。

在论及本质观时,不能不论及中华文化哲理所突出的"中"或"度"。《尚书·大禹谟》指出:"人心惟危,道心惟微;惟精惟一,允执厥中。"这一讲法,极其经典,明确提出了"中",特别强调了"中"。《论语·尧曰》也引用了"允执其中","其"就是"厥"。允,是诚信,是公平。"允执厥中",就是要实事求是地把握其度,不要"过",不要"不及"。过度就会质变,真理过头一步,就是谬误。这就是辩证法讲的"量变到质变"法则,也是大千世界之所以成为大千世界的根源。我国古代所讲的"礼",就是"中"在人际关系中的度量标准或规定。《论语·泰伯》讲:"恭而无礼则劳,慎而无礼则葸,勇而无礼则乱,直而无礼则绞。"这就是说,如果不合乎"礼"这个度量标准,恭敬、谨慎、勇敢、直率就走调了,变成了劳扰不安、懦弱畏缩、犯规作乱、尖酸刻薄,甚至走向反面。孔子强调"克己复礼为仁",就是强调人际关系必须遵循或合乎度量标准或规定,各守其位,各司其职,不能逾越,以保证社会的秩序与稳定。所以,孔子高度赞誉:"中庸之为德也,其至矣乎?"(《论语·雍也》)"中庸"就是"允执厥中"。

本质观之所以重要,因为它能去伪存真,去粗取精,由表及里,由此及彼,把握住了事物的本质,才可不被事物的表象所迷惑,不得出不妥的乃至错误的结论,而能准确地作出正确的结论或决策。不少现象同其本质所应反映的现象似乎恰恰相反,其实这正是该本质在不同的条件下的反映。庄子批评得多好:"庸讵知吾所谓知之,非不知邪?庸讵知吾所谓不知之,非知邪?"(《庄子·齐物论》)他还讲:"天下皆知求其所不知,而莫知求其所已知者;皆知非其所不善,而莫知非其所已善者。"(《庄子·胠箧》)我们应力求在工作中、在生活中,如此辩证地透过现象,明察本质,确定自己的行动。

整体观、变化观、本质观及其不可分割,是中华文化哲理所蕴涵的精粹,而最能反映这一哲理精粹的莫过于《易》。此处《易》指《周易》,是《易经》与《易传》的统称。东汉时提出"易"含有"简易,变易,不易"三义。显然,这三义就体现了整体观、变化观、本质观。《易》的"易",就是"变化",《易》就是讲"变化"的经典,其英译名就是Change。《易》讲"变化",卦有六十四个,每卦有六爻,它们就体现着变化、发展,体现着变化、发展的关系、规律。《易》讲整体,64卦是个整体,卦两两对应,不是"覆卦"(或称"综卦")就是"变卦"(或称"错卦"),无此即无彼,无法分割;每卦六爻,也是整体,全面而发展地反映着相应的事物。《易》讲本质,"—"表示"阳","--"表示"阴",世界就是阴阳的交汇、对立的统一。"万物负阴而抱阳,冲气以为和",有"正电"就有"负电",有正粒子,就有负粒子。在《周易》中,由"—"与"--"组成了64卦与384爻,卦有卦辞,爻有爻辞,加上"乾卦"的"用九"与"坤卦"的"用六"这两条辞,共有450条卦爻辞,这是一个卓越的辩证哲理系统,黑格尔也不能不对《周易》所蕴涵的辩证哲理赞不绝口。在此,还要强调指出,阴阳这一对立统一的哲理,一直活跃在中华文化中。到了北宋,张载明确认为:"有象斯有对,对必反其为;有反斯有仇,仇必和而解。"(《王蒙·太和》)到了南宋,朱熹明确提出:"天地万物之理,无独必有对。"(《近思录》)今天,我国历史学家张岂之先生将"有对"之说誉为中华文化穷本究竟的辩证精神与理论基石。所谓"有对",即承认事物是"有对"(矛盾)的,并从"有对"的相互关系中,即从事物本身的矛盾运动中,去探求世界的变化及其规律。

在此还应特别指出,朱清时及其合作者姜岩在《东方科学文化的复兴》一书中明确提出,西方的科学思想是"将整体分解成若干组分的还原论思想",并对这些组成采用了分门别类进行深入研究、逻辑分析与实验验证的方法,取得了极为卓越的成就。日本将Science译成"科学",显然,这个"科学"即指分科的学问。而对中国而言,朱清时、姜岩认为,"可以把中国古代的科学思想的整体和谐、演化发展、有机论、相反相成的思想用整体论这一概念表达"。① 显然,这一"整体论"同本文所讲的整体观、变化观、本质观密

① 朱清时、姜岩:《东方科学文化的复兴》,北京科学技术出版社2004年版,第63页。

不可分。相应地，中国古代所用的科学方法，他们认为，是在整体论的指导下，针对具体情况以解决实际问题为主要目的的方法。他们强调东西方科学思想与科学方法的强烈的互补性，但更加强调“还原论”由于忽视世界的整体性，孤立地重视事物的一个方面，片面地强调科技的自身及其功效，简单地以线性思维对待复杂的世界，机械分科而未有机整合，只顾此，不问彼，时至今日，导致了科技发展与人类文明整体利益之间产生巨大的冲突，西方文明陷入了困境，社会无法可持续发展；而东方科学思想可保证社会可持续发展，科学下一步革命性的发展有赖于以东方科学思想作为指导思想，以整体论作为灵魂。他们强烈地瞩望着中华民族抓紧机遇，再次腾飞。当然这绝不是讲，中华文化就没有“还原论”及相应的方法，西方就没有整体论及相应的方法，这里所谈的只是中西文化的主流而已。

二

中华文化哲理所蕴涵的整体观、变化观、本质观，实际上是中华文化哲理的世界观(宇宙观)的体现：世界是由千万事物所构成的一个既有层次而又不可分割的整体，事物之间相互作用、相互依存，联系在一起，这种联系又是变化着、发展着的，并且所有事物及其相互联系又统一于共同的本质。由这样的世界观引申，中华文化哲理还深深涉及人生观、价值观。既然世界观是对世界的根本看法，则作为世界观组成部分的人生观，就是对人生的根本看法。价值观，同人生观放在一起时，它主要指对处理人与人、人与集体、人与社会、人与国家及民族、人与自然、人与有关事物之间的关系的根本看法。在此，价值观就是人生观的组成部分。

毫无疑问，最关键的还是世界观，是对世界的根本看法。世界观要回答的问题，是个“是什么”的问题。“天道有常”，“天人合一”，“天网恢恢，疏而不漏”。常，就是固有的规律。世界有世界的规律，相应地，自然界与人类社会均各有其固有的规律,而人也有生老病死、离合沉浮、喜怒哀乐的规律,“不知常,妄作,凶”;“知常,……殁身不殆”(《老子》第十六章)。中华文化强调格物致知,格物是研究世界及其规律;致知是了解世界及其规律,即“实事求是”。格致是诚、正、修、齐、治、平的基础,是做人做事的基础。中华文化哲理是不承认“神”的,不承认有什么“神”决定着世界。《易》无神,《老子》无神,《论语》无神。它们所谈的神,所谈的天命,实际上是指世界的规律。我国的佛教是外来的,但是传入我国之后,就受中华文化哲理的影响,天堂化为了人间,最终中国化了。

世界是一个系统,任何事物也是一个系统。系统有层次,有大小。对任何一个系统而言,系统等于元素加关系,关系即元素之间的关系。系统要好,一是元素要好,二是关系要好,“和而不同”。元素总是有差异的,没有差异就没有世界,就没有世界的多姿多彩;关系总是要和谐的,没有和谐就没有世界,也没有世界中的相互依存。对人类社会这个系统,元素是人,关系是人际关系。社会要好,就要有好的人与人际关系。人际关系要好,这点已生动地表现在中国谚语“三个臭皮匠,赛过一个诸葛亮”中。关系好,就能干好事情;“三个和尚没水吃”,关系坏,就什么也干不了。人要好,就是人的素质要好,就要正确对待自己,努力提高自己,要如《周易》“乾卦”所讲的,像天那样刚健正直地运行,“自强不息”。人际关系要好,就要正确对待别人,同外界友好相处,要如《周易》“坤卦”所讲的,像地那么宽柔敦厚地存在,“厚德载物”,和谐协调。孔子之所以特别强调礼与乐,正如《礼记·乐记》所讲,礼讲异、讲别、讲序,而乐讲同、讲和、讲化。礼乐就是讲不同而和。和谐不等于完全美满,不等于十分完善,不等于已“止于至善”。差异就是不同,关系中会有矛盾、斗争,变化、发展将始终存在,而这正是为了求得进一步的和谐,“仇必和而解”,而且它还可以发展到“量变到质变”,达到一个新层次的和谐。

世界观包含了人生观,也是人生观的基础。人生观是对人生的根本看法,特别是对生与死的看法。中华文化哲理对人生的根本看法,在整体观的指导下,在“天人合一”思想的影响下,是同对自然界的根本看法紧密交融的,即人生观同自然观是紧密交融的,由对自然界及其变化而感悟人生。《论语·子罕》讲:“逝者如斯夫,不舍昼夜。”李白在《春夜宴诸从弟桃李园序》中讲:“夫天地者,万物之逆旅也;光阴者,百代之过客也;而浮生若梦,为欢几何。”人生是短暂的:比之于人类历史,极为短暂;比之于宇宙,几可忽略不计。庄子在《庄子·齐物论》中,就是把人生看成一梦。他讲,你在做梦时并不知在做梦,何况,梦中还有梦,大觉才知有大梦;孔子与你都是梦,我这么讲你,本身也是梦。所以,在《庄子·齐物论》最后一段,他讲,是庄子梦为蝴蝶,还是蝴蝶梦为庄子?这是著名的、深刻的寓言。人生的确是短暂的,好似过眼烟云。但中华文化哲理高度珍视这一短暂的人生,对人生是持积极向上态度的。孔子正因为感悟到“逝者如斯夫”,就“发愤忘食,乐以忘忧”;李白正因为感悟到“浮生若梦”,就“秉烛夜游”。在佛教最主要的经典《金刚经》的最后有首偈语:“一切有为法,如梦幻泡影,如露亦如电,应作如是观。”它指出世上的一切,都不过是空幻而已。然而,中国化了的佛教,例如华严宗,在《华严金狮子章》中则明确提出:“虽复彻底为空,不碍幻有宛然;缘生假有,二相双存。”不可能只有空,而无色、无幻有;不可能只有量子场,而无粒子,无粒子的生成物。空与色,实在与幻有,真空与物质,量子场与粒子,都同时存在。纵然空与量子场万万岁,永恒存在,尽管幻有稍纵即逝,粒子一生即灭,但是幻有与粒子毕竟存在过。人出生之后,总还生存了、活过了一段时间,度过了“短暂”的人生。

哲理不能不回答,应该如何对待这一“短暂”的人生的问题、人生应该是什么问题。人,刚出生时,双拳攥得紧紧的,似乎来到人间想抓取一些什么;然而,在死去时,双手却张得开开的,似乎什么也没有抓到。“前人种树,后人乘凉”,人来到世上,享受了前人创造的成果;如果,后人取之多,付出少,社会财富如何能积累!社会如何能进步!巴金讲得多好:生命的意义在于付出,在于给予;而不是在于接受,也不是在于争取。巴金就是这样度过一生的。自古以来,志士仁人都是这么度过一生的。明代陈继儒有幅对联:“宠辱不惊,闲看庭前花开花落;去留无意,漫随天边云卷云舒。”此联对人生的看法,豁达固然豁达,但积极向上不够。在此给上、下联各续两句:上联续上“细品尝,终归有味”,下联续上“深追究,毕竟多姿”。人生是十分有滋有味的,是非常多姿多彩的,应如同孔子所讲的“发愤忘食,乐以忘忧”,去求知,去生活。人的一生,“任重而道远。仁以为己任,不亦重乎?死而后已,不亦远乎?”(《论语·泰伯》)孔子的中心思想是“仁”,是爱人。所以,他讲:“君子病无能焉,不病人之不己知也。”(《论语·卫灵公》)人,应有能力去做实实在在有利于别人的事。从我国的古代名言,老子的“既已为人己愈有,既已与人己愈多”,孟子的“乐民之所乐者,民亦乐其乐;忧民之所忧者,民亦忧其忧”,范仲淹的“先天下之忧而忧,后天下之乐而乐”,到现代的名言,朱光潜的“人生应该如同蜡烛一样,从顶燃到底,一直都是光明的”,雷锋的“人的生命是有限的,可是为人民服务却是无限的。我要把有限的生命投入到无限的为人民服务之中去”,都是一脉相承的。人生,对个人而言,应是豁达的、出世的;对人民而言,应是积极的、入世的。人、人的一生,应是属于人民,为了人民,相信人民,依靠人民。孔子讲,“无求生以害仁,有杀身以成仁”(《论语·卫灵公》),讲的是如何对待自己,“博爱之谓仁”。孟子讲,“生亦我所欲也,义亦我所欲也;二者不可得兼,舍生而取义者也”(《孟子·告子上》),讲的是如何对待别人,“行而宜之之谓义”。文天祥来了个概括:“孔曰成仁,孟曰取义;唯其义尽,所以仁至;读圣贤书,所学何事;而今而后,庶几无愧”。面对生死,应该如何?活,活要活得重于泰山,而不能轻于鸿毛;死,死要死得重于泰山,而不能轻于鸿毛。春秋时期郑国子产讲得十分清楚:“苟利国家,死生以之。”林则徐做了进一步发挥:“苟利国家生死以,岂因祸福趋避之。”明代于谦宣称:“粉骨碎身都不怕,要留清白在人间!”这就是中华文化正视人生的哲理。

价值观、人生观必然的延伸,可以认为是对处理有关人的各种关系的根本看法,即关系应如何处理?孰是孰非?孰优孰劣?孰重孰轻?孰先孰后?孰可孰不可?《四书·大学》讲得十分深刻:“物有本末,事有终始,知所先后,则尽道矣!”我完全赞同这一观点:中华文化价值观的核心是,国家重于家庭,家庭重于个人。《四书·大学》一开始讲的八事:格物,致知,诚意,正心,修身,齐家,治国,平天下。显然,格致是基础,修身是关键,齐家是初级目标,治平是高级目标。即使是个离群索居者,不要去齐家、治国、平天下,但至少应无害于治平。我国讲忠孝节义:忠,“位卑未敢忘忧国”,以天下为己任,对国家负责;孝,我国蒙学读本就有《孝经》,“百行孝为先”,对父母、长辈负责;节,相敬如宾,携手偕老,对配偶、家庭负责;义,荣辱与共,重于泰山,对朋友负责。负责,就是负起责任,就是先于个人。我曾借用匈牙利爱国诗人裴多菲的一首诗,来说明这一点:“生命诚可贵,爱情价更高。若为自由故,二者皆可抛。”生命,讲个人,当然可贵,生命属于个人只有一次而已;爱情,讲家庭,价更高,无家何能繁衍后代;自由,讲国家,讲民族,其重要性远在个人、家庭之上了。但中华文化哲理并不是要摒弃、不顾、否认个人的利益、个性、自由、权力、作用等,完全否认个体,集体又是什么?完全否认个体利益,集体利益又是什么?完全否认个人作用,集体作用又从何而来?一个好的企业,企业富,人人富;一个先进单位,单位先进,人人努力。我国谚语讲“家和万事兴”,“人人为我,我为人人”,是将个人利益置于国家利益、民族利益、家庭利益等集体利益之下,严格地讲,是置于其中,以其为个人的最大利益、最高品德,将其熔铸于个人灵魂之中了。我国彪炳史册的圣人、贤人、忠臣、民族英雄以及一切志士仁人就是杰出的代表人物,其实,在我国古今的芸芸众生中,这类人物也不胜枚举。他们深深了解,“皮之不存,毛将焉附?!”整体不存,个体安在?当然,毛之不存,皮将焉保?个体不兴,整体安盛?胡锦涛讲的“群众利益无小事”,就是个人利益与集体利益有机整合的生动而深刻的表达。这一整合,就是中华文化哲理所凝成的杨振宁先生所讲的中华民族的韧性。正因为有了这一主要因素,中华民族、中华民族文化方能繁衍至今,而且还将实现伟大的复兴。

三

中华文化哲理所蕴涵的整体观、变化观、本质观以及由其所支持与融成的世界观、人生观、价值观，经过历史的洗练而凝现为伟大的中华民族精神。民族精神是在历史中发展着的，是有时代性的。党的十六大报告深刻指出，“民族精神是一个民族赖以生存和发展的支撑”；今天，“在五千多年的发展中，形成了以爱国主义为核心的团结统一、爱好和平、勤劳勇敢、自强不息的伟大民族精神”。

中华民族精神的核心——爱国主义，正是中华文化哲理所蕴涵的整体观、变化观、本质观在世界观、人生观、价值观中最集中的凝现，正是爱国主义这一决定性的因素确保了中华民族、中华民族文化经历了历史上的暴风烈雨、千难万险的考验，胜利地发展到辉煌的今天。季羡林先生 20 世纪 90 年代明确提出：中国优秀传统是什么？中国人文精神是什么？这一优秀传统就是人文精神，概括起来有两点：一是爱国，二是有骨气。我曾向季羡林先生提过：“我能否对此作个注解？爱国，文天祥讲：‘人生自古谁无死？留取丹心照汗青！’有骨气，孟子讲：‘富贵不能淫，贫贱不能移，威武不能屈。’”爱国一定要有骨气，爱国加上有骨气就是爱国主义。我国历史上有多少忍辱负重为国家、为民族而忠贞不屈、感天泣地的壮烈史绩！汉代班固讲得十分简练：“国尔忘家，公尔忘私。”宋代苏洵讲：“贤者不悲其身之死，而忧其国之衰。”现代画家李苦禅讲：“画的价值，在于人格。人格——爱国第一。”而明代顾炎武的“保天下者，匹夫之贱，与有责焉耳矣”的话，早已成为我国世世代代广为流传的名言“天下兴亡，匹夫有责”了。

爱国，绝不是抽象的。爱国实质上是爱民，民为邦本。“民为重，社稷次之，君为轻”（《孟子·尽心下》），孟子早就提出了这一论点。春秋时齐国管仲则明确提出了“以人为本”，并指出：“本治则国固，本乱则国危”（《管子·霸言》）。爱国必然爱民，伟大爱国主义诗人屈原就沉痛呼吁：“欲摇桨而横奔兮，览民尤以自镇。”由于不可避免的历史条件的限制，在我国古代，爱国与忠君往往不可分割，但我们不能超越历史去苛求古人，不能闹出“文化大革命”十年浩劫中的荒谬结论：我国历史上的清官比贪官还坏，清官麻痹人民，强化了封建王朝的统治；贪官激怒人民，加速了封建王朝的崩溃。我国历史上的志士仁人，是致力要实施仁政的，仁者爱人。他们知道，民为邦本;实质上,他们承认国家应属于人民,为了人民,相信人民,依靠人民。是否应属于人民?他们承认劳动人民是“官”的“衣食父母”,而非“官”是人民的“父母官”。范仲淹的《江上渔者》、张俞的《蚕妇》、梅尧臣的《陶者》、李绅的《悯农》等诗篇就是证明。唐代白居易在《观刈麦》诗中写道:“今我何功德?曾不事农桑。吏禄三百石,岁晏有余粮。念此私自愧,尽日不能忘!”明代哲学家吕坤是个大官,位居正二品,他在自挽诗中写道:“我亦轩冕徒,久浸民膏脂。”多么真挚感人!闻一多先生在《人民的诗人——屈原》中讲,屈原之所以“成为人民热爱与崇敬的对象,是他的‘行义’,不是他的‘文采’”,这“行义”是追求真理,“虽九死犹未悔”,“哀生民之多艰”。闻一多先生这位爱国诗人,同屈原的心声一样,热爱着自己的人民。而具有民族硬骨头的鲁迅先生,公开宣称:“横眉冷对千夫指,俯首甘为孺子牛。”是否应相信人民,依靠人民?历代有见识的人士深深了解,民犹水也。唐初名相魏征在《谏太宗十思疏》中就明确指出:“可畏惟人,载舟覆舟,所宜深慎。”党的十六大报告总结了历史经验,明确提出:“发展社会主义民主政治,最根本的是要把坚持党的领导、人民当家做主和依法治国有机统一起来。”显然,人民当家做主,讲的就是应属于人民的问题。坚持党的领导,立党为公,执政为民,讲的是应该为了人民的问题。依法治国,国家的法律代表人民的意志,体现人民的力量,讲的是应相信人民、依靠人民的问题。毛泽东深刻地指出:“人民,只有人民,才是创造世界历史的动力。”既然人民创造了历史,创造了社会的一切,当然一切就应属于人民;既然人民能创造历史,能创造社会的一切,当然,就应相信人民、依靠人民;既然人民在创造历史,在创造社会的一切,人民的创造就是为了人民自己,当然,一切就应服务于人民。邓小平讲得多么感人:我是中国人民的儿子,我深情地爱着我的祖国与人民。邓小平的这句话充分体现了这点。党的十六届三中全会提出了科学发展观,科学发展观的核心、“三个代表”重要思想的本质,就是“以人为本”。以人为本,属于人民,为了人民,相信人民,依靠人民,自然是我们一切工作的出发点与归宿点,这是马克思主义同中华文化哲理这一中国实际与时俱进相结合的表现。其中,属于人民是最基本的,“我是中国人民的儿子”正体现这一点。为了人民，不是以救世主的立场去挽救人民；相信人民，依靠人民，不是以救世主的观点，利用人民的力量来达到自己救世的目的。历史上许多救世主的人物，“善始者实繁，克终者盖寡”，不正是如此吗？

作为民族精神第一个内涵就是团结统一：民族团结，人民团结；国家统一，版图统一。如果讲爱国主义是民族精神的核心，那么，团结统一就是爱国主义的核心与实质。团结是最强的力量，统一是最大的责任；团结是统一的基础，统一是爱国的标志。我国多少民族英雄、爱国志士，为了捍卫国家的统一、民族的团结，殚精竭虑，鞠躬尽瘁，甚至抛头颅，洒热血，谱出了气壮山河、光耀日月的爱国主义壮歌，为我国人民世世代代所歌颂。“人心齐，泰山移”，团结统一实实在在地保证了我们国家、民族的顽强存在，逢凶化吉，遇难成祥，不断发展。众所周知，在我国历史上，分裂是短暂的，不占主要地位，统一是长期的，占有主要地位。还有与此有关的，兄弟少数民族入主中原，由于中华文化哲理而产生的文化巨大包容性，文化迅速融合，中华文化的强大与发展，促进与形成了民族之间更广泛、更深刻、更牢固的融合，为我们国家、民族抵御风险提供了更强大的基础与保证。江泽民在哈佛大学的演讲中深刻指出，中华文化是维系民族团结和国家统一的牢固纽带。民族精神第二个内涵是爱好和平。现在，我们正在努力实现中华民族的伟大复兴，复兴之所以伟大，不仅在于最古、最大的民族及其文化得以复兴与崛起，而且在于这一复兴与崛起极有利于世界的和平与发展，有利于人类的繁荣与昌盛。我国一贯反对大国沙文主义，反对狭隘民族主义，中华民族的伟大复兴就是和平崛起。我国一贯反对以武力去解决问题，“不战而屈人之兵，善之善者也”；更反对以武力行不义之事，“多行不义，必自毙”；只是在不得已时，被迫以武力对付武力，以正义战争反对非正义战争。如果有人妄图以武力来危害我国的根本利益，毛泽东的态度很明确：一反对，二不怕，我国将被迫以武力还击。

民族精神第三个内涵是勤劳勇敢，第四个内涵是自强不息。如果讲，团结统一，爱好和平，是就国家、民族而言，是整体观的凸显；那么，勤劳勇敢、自强不息,不仅是就国家、民族而言,而且更多的是就个人而言,是变化观、本质观的凸显。国家、民族要繁荣强大,根本的是要提高国民素质,国民素质是第一国力。战国时期,吴起讲过:“凡制国治军,必教之以礼,励之以义,便有耻也。夫人有耻,在大足以战,在小足以守矣”(《吴子·图国》)。管仲讲过:“礼义廉耻,国之四维,四维不张,国乃灭亡。”(《管子·牧民》)外因是变化的条件,内因是变化的根据。内因就是同本质紧密相关的。只有提高国民素质,才有基础提高综合国力。中医用药治病,最能体现中华文化哲理高度重视本质、重视内因的思想,其特点在于对症下药。对症下药,就是要增强细胞的抵抗力,增强人体内部的抵抗力,增强内因;而非像西药那样,用来杀死侵入人体的细菌、病毒等,即改变外因。《周易》在“乾卦”中强调:“天行健,君子以自强不息。”要向天学习,刚健有力,自强,不息!永不停步!这就是强调内因,强调本质,顺天应人,与时偕行,日积月累,以求质的飞跃。“合抱之木,生于毫末;九层之台,起于累土;千里之行,始于足下。”(《老子》第六十四章)“自强不息”这一伟大精神,正是国家、民族、集体、家庭、个人向前发展的原动力。阿斗是无法扶起来的。相反,“西伯拘而演《周易》;仲尼厄而作《春秋》;屈原放逐,乃赋《离骚》;左丘失明,厥有《国语》;孙子膑脚,《兵法》修列;不韦迁蜀,世传《吕览》;韩非囚秦,《说难》、《孤愤》”。在《报任安书》一文中讲这话的司马迁,在受宫刑之后,就完成了伟大的《史记》的写作。只有有了“自助”,才可能有“人助”、“天助”。

勤劳勇敢,是自强不息最具体的外在体现;自强不息,是勤劳勇敢最直接的内在推动力。勤,勤快、勤勉,就是不懈,就是日积月累。劳,辛苦、劳累,就是吃苦负重,就是殚精竭虑。只有勤劳,才能不断地、有效地积累,才能一步一个脚印去量变,一旦瓜熟就蒂落,水到就渠成,就发生质变,事物就提升了层次。“道,行之而成。”(《庄子·齐物论》)“什么是路?就是从没有路的地方踏出来,从只有荆棘的地方开辟出来的。”勇,英勇、无惧,“夫水行不避蛟龙者,渔父之勇也;陆行不避兕虎者,猎夫之勇也;白刃交于前,视死若生者,烈士之勇也;知穷之有命,知通之有时,临大难而不惧者,圣人之勇也。”(《庄子·秋水篇》)敢,有胆量、含冒昧之意,是敢于“第一个吃螃蟹”之敢,是“敢为天下先”之敢,是开拓创新之敢。《老子》讲的“不敢为天下先”,不是讲不去开拓创新,而是讲不去同别人直接争,因为老子深刻认识到,“夫唯不争,故天下莫能与之争”(《老子》第六十六章),以不争的手段而去达到争的目的。只有勇敢,下定决心,以愚公移山的勤劳努力,排除万难,才能开拓创新。人类总得不断总结经验,有所发现,有所发明,有所创造,才能有所前进。特别是在今天,国力竞争日趋激烈,更是要求改革创新。中华文化哲理一贯主张格物致知,知天道,晓天理,明天命,以能“制天命而用之”(《荀子·天论》)。《庄子·养生主》中“庖丁解牛”的寓言,讲的就是这点。要创新,就要去认识客观规律,按照客观规律办事,“所好者道也,进乎技矣。”

我们论及勤劳勇敢、自强不息时,必须特别强调,这些年来,党中央一再强调指出,必须坚持毛泽东提出的“两个务必”:“务必使同志们继续地保持谦虚、谨慎、不骄、不躁的作风,务必使同志们继续地保持艰苦奋斗的作风。”这“两个务必”同唐初名相魏征《谏太宗十思疏》中的“居安思危,戒奢以俭”两大要点一脉相通,一一相应,是我国历史经验的深刻总结。这“两个务必”、这两大要点,实质上,同勤劳勇敢、自强不息是一致的,都是要怀有忧患,脚踏实地,开拓创新,奋勇前进的。

四

党的十六大报告深刻地指出,“当今世界,文化与经济和政治相互交融,在综合国力竞争中的地位和作用越来越突出”,“面对世界范围各种思想文化的激荡,必须把弘扬和培育民族精神作为文化建设极为重要的任务”。毫无疑问,正如报告所讲,弘扬和培育民族精神既包括发扬民族文化的优秀传统,又包括吸取世界各民族的长处,与时俱进,不断丰富中华民族精神。中华文化从来不是排外文化，而是“海纳百川，有容乃大”的文化。中华文化本身就是相互交融的多源文化。孔子编纂《诗经》，就把汉江流域两岸的民歌选编为《周南》、《召南》，放在《诗经》的前面；并且孔子告诫他的儿子伯鱼要学《诗经》，特别要学《周南》、《召南》，强调说：“人而不为《周南》、《召南》，其犹正墙面而立也与！”（《论语·阳货》）孔子还告诫他的十分好强的学生子路：“南方之强与，北方之强与，抑而强与？宽柔以教，不报无道，南方之强也，君子居之。衽金革，死而不厌，北方之强也，而强者居之。”（《礼记·中庸》）孔子属于中原文化，是当时中华文化的主体，但他却高度重视汉江两岸的南方文化，主要是荆楚文化。南北朝时期，南北文化大交流与大融合。印度佛教西汉末年开始传入中国，经历六七百年，到了唐代，差不多已中国化了，中国佛教的各派纷纷而出，并为中国人民所接受，同儒、道并立，成为中国文化思想三大主流之一。

近两三百年来，西方科学技术蓬勃兴起与快速发展，强有力地推动了生产力的发展，极大地改变了世界的面貌，特别是20世纪的科技发展与生产力发展，更是天翻地覆。在近代，我国落后了。新中国成立以来，特别是改革开放以来，我国取得了很大的进展，但在科技上同发达国家相比，还很有差距。但我们必须看到，西方科学技术的发展也带来了一系列严峻的问题，发展不可持续。我们应如实地面对这一现实，正确地总结经验教训，既不应妄自菲薄，自暴自弃，全盘否定中华文化，搞民族虚无主义、历史虚无主义，来个全盘西化；也不应妄自尊大，故步自封，只知其一，不知其二，搞狭隘民族主义，重蹈历史覆辙。

西方科学技术迅速发展，是由于西方有着相应的科学思想与科学方法。爱因斯坦在20世纪50年代的一封信中指出，西方科学技术之所以比中国发展迅速，一是由于有系统的逻辑思维，二是由于有严密的实证方法。早在晚清时期，严复也同样认为西方文化长于分析，重于实证。是的，逻辑，长于推理分析，系统明晰；实证，不凭臆断，同推理分析结合，以求真务实的科学精神，形成严谨的分门别类的学问，即科学，并在其相应的领域内取得了辉煌的成就，而且可以预期，在一定的时期内，还将取得巨大的成就；而这正是我国传统科技所不够的,也是必须向西方学习的,也是我们正在努力学习的。但是,诚如《东方科学文化的复兴》一书所提出的,西方科技发展的主要指导思想只注意分科别类而忽视整体联系,是还原论的思想,它导致了人类发展道路的不可持续。中、西方科学思想与科学方法的差异,实质上是中、西文化哲理的差异。没有一种文化十全十美,中、西方文化各有利弊。但必须强调指出,我国近两三百年来科技的落后,固然反映了我国文化的某些弱点与弊病,但落后的主要原因,不在于文化,而在于江泽民对美国《科学》杂志谈话时所指出的两大原因:内部政治腐败,外部帝国主义侵略。妄自尊大中华文化是没有根据的,妄自菲薄中华文化更是没有道理。如果近两三百年中国是由于中华文化而变得落后,特别是由于儒家文化而变得落后,那么,同一个中华文化为什么造就了这两三百年前中华民族的辉煌?为什么汉代的"独尊儒术",宋代的"儒学复兴",没有阻碍汉、宋时代科技的高度发达?为什么一贯尊儒的"亚洲四小龙",儒学反而没有压制它们的经济腾飞?有什么理由只根据近两三百年中国的落后,就断定中华文化落后,应该摒弃?如此等等,这在逻辑上是无法回答的。当然,绝不是讲中华文化完美无缺,但是,中华文化是伟大的。正因为中华文化的伟大,正因为中华文化具有巨大的包容性,因此,我们必须向一切先进文化学习,老老实实地学习。

目前,我国在科技水平、经济实力、社会文明程度等方面同西方发达国家相比还有差距,但我国建设发展极为迅速,在世人刮目相看的形势下,固然要反对妄自尊大,更要反对妄自菲薄,我们要高度警惕中华文化实质上的"断裂"。我们必须以历史唯物主义观点,正确解读"五四运动"批判精神,既要充分肯定"五四运动"批判矛头的指向及其实质,又要充分肯定中华文化及其哲理的巨大生命力。其实,"五四运动"批判精神也是中华文化哲理与当时西方先进文化结合的凝现。现在,我们的科学文化,基本上是学习西方的;如果还对中华文化之寡知,对中华人文文化之陋见,对中华文化经典之不读,对中华文化优秀传统之不承,对中华文化哲理之无知,甚至,对相反者,鄙视,讥笑,甚至斥为倒退;这样,中华文化会不会断裂?这个严重的危险是存在的！如何认识与对待中华文化的问题，是个深层次的而不是口头上的如何认识与对待民族精神的问题、爱国主义的问题，而是个极为根本、极为原则的大问题。我们讲中国特色社会主义，无法离开五千多年的中华文化中国特色：一要背靠五千多年；二必须坚持“三个面向”，实实在在扎根在中国历史中与在中华大地上，真正体现出“三个代表”、“科学发展观”等重要思想。抛弃了五千多年的中华文化传统，就丧失了民族的根本，丧失了生命的灵魂，就是丧失了以爱国主义为核心的民族精神，必致自我埋葬；抛弃了“三个面向”，忘记了“与时俱进”，就是丧失了源头的活水，丧失了前进的动力，丧失了以改革创新为核心的时代精神，必遭时代淘汰。我愿引用爱因斯坦两段话，以引起我们的深思。爱因斯坦说：“一个人活着就应该扪心自问，我们到底应该怎样度过一生，这是一个合情合理的问题，也是一个非常重要的问题。在我看来，问题的答案是：在力所能及的范围内，尽量满足所有人的欲望和需要，建立人与人之间和谐关系。这就需要大量的自觉思考和自我教育。不可否认，在这个非常重要的领域中，开明的古代希腊人和古代东方贤哲们所取得的成就，远远超过我们现在的学校和大学。”①爱因斯坦晚年在《人类生存的目标》一文中又说道：“我们犹太祖先，即先知者，和中国古代贤哲们了解到并表明：铸就我们人类存在的最重要的因素是一个目标的产生与确立。这个目标就是要通过内心不懈的努力来摆脱反社会的、具有破坏性的天性，使人类成为一个幸福的群体。”

爱因斯坦谈的是世界观、人生观、价值观。希腊文化是西方科学文化的源头，爱因斯坦是犹太人，爱因斯坦在谈话中将中国古代贤哲与古希腊智者、犹太先知者并列，这充分肯定了以中国古代贤哲们为代表的中华文化及其哲理。在弘扬与培育民族精神的今天，思考一下一位举世公认的、极为卓越的国际伟人爱因斯坦的话，是大有裨益的。《东方科学文化的复兴》一书满怀信心地预期：对世界将面临的下一次的科学革命，东方科学思想将具有指导作用，整体论思想将是这次科学革命的灵魂。我认为，这一预期是有根

---

① ［美］杜卡斯、霍夫曼编：《爱因斯坦谈人生》，世界知识出版社1984年版，第7页。

据的。我们也可以满怀信心地预期:中华民族的伟大复兴,中华文化的广泛传播,中华民族精神的有力弘扬,也必将极有利于世界的和平、发展与合作。“沉舟侧畔千帆过,病树前头万木春。”

(作者:中国科学院院士,华中科技大学前校长、
民族精神研究院院长)

探究民族精神的价值

[美国]G. John M. 阿巴罗

如果对“民族精神”进行阐述,某些观点将有助于我们更好地探究其意。人们对“民族精神”意义的理解不乏其数;而如此之多的学者不远万里济济一堂以对此问题各抒己见,这一事实表明,在我们不同的理解中存在着一种共同的价值。但这种精神中存在何种价值呢?它是工具性的,我们可借以形成一种普遍的精神,从而取得外在于民族的更大目标吗?——通过这条工具性的途径,民族担负着为其社会个体而累积的利益的维护者。或者,这种价值是内在的?这种种族的民族社会由文化传统的价值观和一种沟通习俗的通用语言构成。因此,这些具有真正价值的价值观内在地支配着一个民族的同一性,并鼓励全体公民去认识那些使他们对民族的依恋成为民族自身的善的那些特征。这些特征包括艺术、文学、诗歌、科学、技术领域中的价值观。

选择其中任何一种价值观都掩饰了民族精神隐含的某些意义,即民族主义。这是否与一个民族的“精神”相同?首先,我们要思考民族主义的两种意义;其次,我们要考虑它们是否包含民族“精神”的一个较大的概念。

1. 古典民族主义:这是一种政治性的规划,它谋求创建并维护由一个特定种族民族群体(人民或民族)拥有的完全的主权国家,并将该国的创建与维护视为群体中每个成员的基本责任。从文化的适宜(或自然)单位是种族民族这一假设出发,古典民族主义认为,每个成员的基本责任就是在文化问题中遵循自己的可被认识的种族民族文化。[1] 这是一种狭义的民族主义。另外还有一种合适的、更广义的理解。

2. 广义民族主义:它可以被描述为“态度、观点及行动指向的综合体,它将一种基本的政治、道德与文化价值归于民族与民族性,并在这种被归与的价值基础上(对民族的个体成员及任何所牵涉的个体或集体的第三方)产生义务。”[2]

民族主义的两种意义均传达出一个民族与其地理位置的同一性。这经常通过忠于习俗、传统、政治主权得以说明。一个民族对其社会的这些内在价值的觉醒,对古典和非古典观点而言均是一种重要精神。因此,它难以得出任何确定的意义形式,因为它是动态的,这从一个国家疆域宽广而利益紧缩可见一斑。当我们注意工具和内在价值体系中的民族精神维度时,这一点尤为重要。着眼于这一点之前,先让我们来考虑一下中美文化对于引起各自不同的民族精神意识的价值冲突的描述。与个体因遭遇危机而可能受到干扰或得到加强相似,作为集体的民族同样面临挑战。这些冲突如何有利或不利地改变“精神”并不总是直接明确的。有例子证明,传统的价值和局限的唯一诉求均是作出谨慎的判断,以反映民族精神将如何在未来得以维持。在自己的民族范围内寻求实力,并通过宗教、语言、政治意识形态和哲学利用本民族的财富,这是一条具有吸引力的途径。在某种程度上,这里强调的价值不仅是隔离的,而且也是孤立的,因为它抵制外来的可疑影响,因而隔绝所有影响。这种隔绝作用充满着危险的历史先例。因而,我主张一种全球性的价值体系,在这种价值体系中,原始的民族差别可以得到包容或通过一种核心的精神得以汇合,超越各个独立的民族而成为一种全球的人类精神。

那么,什么是“民族精神”?它具有什么样的特点?这些特点是确定的还是可变的?它是否包含该民族内出现的所有文化?——例如来自于法国

---

① 参见 Stanford Encyclopedia of Philosophy, http://plato.stanford.edu/entries/nationalism/ p.7。

② 同上。

南部的西班牙北部的加泰罗尼亚文化、美国的土著印第安人、加拿大讲法语的魁北克省、土耳其的库尔德人。尽管他们在这些民族之内，但被问及时，他们很可能并不将自己视为所属国的成员——至少在没有限定词的时候不会因为这些文化超越了民族的边界。在当今学术界，文化只是同一性问题所暗含的一个方面。不过我想对它做进一步的探究。如果文化群体是被包容在民族之中而不与之同一的，那么民族之中可能会包含哪些特有的价值呢？至少应当提到五种普遍的价值：自豪感、荣誉感、忠诚、爱和勇气。这里不一一具体陈述。还有其他的一些价值，然而意义似乎不限于组成民族精神的任何一个或一些品质。这些品质既不表明它们通过什么行为、位置或语言来得以表现，也不是针对某一个民族。

如果我们将上述五种品质中的任何一种认同为民族精神的意义，则它们都不能单独地定义其意义。例如，如果一个中国人不打太极、从未登过长城也不喝绿茶，这并不意味着他缺乏民族精神中的自豪感、荣誉感或爱。这些引以为豪的对象深深植根于他对于中国人的认同中，例如《论语》，无论他是否经常挂在嘴边。这同样适用于从未见过大峡谷、未看过棒球比赛、未在野餐中吃过热狗和未参观过华盛顿的史密森尼博物馆的任何美国人。虽然“民族精神”不可定义，但这并不意味着它没有意义。相反，它不受习惯性的定义方法的约束，因为其价值在一个国家的所有成员中普遍存在而微有差异。直观地来看，中国人和美国人对一个场所（家）均怀有深深的依恋和归属感，这是不由任何一种或一些价值观所左右的，无论是中国人还是美国人。民族精神的概念似乎不可界定，然而对于“家”的深刻直观具有一个核心，它通过这个核心被事件——促进民族集体反思的经验所唤醒。虽然普遍共有的价值观不是与民族精神同义的，但当某些价值观受到影响时，我们的情感会被唤起，并且对于“场所”和社区的一种意识会上升并战胜自己。特殊的印象与记忆浮现出来，它们将人们联合在一种原始的依恋中。民族特有的各个方面可以在宗教、社会习俗、艺术、政治原则中发现。

就某种意义而言，中国古老的传统、五千年绵延不断的文化是构建其蕴涵的价值——强大的精神的根基，虽不为人知，却洋溢着强烈的生命力。游客会为遍布中国的无数文化遗产所倾倒,这些遗产不断地替祖先提醒人们:历史也曾经是现在。西安的兵马俑,北京的紫禁城与天坛,湖北随州出土、湖北省博物馆馆藏的曾侯乙墓编钟,武汉及杭州美丽的东湖、西湖,处处都让我们意识到这个现在是历史的绵延。民族精神的主题值得我们反思该如何评价未来,这正是未来的价值所在。

和美国一样,中国丰富的文化遗产与各种庆祝仪式都是它的一种内在价值。这种价值不是通过外在标准来评价,而是体现为一个民族在漫长的历史时间中内在于每个子民的"事物"。它由民族意识的种族文化、语言、宗教及哲学的维度构成。它是内在的价值,其成员通过它来诠释他们与其他民族公民的关系。由于我们的行为及态度很可能因其他民族的公民而普遍化,因此处于其他民族中时,他们肩负着作为国家使者的无形责任。人们通常希望一个人能对其所代表国家的政治文献和历史事件了如指掌。若一个美国人了解导致 1861 年美国内战的原因以及亚伯拉罕·林肯在解决使民族分裂的奴隶制的道德危机中所发挥的作用,活着的公民的内在价值即可从其身上得到体现。在民族主义精神的鼓舞下,林肯总统致力于向人们传达"奴隶制是不道德的,应当作为不道德之事来解决这一深刻而重要的真理"。① 他认识到奴隶制所带来的极度道德堕落,因而号召将 1863 年 3 月 30 日定为全国禁食日,这表明政府对于人民的控制具有局限性。②

和我交谈过的中国学者表示,重新研究传统正合时宜。在数个场合,学者们愈发关注西方潮流对经济,对文化变更、音乐、时尚、科技和哲学的影响。由于决定集体同一性的内在价值具有更为丰富的意义,从而促进了当前对这些普遍价值观的反思。在商业化进程中发生变化的龙、莲花和玉,其外在象征被日渐侵蚀。通过对哲学的一致信仰而获得的关于家庭与精神寄托的内在价值受到了西方方法论的挑战。当转向传统时,重视通过差异达

---

① J. David Greenstone, *The Lincoln Persuasion*, *Remaking American Liberalism*, Princeton: PUP, 1993, p. 250.

② 参见 *Democracy and the Quest for Justice: Russian and American perspectives*, W. Gay & Tatiana Alekseeva, Amsterdam: New York, NY: Rodopi, 2004, p. 49。

到分析与阐明的方法论揭示的是地域逻辑，而非文化深度。正是内在价值的这种意义、这种细微差别，悄然渗入到一种古老文化的存在方式之中。因此，我非常欣慰得知有人在如此密切地关注和讨论如何引导人们承认社会进步，同时重视在丰富而稳定的传统中对之加以平衡与协调。在普遍的内在价值观面临地理、社会、政治影响的挑战时，做这样一种停顿与重新审思是具有建设性的。在这样一个关头，对民族的自豪感与忠诚可以有选择性地接受影响性的因素，从而使其工具性价值在世界上得以发展；也可以抵制它，从而冒分离、孤立和自大之风险。这种避免被污染的抵制包含着一个矛盾：一个民族改变得越少，它成为自己、知道自己的价值所在的机会就越小。一个民族为何及为谁而存在的问题，只有在与其他民族的关系中才能完全显现出来。因此，如果讨论可完全开放，则对于价值冲突的深入研究可以确定一种更有力而非无力的价值。

在我自己的国家——美国，对于民族精神的探索一直在继续，即使公民热切地希望知道它的意义，但这只不过是“穿过黑暗的玻璃”来看它。大部分人认为，2001 年 9 月 11 日恐怖袭击的后果迫使我们在自由遭到安全措施不足的威胁时，质疑自由的基本意义。美国每年 7 月 4 日都会庆祝独立。《独立宣言》这份解放文件由哲学家兼政治家托马斯·杰斐逊撰写，他清楚祖国面临的安全风险。《独立宣言》本着开放的可能性的哲学精神，承认其文字具有无法预见性，但其精神则两百余年来历久不衰。《独立宣言》是个人追求幸福与自由权利的鲜活文件，当然，随着历史的延续，这并不是没有冲突的。自由是美国立宪运动的基础，为捍卫美国的领土，保障公民的安全，美国国会通过了《爱国者法案》。该法案赋予政府在无法律顾问的情况下，拘留嫌疑公民并进行审问的权力。它也允许对借书证进行追踪，监控购买模式，同时随意刺探个人电子邮件的隐私。安全成为侵犯自由的正当理由。这一点值得美国人对它的过去进行反思；自由的构成价值，例如开放的讨论和隐私，应当被重新评价，并努力在自由和安全两种存在矛盾的价值冲突中进行平衡。

价值冲突是一个民族迈向未来时无法回避的问题之一，但它必须确定一个最合理且反映美国传统精神的解决方案。就美国的冲突而言,这种冲突的情形必须根据民族的自由精神是内在价值还是工具价值来判定。我认为它两者皆是:为了全体公民尊重彼此对自由的理解;由于使一个民族繁荣的是它为实践自己的自由并且包容其他民族的自由而提供更多机会的程度,因此就此而论,如果一个更大的集体——这个更大的集体也就是民族精神——视它为工具性价值,则它是内在的。我们以后需要改进民族精神的这种工具性价值。与安全的冲突可以慢慢地得到调整,在我们都面临的恐怖主义环境下,有些冲突还不会消失,如旅游安全。

我们应当承认振奋和激励我们的、我们民族所特有的价值观,但要认识到这仅仅是强调内在价值。我认为这种强调提供的是一种模糊的精神,它通过民族各自所特有的价值观而使这些民族彼此区别。这个世界正将我们彼此之间的距离拉近,因此,假如我们转而重视我们在自豪感、荣誉感、爱、勇气和忠诚中共同拥有的东西,我们或许能将自己导向一种跨民族的人类精神,这种精神是透明的,且有朝一日可能被视为全球精神。它或许向我们展示出互谅与和平的真正前景。

接下来我要关注不模糊的民族精神,即我们通过彼此所不是的东西而被定义。在这一点上,我们融合不同的民族精神,并发展它们、丰富它们,例如在音乐上。想想中国古代的黄铜编钟能够演奏贝多芬的《欢乐颂》!我们的后代会意识到,我们是含有各种音符的乐器,这些音符我们今日或许未曾得闻,但被置入了正确的方向。我们的重点应是构建我们能像一个家庭一样共享的一套价值观,重点在一种全球的精神体系。作为具有内在价值的人类,将是一种理性的始点,最有望获得孤立民族中所不能获取的东西;和平的真正前景是一种跨民族的精神,实现这一目标需要全人类的共同努力。

(作者:G. John M. 阿巴罗,美国德尤维尔学院教授;

译者:刘玉梅,湖北经济学院讲师)

民族精神与人的生存

——时代的精神问题及出路

张曙光

黑格尔曾经有言:“哲学是从这样一个时候出发,即当一个民族的精神已经从原始的自然生活的蒙昧浑沌的境界中挣扎出来了,并同样当它超出了欲望私利的观点,离开了追求个人目的的时候,精神超出了它的自然形态,超出了它的伦理风俗,它的生命饱满的力量,而过渡到反省和理解。”① 今天,我们在哲学的视域和全球化的背景下探讨民族精神,也要通过“反省和理解”达到精神内在的自由自觉。因为精神是个人、民族最为内在的本质性的东西,一个人的精神性状直接决定着他生活的方向、意志的强弱和作为的大小;而民族的振兴、国家的发展也都需要人的精神的发展来做支撑、做动力。精神的发展和提升从根本上说是人自身的人性的发展和提升,并从而表现为民族、社会、历史的进步。

人的精神不仅体现于人的感性的活动中,并且,从一定意义上说,“人就是精神,而人之为人的处境就是一种精神的处境。”②它不能不呈现于人的反思、直觉或自我意识之中。所以,从古至今,人们都从“外在”与“内在”、“客观”与“主观”、“观察”与“体悟”这两方面探讨人的精神的。如中

① 黑格尔:《哲学史讲演录》第1卷,商务印书馆1959年版,第54页。

② 雅斯贝尔斯:《当代的精神处境》,三联书店1992年版,第3—4页。

国儒家的“内圣外王”之道和道家的“逍遥物化”之游,都是追求一种内外和谐、主客合一的至高精神境界,这种主观精神与客观精神相交融的生存理想缘起于人们对于自然界的“观象取法”和对于“人伦日用”的体悟内化,它通过人们在生存中的共通理解和语言的教化而在时代的变迁中形成一种民族性的精神取向。这种民族精神或民族意识作为社会个体精神的凝聚与融合,同样具备了大写的“人”的精神的性状与意蕴,它可以说是民族中的人塑造自身命运的生存意志的贯通,但这种贯通的意志绝不以纯粹个人的方式存在,而是存在于由代代相传而构成的民族群体之中,成为一个民族促使自身的文化生命和群体生存得以传承并不断超越的精神内核。而且只有通过一贯的内在精神的绵延发挥,并使民族中的人在自觉不自觉中知道,自己的生存与薪火相传的民族精神息息相关,民族才能成为真正具有生命力的社群总体。而当民族中的个人无法轻易实现超越个体生命之上的整体生命来达到圆满时,他也必须融入整体的民族精神之中,在其中以自身存有的普遍形式来肯定自己。因而,在民族精神与个人生存的内在统一中,我们既能够从民族精神的生成中探究人的生存处境的变迁,亦能从人的生存境遇的提升中反观民族精神的发展。

而且,在当代全球化的语境下,各个民族的特殊性和人类的统一性将为我们探讨民族精神敞开了双重维度和可利用的双重资源,即“本民族”的和“他民族”的;而从中,我们又可以分辨、提取出“特殊”的视角和“一般”的视角。我们既要从特殊到一般,还要从一般再到特殊。如同我们认同文化多样化和某种统一性的存在,在民族精神问题上,我们也应当取“和而不同”的观点。由于席卷全球的现代性源自西方并体现了西方文化,西方文化已然成为中国文化的重要参照,现代中华民族精神也必须以其他民族精神为中介才能达到自我认识。因而,以源于西方的精神学说作为我们研究中华民族精神的一种可能的框架,就具有了合法性。但我们不认为任何民族的特殊性可以特殊到一般性之外。西方的研究方法在中国学术中往往也有与之对应或相应的东西,只不过有程度或侧重的不同而已。如,西方有这样一种观点,认为古代的主题是“自然”,近代的主题是“精神”。当然,这里所说的"自然"并非自然本身,而是关于自然的观念。在从神话和原始宗教中走出来的古人那里,自然的观念是最初的理性的观念,因为这里有了自然和神的区别,也有了自然和人的区别。自然就是既不是神创造,也不是人创造的世上本来如此的东西。依据这种区别,赫拉克利特告诫人们:要听自然的话,按自然的命令去做。可见,古人的自然观念体现了他们对自然的态度,即尊重自然、顺应自然。这里已经反映出人的某种自我意识或精神,只不过作为与自然有差异的东西,它的取向不是与自然的对立,而是与自然的统一。

"精神"不是一般的意识,而是黑格尔所说的达到充分自觉即自在自为的意识,而且它也"不仅是个人有限的意识,而它自身乃是普遍的具体的精神。这种具体的普遍性包括着它自身一切发展出来的形态和方面,在这些形态和方面里,精神是并且将成为符合理念的对象。"①这种精神首先是作为对自然的否定而突现出来的;但它进而就把自然扬弃于自身之中,成为唯一的存在。因为"精神是自然界发展出来的";"精神是自然的真理性和终极目的";并且,"自由的精神作为自然的目标是先于自然的"。这种精神也一定要把与自然直接关联的感觉、把自我意识初级阶段的欲望扬弃于自身之中,它一定要在自我扬弃中达到自由的理念——绝对精神。精神的本性就是自由,自由就是在他物中即在自己本身中,自己依赖自己,自己是自己的决定者。至此,一切的异己性和障碍皆不存在。

中国的古代与近代较西方当然有很大区别,但在先秦,随着"天命"观念的衰落和"人文"观念的兴起,也有了道家"道法自然"和"人道"顺应"天道"的思想。儒家关于"仁"的思想,也是以人的自然血亲关系为依据的,而《易传》中圣人"仰则观象于天,俯则观法于地,观鸟兽之文与地之宜,近取诸身,远取诸物,于是始作八卦,以通神明之德,以类万物之情"(《易传·系辞下》),更表现了古人对于自然的尊崇以及从自然之理向伦常之理的推演与内化。把"天理"与"人欲"对立起来,则是宋朝以后的事情;与人欲对立

---

① 黑格尔:《哲学史讲演录》第1卷,商务印书馆1959年版,第37页。

的“天理”也可以说是一种更为自觉的“伦理精神”。

由于西方文化东渐而造成的中国的“近代”，则使西方近代理性启蒙精神引入中国，并激发了中国传统的“变革”思想和群体主体意识。可以说，对精神的重视是近代中国知识分子和革命党人的一大传统。中国古代社会自宋明以降，民族的精神文化就越来越萎缩低落，王权专制更是直接地禁锢、打击一切具有独立自由和进步民主取向的思想言论，甚至容不得正直孤傲狂放之士的存在。自鸦片战争开始，中华民族更是内受专制之荼毒，外遭列强之欺凌，民气可谓奄奄一息。中国先进知识分子正是有感于国家危亡而民众的精神却日渐消沉、麻木、苟且，于是奔走呼号，激扬文字，提出“新民说”、“立人说”、“救心说”以及“伦理的觉悟”乃“最后之觉悟”等等见解和主张，其目的都是为了启蒙民众意识，振奋民族精神，造就新人，陶铸国魂，最终实现救亡图存、富民强国的目标。五四运动的爆发，马克思主义在中国的传播和发展，使得中国近代启蒙思潮终于发展成为追求“科学”和“民主”为民族精神向度的新文化运动，通过这些伴随着血与火的改良与革命的实践，中华民族在古代形成的“自强不息、仁民爱物、忧乐天下、与时偕行”的精神基因在历经困顿、磨难、自新、充实之后，如火凤涅槃般地再生为具有时代特征的近代民族精神。①

相对于西方而言，近代在中国似乎只是一个过渡的时代，历史的发展又促进了新的民族精神的生成孕育与时代主题的转换；那么，现代的主题是什么呢？可以说是“意志”和“欲望”（Will）。这不仅因为人们在观念中达到自由之后，就会要求在实践中实现自由，从而诉诸于意志，还因为精神不能只存在于超验的纯粹理性的世界中，人在大地上的感性生命活动才是它的母体，人的精神与民族精神——思想与感情、信念与理想、个体意识与族类意识——是民族中的人在大地上合作进行的活动孕育、陶冶、砥砺出来的，人的精神的根系越是深扎在人们世俗的生命活动中，它的枝干就越是能够指向自由的天空；人的精神和民族精神的自由不是精神自身的逍遥自在，而

① 参见张曙光：《论作为现实和理论的“精神”》，《哲学研究》2003 年第 12 期。

是必须落实为人的生命感觉的全面发展和人类的社会解放。这种现代自由精神(意志)对于近代以来走向独断的理性精神的背反就造成了两个结果:一是人又返回到对自己肉身的重视,去开掘被理性长期遮蔽了的非理性的方面;二是个人的特殊存在、个人之间的差异重新显现出来,而个人确证自身的是个人内在的不可替代甚至不可重复的情绪性体验和自由意志。所以,非理性作为理性的反动,必然会成为新的时代主题。

这种境况给东方的民族和国家造成了非常困难的局面,使得东方国家特别是中国这样保持了数千年文化传统的国度,出现了在西方"历时"性现象的所谓"共时"性存在,并且导致"混沌"的现象,如"自然"、"精神"和"欲望"交织地一起,从而你需要什么就能找到什么。我们认为,"义愤"、"苦恼"、"浮躁"、"玩世",也许是中国相当一些人的精神历程,它又表现为各种极端的、自我反复和折腾的、急躁冒进的、庸俗的甚至腐败的行为。那些最为关注民族国家命运的人士特别是知识分子的思想或精神状态,最大的特点也许是悖论式的矛盾。为了摆脱这个矛盾,人们要么走极端,要么设法执两用中,取中庸之道。然而,"中庸不易也"。所以,这些人的精神状态特别接近于黑格尔所说的处于自我意识的最高阶段的"苦恼意识",其特点是设想一个自由的理想于自身之外,渴望与不变的本质统一,但它还是主观地对彼岸的渴望。中国人的现代性苦恼固然不同于黑格尔所讲的西方中世纪宗教的苦恼意识,中国人看重行动并试图通过行动达到彼岸,而不是像中世纪的宗教徒一样诉诸于"默想"和"默祷"。但就其主观难以与客观一致,又总是摇摆于两难选择之中而言,两者差可比拟。并且,中国人的现代性问题就在于他的民族的自我认同。要从民族自我认同的危机中走出来,只有超越中国与西方、传统与现代的"非此即彼"的思维方式,实现它们的沟通、理解与融合,中华民族才能获得自由。改革开放正在为这一目标的实现作出努力。

如果从人自身的二重性及其历史发展来看,人类意识的演进从"自然",走到"精神",再走到"欲望"是有必然性、合理性的。因为人的精神深植于人的文化心理中,是人性的内在形式,人的生命活动的自发性和自觉性、社会性和个体性、世俗性和神圣性都交织于其中，因而极其复杂、多维、灵活，充满了矛盾和变数。诚如马克思所说："人不仅像在意识中那样在精神上使自己二重化，而且能动地、现实地使自己二重化，从而在他所创造的世界中直观本身。"①身心二重化意味着人类自然和个人与社会的对象性的区分，而人本身具有的肉体和意识、生理与心理、感性和理性的二重性，前者直接属于、关联于自然，后者则具有超自然性。人的这一属于自然又超越自然的特性就意味着人既不同于物又不同于神，而永远处于"物"与"神"之间的生存境况，也说明了人这一具有自我意识的自然存在物总要处于自我分化与自相矛盾之中。同时，"道成肉身"也表明人们心目中的"上帝"或"神灵"也有着彼岸与此岸、超验与经验、隐与显、不可知与可知的两重性。人对自然的超越性取向，人异于并优越于物的自我确证正是内在地通过心灵对肉体的区分与否定才得以展开的。因为动物和它的生命活动直接同一，人则通过自我意识将自身与生命活动区分开来，从而获得了超越自然存在的权利，并通过心灵对肉体的疏离与否定来走出并反作用于自然界；因而，人类从农业社会走向工业社会，从对自然的"顺应"到对自然的"支配"，也只有通过尽可能地否定自身的生物性本能，否定自身的感性直接性来达到。但人终究不能摆脱、忽视自己的感性肉体，因为那同样是自己作为人的不可分割的部分，并且是人的"幸福"所在。而"欲望"作为人的感性的内在本质力量，其实并不只是属于肉体，它同时也属于精神，是人的肉体与精神的中介。人的欲望既基于肉体需要，还具有意识的、想象的、理想的成分和向度，不能因为传统"理""欲"的二分及其崇"理"贬"欲"，我们今天还要对"欲望"给予蔑视。"欲望"成为现代的主题也绝不意味着人类生命及其精神的衰退。事实上，人作为具有生命意志的存在者，不能不要求自己生活欲望的实现。即使是为现代性开辟着道路的理性，如康德所言，它也不能不顾及人基于肉身的感性的幸福。正是人的肉身的感性特质，才保证了人的生存的个体性和属己性。叔本华非常赞赏康德对知性形而上学的否定，他进而提

① 马克思：《1844 年经济学哲学手稿》，人民出版社 2000 年版，第 58 页。

出“世界是我们生命意志的表象”，以本体化的意志率先反对黑格尔的理性。克尔凯郭尔以具体的个人及其内在的感受反对黑格尔的客观精神，以个体化的生存取代作为理性概念的抽象存在。费尔巴哈和马克思也都曾着力批判黑格尔的“无人身的理性”，他们的批判昭示了人类精神的感性复苏和西方生存哲学的崛起，然而克尔凯郭尔、雅斯贝尔斯等生存哲学的开创者只是立足于个体的内在体验看待人的生存，却相当蔑视人的社会存在方式及其对人的生成之积极的决定意义；相反，并未以生存哲学见称的马克思哲学对人类生存的实践性和社会性理解则从根本上把握住了人与自然、人的感性与理性、个人生存与群体生存、物质生产与精神生产、劳动异化与异化的扬弃、文明的进步与人性的物化的关系，对人的现实生活也更具批判力度和建设意义。

到了20世纪初，从理性意识回到感性身体终于成为思想的主潮。如果说，理性充当了现代性的经线，那么，人的血肉之躯则充当了现代性的纬线，甚至越来越成为现代社会旋转的轴心。但这并不意味着现代人的身心已经和谐健康地发展了，无论在20世纪还是在当今人类内部特别是不同民族之间的对抗，都直接指向对方的身体，即使在同一民族社会中，人的身心问题也是相当普遍和严重的问题。现代人的生存悖论也许就在于，他越是以自身的理性和生命意志推动了现代化的进程，现代化就越是使人自身的生命和自我走向知性化和欲望化，而这在很大程度上可以归咎于人对自身的个体化过分的甚而单向度的偏好。当个体化的向度成为人的唯一向度从而取代或否定了社会化的向度时，个人从社会中的解放和自由就会陷入严重的悖论；①因而，在意志化和欲望化的当代，我们既要发展提高社会个体的生存境遇来调适现代人的身心和谐，也要培育和弘扬新时代的民族精神以提升社会总体的生存境界。

那么，我们在新时代应当培育和弘扬一种什么样的民族精神？它诚然不能只是政治家和思想者在理论上的先行预设，也不会单纯的是中华民族

---

① 参见张曙光：《“身体”辩证》，《江海学刊》2004年第2、3期。

的传统精神和西方文化精神的简单杂糅，而应是从现代人的生存境遇中生发出来的精神欲望对于传统精神与西方文化的抉择与交融。因为，如果现代的社会发展正在使我们逐级走出功利的、实用的考虑，我们对自然万物，对我们自身的自然属性，就会获得一个新的更广阔也更为高尚的视域，人的新的精神就会使我们的生活需要，更强烈地生发出对自然、对他人关爱的欲望、审美的欲望和道德的欲望，这也就是自我实现的欲望，自由的欲望，而这种欲望将意味着一种新的时代精神。虽然我们当下的生存境况复杂多变而又矛盾重重，但是社会的全面进步和人的全面发展的要求毕竟已是大势所趋，越来越多的人渴望在精神上摆脱生活的庸俗、虚假和物化，期待着身心、灵肉的和谐，寻求健康、真诚、有意义的生活方式。只要人们有新的精神自觉并积极利用欲望的正面作用，我们就能够培育出新的文化精神并借此走出当前的精神困境。这种新时代的民族精神应是既继承优秀文化传统，又具有现代的先进文化内涵；既表征民族的根本利益，又体现个人的自由发展；既推动当前的运动，又代表运动未来的精神；而中华民族的“民胞物与”“天下大同”的理想，也将在新的民族精神的时代发展中获得更有力的体现；中华民族精神也将从现代与传统、民族与世界、科学与人文、个人与社会以及批判与建设的矛盾张力中与时俱进、自我超越，在爱国主义得以弘扬的基点上，彰显世界主义的光辉。

（作者：北京师范大学哲学与社会学学院院长，教授）

历史教育与民族精神

李传印

党的十六大报告明确指出:“必须把弘扬和培育民族精神作为文化建设极为重要的任务,纳入国民教育全过程,纳入精神文明全过程,使全体人民始终保持昂扬向上的精神状态。”十六大提出“弘扬和培育民族精神”这个重大课题,并将中华民族精神概括为在五千多年的发展中,中华民族形成的以爱国主义为核心的团结统一、爱好和平、勤劳勇敢、自强不息的伟大的民族精神。当前形势下如何弘扬和培育民族精神,实现中华民族伟大复兴,这是一个复杂而又艰巨的理论课题和现实任务。关于如何培育和弘扬民族精神问题,学术界有很多中肯的认识。值得注意的是,关于历史教育与民族精神的关系人们讨论得还不多。实际上,离开了历史教育,民族精神就没有根植之处;离开了历史教育,民族精神的培育就会因为缺少民族的历史文化认同这一基本承接面而成为空话。我们应该认识到历史教育也是弘扬和培育民族精神的重要内容之一。

一、历史教育与民族精神的民族特质整合

培育和弘扬民族精神首先要认识的一个问题就是民族精神的“民族

性”问题。也就是说，民族精神要有其民族特性，有其民族根基。也许正是在这层意义上，十六大报告提出民族精神的核心是爱国主义。离开爱国主义，所谓“团结统一”、“勤劳勇敢”、“爱好和平”、“自强不息”等具体的精神层面都将因缺乏民族特质的整合，而泛化成人类共有的优点，无法彰显“民族”的精神①。爱国主义实际上是民族精神的整合剂。

爱国主义是人们千百年来所形成的对自己祖国的深厚感情。这句话大体可以这样理解：首先，爱国主义的表现形式虽然多种多样，但它无疑是一种与物质文化、制度文化有别的精神文化。这种精神文化深深植根于一个民族的心灵深处，对一个民族的认知结构、思维方式、价值观念有着深刻的影响。这种精神文化既非外来移植，也难自动生成，而往往是一个民族历史文化长期浸润、积淀的结果。其次，爱国主义也是一个国家、一个民族所有公民的一种神圣美好的心理情感，蕴涵于每个公民的感情世界里，它产生于共同地域、共同经济利益、共同的历史文化传统，它的初级形式应该是乡土观念、乡土深情。在一定意义上，爱国主义是乡土观念和乡土深情的放大和升华。其三，爱国主义是民族国家在历史发展过程中积淀形成的一种道德规范和文化传统。它是爱国的心理情感和理性外化而形成的伦理原则和行为规范。它已不像心理情感那样神秘、深藏不露、不可捉摸，而已成为具体明确并要求自觉遵循的信条和行动指南。当然，爱国主义作为一个系统，它不仅包括心理感情、伦理原则，更重要的还是体现心理情感、伦理原则的社会实践行为，这种行为归根结底要落实到每个人的具体行动之中。不管人们对爱国主义做何种理解，但爱国主义是以民族历史文化认同作为前提和基础，恐怕大家都是能够同意的。民族精神既然是以爱国主义为核心，那么民族历史文化认同自然就是民族精神的基石，是培育和弘扬民族精神的立足点。关于这个问题，中国历史上史学家、思想家都有很多阐释和论述。元朝初年，翰林学士王鹗向元世祖倡议撰修前朝史，为此他向元世祖提出一个建议，他说：“自古帝王得失兴废，斑斑可考者，以有史在。我国家以威武定

---

① 参阅郑师渠：《历史教育与民族精神的弘扬》，《史学史研究》2003 年第 1 期。

四方，天戈所临，罔不臣属，皆太祖庙谟雄断所致。若不乘时记录，窃恐岁久渐至遗忘。金《实录》尚存，善政颇多；辽史散佚，尤为未备。宁可亡人之国，不可亡人之史。若史馆不立，后世亦不知有今日。”①

元世祖对王鹗的建议十分重视，立即设馆修史。王鹗对史学的认识是很深刻的，元世祖接受他的建议，也反映出政治家的历史意识，“宁可亡人之国，不可亡人之史”从此成了千古名言。国家亡了，这是政治的短暂变化，是制度和社会一种重构过程，只要民族的历史文化之根还存在，就会“野火烧不尽，春风吹又生”。但是，如果史亡了，就不仅仅是国亡的事，更重要的在于民族失去了根，没有再生的希望。就此，清代著名思想家龚自珍说得更具体、更深刻，他说：“灭人之国，必先去其史；隳人之枋，败人之纲纪，必先去其史；绝人之材，湮塞人之教，必先去其史；夷人之祖宗，必先去其史。”②所谓灭人之国，必先去其史，就是要斩断历史文化联系，使民族失去根植。

另外，历史的和现实的事实也一再说明了这样一个道理：一个民族的历史文化是这个民族生存发展的基础，民族的历史文化认同是爱国主义的本质。也就在龚自珍的话说过不久，我国就上演了“灭人之国，必先去其史”的历史悲剧。1895年，日本侵占我国台湾，并进行长达50年的殖民统治。期间，日本大力推行所谓的“皇民化运动”，实行同化政策，教学日本语，禁读汉文，学日本历史，不学中国历史，对学生灌输日本国体和效忠天皇观念。日本统治下的“伪满洲国”所出的历史试题，也明显表现出运用历史来进行奴化教育的倾向。日本想把我国台湾和东北永远侵占，所以首先采取了“亡人之史”的办法。据报道，目前台湾修改历史教科书，强化台湾史，弱化中国史，甚至把明代以后的中国史纳入世界史体系，其中的用意就是让台湾青年一代割断与中华民族的历史文化联系，从历史上和感情上去中国化，这值得我们高度警惕。

---

① 苏天爵：《元朝名臣事略》卷十二《内翰王文康公》，中华书局1996年版。
② 龚自珍：《古史钩沉论二》，载《龚自珍全集》（上）册，中华书局1961年版，第22页。

民族精神的培育必须有历史文化认同这个承接面，如果缺少了这个承接面，民族精神就成为空中楼阁，难以落到实处。如何才能使人们产生历史文化认同，使民族精神得到民族特质的整合呢？虽然其中的途径是多种多样的，但通过历史教育使人们增进对历史的了解与认识恐怕是最重要的途径之一。

国学大师钱穆曾经说："若一民族对其以往历史了无所知，此必无文化之民族，此民族中之分子对其民族必无甚深之爱，必不能为其民族有奋斗而牺牲，此民族终将无争存于世之力量。""故欲知其国民对国家有深厚之爱情，必先使其国民对国家以往历史有深厚的认识。"①钱穆的话，说明了这样一个道理：对历史和传统了解越深的人，就越能从跨越时空的历史意识出发，理性地观察和分析问题，越能产生诸如"天下兴亡，匹夫有责"的历史使命感。人们只有了解历史，才会产生对自己民族、国家、文化的认同感、自豪感和责任感。新史学开山梁启超在《新史学》的开篇就开宗明义地说道："史学者，学问之最博大而最切要者也，国民之明镜也，爱国心之源泉也。"它使人们"鉴既得之大例，示将来之风潮。"1933 年 3 月 15 日章太炎在省立无锡师范作《历史之重要》的学术讲演。章太炎在讲演中提出："夫人不读经书，则不知自处之道；不读史书，则无从爱其国家。"台湾学者连横说："史者，民族之精神，而人群之龟鉴也。"②这些话，说的都是一个道理，即历史是一面镜子，是一部绝好的爱国主义教材，只有真正了解并理解中国历史，才能在历史文化认同的基础上，自然生成爱国主义情感。弘扬和培育民族精神如果没有丰厚的历史底蕴做铺垫，就不可能以情动人，根深蒂固。所以，培养国民的民族精神、爱国精神，不能忽视历史文化认同这个承接面，不能忽视历史教育。

在一个民族面临生死存亡的非常时期，人们对这个问题似乎看得更真切。随着近代西方民族主义理论传入中国，民族精神问题也成了 19 世纪末

① 钱穆：《国史大纲》，台北：商务印书馆 1979 年版，引论，第 2 页。
② 连横：《台湾通史》（上）册，商务印书馆 1983 年版，第 241 页。

20世纪初我国志士仁人关注的热点问题。1904年，留日学生创办的《江苏》杂志发表不具撰者的长文《民族精神论》。该文指出：民族精神所由发现者有二，其一曰由历史而发生者也；其二曰由土地而发生者也。民族精神滥觞于何点乎？曰其历史哉，其历史哉！[①] 1906年，章太炎在东京向留日学生发表演讲时说，一些醉心欧化的人之所以缺少爱国心，原因就在于对中国历史无知，“因为他不晓得中国的长处，见得别无可爱，就把爱国爱种的心一日衰薄一日。若他晓得，我想就是全无心肝的人。那爱国爱种的心，必定风发泉涌，不可遏抑的”。正是在这个意义上，章太炎视中国历史文化为最可宝贵的国粹和民族的根，强调要研究国学，“爱国以学”。[②]

在全球化趋势中，爱国主义和民族凝聚力，不但是增强竞争力之本，而且是国家和民族真正兴盛发达之本，而爱国主义和民族凝聚力，历来是建立在民族文化中的民族自信心和民族精神的独立性基础之上的。近代以来，西方社会就一直借着经济的优势，使全世界奉他们的文化为主流文化，威胁着世界文化的多样性，影响并改变着人们的思想意识、价值观念。中国能否在更加开放的条件下保持民族的自信心和民族精神的独立性，取决于中国文化在西方文化潮流汹涌而至的情况下，能否既持“拿来主义”，又不至于出现民族虚无主义；取决于国人对中华传统历史文化了解的深度。从这个层面上说，培育国民对民族历史文化的认同感，培育爱国主义情感是培育中华民族精神的前提。进而言之，要培养国民对民族历史文化的认同意识，就必须借助历史教育。

① 参见佚名：《民族精神论》，《江苏》1904年第7、8卷，载张枬、王忍之编：《辛亥革命前十年间时论选集》卷一（下），三联书店1960年版。

② 参见章太炎：《东京留学生欢迎会演说词》，《民报》1906年1月第6号。

二、中国历史文化是中华民族精神的根植之处

怎样使人们热爱自己的祖国,真正把民族的力量凝聚到一起?其前提是这个国家和民族的成员具有一种强烈的认同感。这种认同感的一个重要要素就是共同的回忆。共同的回忆指的是过去,即历史文化。这种共同回忆会在彼此间无形地产生出一种特殊的感情联结和亲和力。

在人类历史长河中,中华文明是世界文明史上唯一没有中断的持续性文明。数千年来,中华文明不但以政治实体的形式绵延不绝,而且还被历代贤哲运用丰富多彩的史学形式从各个侧面记录下来,形成人类文明史上蔚为壮观的史学遗产。这笔遗产既是中华民族精神的重要载体,也是中华民族精神传承和培育的基础和起点,是民族精神的根植之处。

每一个民族的时代文化都有自己的源和流,都是在继承前人的历史文化遗产中加以发展的。史学家白寿彝先生曾经说:"我们研究过去是为了了解过去。了解过去是为了解释现在。解释现在是为了观察将来。了解研究历史不是引导人们向后看,而是引导人们向前看。"①历史纵贯古今,包含着丰富的人类文明成果。任何一个民族,要在世界民族之林立足、生存和发展,就必须认清自己,了解自己的长处和短处、优势和劣势,增强民族自尊心、自信心、自豪感,焕发历史责任感和使命感。历史教育在强化民族认同、历史文化认同以及培育民族精神与民族凝聚力方面具有不可替代的作用,中华民族的发展史就很好地说明了这个道理。北魏是鲜卑族拓跋部建立起来的少数民族政权,后来不断强大,占领了整个北方。北魏政权在统一北方的过程中,不断学习、吸收汉人的历史文化,改革旧俗,实现汉化,最终也成

---

① 白寿彝:《关于史学工作在教育上的作用和史学遗产的整理》,载《白寿彝史学论集》,北京师范大学出版社1994年版,第232页。

为中华民族大家庭里的一员。鲜卑族融入中华民族行列的过程也是它对中华民族及其历史文化认同的过程。《魏书》开篇是《序记》,乃《魏书》的总纲。它虽然是叙述北魏先世二十八代君长事迹及传说,但作者的匠心和主旨贯于其间。《魏书·序记》的一个重要方面就是通过历史认识表明北魏入主中原,名正言顺。

《魏书》作者魏收首先告诉人们,鲜卑拓跋氏之祖先均是黄帝之子昌意之后,意即鲜卑拓跋部为黄帝子孙,且仕于尧、舜。《史记·五帝本纪》说帝颛顼、帝喾、尧、舜,都是黄帝子孙。夏、商、周三代亦是黄帝子孙,甚至秦国的祖先大业,亦是“帝颛顼之苗裔”女修所生。黄帝的子孙所建立的朝代,被视为正统的朝代。

《魏书》说鲜卑拓跋氏为黄帝之后,这就为鲜卑拓跋氏争得个遥遥华胄,将鲜卑族与汉族论证成兄弟关系而非夷夏关系。正是这个遥遥华胄成了拓跋氏入主中原的历史依据,也是他们争取更多汉人支持、战胜群雄的一个强有力的思想武器。魏收在《魏书·序记》中对汉人的历史和文化加以承认和肯定,使拓跋氏入主中原名正言顺,所以他说:“立号改都,恢隆大业,终于百六十载,光宅区中。其原固有由矣。”①显然,《魏书》将鲜卑拓跋氏说成是黄帝的后裔,一方面表明了鲜卑族对汉人历史文化的认同;另一方面,通过对汉人历史文化认同,使这个原居于边疆的少数民族融进了中华民族大家庭,从而使它对中原地区以及汉人的统治合法化、合理化。

历史就是人类的过去,一部历史就是人类过去所经历、所创造的全部记录。马克思曾经把每一个时代的历史比作一部历史剧。向历史学习、接受历史教育,就是侧身于一部部历史剧中,身临其境地去体验、观察历史舞台上的众生百态。鲁迅曾说:“我们从古以来,就有埋头苦干的人,有拼命硬干的人,有为民请命的人,有舍身求法的人……虽是等于为帝王将相作家谱的所谓正史,也往往掩不住他们的光耀,这就是中国的脊梁。”②曾经有人借

① 魏收:《魏书·序记》,中华书局1974年版。

② 鲁迅:《且介亭杂文》,《鲁迅全集》第6卷,人民文学出版社1981年版,第1180页。

用鲁迅的这几句话，把《二十四史》说得一无是处，看来是片面理解鲁迅的思想，这里不用多说。鲁迅把历史上"埋头苦干"、"拼命硬干"、"为民请命"、"舍身求法"，还有许多具有这样那样优秀品质和高尚情操的人誉为"中国的脊梁"，瞿林东先生指出，这反映了鲁迅深刻的历史见解，中国因有这巨大而坚强的"脊梁"，才成为世界上著名的古国、大国，并且曾经在许多世纪里也是富国、强国，为人类的文明发展作出过辉煌贡献。传统史家与史著中追求国家统一、反对社会分裂的坚强精神，崇尚民族英雄、鄙视投降变节的高尚情怀，为中华民族凝聚力的形成提供了强大的精神源泉。

我国历来有重视历史教育的传统。先民很早就认识到"君子以多识前言往行，以畜其德"的哲理，说明历史知识在人生修养方面起着重要的作用。唐代史学家刘知几在《史通》中深刻地指出："史之为用，其利甚博，乃生人(民)之急务，为国家之要道。"这反映了史学对于国民和国家的极其重要性。关于历史与民族兴亡，思想家们说得更多，清代龚自珍更是提倡国人"当以良史之忧忧天下"，号召国人增强民族的忧患意识。章太炎则以历史和现实的事例说明历史是增强民族自信力的根据这个道理。他曾经说："余数见印度人言其旧无国史，今欲搜集为书，求杂史短书以为之质，亦不可得，语辄扼腕。"①在《读史与文化复兴的关系》一文中，章太炎又说："史之有关于国本者至大，秦灭六国，取六国之史悉焚之；朝鲜亡后，日人秘其史籍，不使韩人寓目。以今日中国情形观之，人不悦学，史传束阁，设天降丧乱，重罹外族入寇之祸，则不待新国教育三十年。汉祖、唐宗必已无人能知，而百年之后，炎黄裔胄，决可尽化为异族矣！"②章太炎的话虽然忧患意识深沉，但并不是危言耸听。当代思想家任继愈先生说得更明白，他认为"史学关系到国家的存亡"，"是国家兴亡之学，民族盛衰之学"③，反复强调要重视历史教育工作。1994 年 4 月 7 日，邓小平同志在《振兴中华民族》的讲话中说到："我是一个中国人，懂得八国联军侵略中国的历史。当我听到西方七

---

① 章太炎：《国故论衡·原经篇》，上海古籍出版社 2003 年版。

② 章太炎：《读史与文化复兴之关系》，《文艺丛刊》1933 年第 2 期。

③ 任继愈：《〈续修四库全书〉出版的重大意义》，载《中国图书评论》2002 年第 6 期。

国首脑决定要制裁中国，马上联想到1900年八国联军侵略中国的历史……”邓小平强调“中国人要振作起来”，并且说：“要懂得些中国历史，这是中国发展的一个精神动力。”①

历史是一面镜子，是一部绝好的爱国主义教材，只有真正了解并理解中国灿烂的古代文明和中华民族百年屈辱的历史，才能深刻领会今天中华民族全面复兴的重要。所有从事历史研究的专家、学者都有责任将历史知识社会化，让我国悠久的历史文化成为陶冶性情、提高民族素质、塑造完美人格、实现社会道德教化功能的重要环节。历史教育的成败，将关系到一代新人知识底蕴能否丰厚，中华民族的文化能否继承发展，从而可能深远影响到未来民族发展的前途。正因为如此，连历史极为短暂的美国也极为重视历史教育，大学理工科学生也必修历史课程，这不能不引起我们的深思。

鲁迅说：“历史上写着中国的灵魂，指示着将来的命运。”②在新的历史条件下，弘扬和培育民族精神，只有加强历史教育去唤起国民的国耻意识、忧患意识，使国民时刻牢记“落后就要挨打”的事实，不断激发国民的爱国热情，进而不断转化为变革社会的精神力量，中华民族的明天才会有更大的发展。当今世界许多国家，如美国、日本、韩国都十分注重对国民进行历史教育，突出危机意识、忧患意识的内容，通过历史纪念日举行的各种活动，提醒国民居安思危，变压力为动力，变劣势为优势，在日益激烈的世界竞争中防患于未然，力争永远立于不败之地。借鉴他国，无不给我们以启迪、思考。只有一个不忘国耻、充满忧患意识的民族，才能成为一个伟大的民族。

爱国主义在不同的时代固然有不同的内涵，但对民族历史文化的认同，却是一脉相承的。这是一个民族能够自立于民族之林、竞存于世界的根本所在。章太炎曾说过爱国主义好似庄稼，需要施肥、浇水才能成长，而历史教育就是为爱国主义施肥浇水、培根固本的工作，这是十分深刻的见解。郑师渠指出，历史教育是最基础、最有效的爱国教育。它在不经意中将民族的

---

① 《邓小平文选》第三卷，人民出版社1993年版，第358页。
② 鲁迅：《忽然想到四》，载《华盖集》，人民文学出版社1980年版。

根,深深地植入到人们的心中,他们将来不论走到哪里,都怀有一颗“中国心”,而永远根系祖国,生生不已。通过历史教育培育国人对民族历史文化的认同感、归宿感和自豪感,同时也就为其他多样化、现实性的爱国教育提供了一个必要的承接面。缺乏这个承接面,所谓爱国主义教育,将成为无源之水,无本之木,不可能真正有效①。

三、发挥历史教育在培育民族精神中的作用

正是因为民族的历史文化是民族精神的根植之处,要培育和弘扬中华民族精神,就必须通过科学的、适合人们认知习惯的历史教育方式来实现。在新的形势下,如何充分发挥历史教育在培育和弘扬民族精神中的作用呢?

其一,要从理论上拓宽传统意义上历史教育的内涵。史学界就历史教育问题做过长期讨论,提出不少观点,但大多数人将历史教学等同于历史教育。实际上历史教学可以视为狭义的历史教育,“历史教学,可以说,只是历史教育的一部分。历史教育,在历史教学之以外,还可以有多种方式。”②因而广义的历史教育指的是通过各种渠道采用不同的方式向社会普及历史知识和历史观念的过程,以提高全社会成员的历史素养和基本素质。历史教育的主体是社会广大民众,尤其是青少年,他们在不断地接受历史知识过程中,得到经验和道德的启发,认识历史前途。历史教育的载体多种多样,包括史学研究、历史教学、史学论著、历史普及读物以及书刊杂志和广播、电影、电视、互联网络等现代传媒系统。

其二,在实践中纠正目前在历史教育问题上存在的偏差。由于近年来人们在教育思想上的急功近利、实用主义以及历史学自身存在的一些问题,

① 参见郑师渠:《历史教育与民族精神的弘扬》,《史学史研究》2003 年第 1 期。

② 白寿彝:《在历史教学研究会成立大会上的书面发言》,《历史教学》1981 年第 11 期。

使得当前历史教育所面临的形势异常严峻。其中一个重要方面是没有将历史教育与人文精神教育、人格培养联系起来，而以传授历史知识，特别是以政治教育为主。这种历史教育既不符合青少年的心理特点，也难以达到预期的效果。在当今时代，如何运用历史教育这个教育工具对国民，尤其是青少年进行民族历史文化认同教育，进行爱国主义教育，培育和弘扬中华民族精神，无疑是一个亟待研究和解决的理论课题和现实问题。

其三，对历史教育要重新定位。只是泛泛地说历史教育可以增强凝聚力、培养爱国精神是不够的，是没有实效的空话。龚自珍说“灭人之国，必先去其史”，强调历史教育是关系国家存亡兴衰的大事，这才是一针见血的判断。有的学者指出，现在我们必须从认识上明确如下几点：综合国力的竞争也与历史教育有关，轻视历史教育，难以培养和增强民族凝聚力；历史教育关乎国家与民族的安全，应列为国民教育最重要的环节之一；如果历史知识达不到一定的程度，青少年就无法形成对中国历史文化的基本认识，也就无法形成对祖国的热爱，民族精神的培育与弘扬，自然也就落空；培育与弘扬民族精神应当从加强历史教育入手。①

其四，要从认识上真正将历史教育作为实现继承与弘扬民族优良传统的基础。民族精神，说到底就是民族优良传统的精髓。党的十六大报告将之概括为：团结统一、爱好和平、勤劳勇敢、自强不息。它看似抽象，实际却是具体的，因为它是历史的积淀。民族精神、优良传统是在历史上形成的，欲继承首先必须要认知，欲认知便离不开历史教育，这是不言而喻的。以“团结统一”为例，我国早在两千多年前就已逐渐形成了“大一统”观念。史学家用“百姓不聊生，族类离散”②、“以邻国为壑”③、“百里无烟，城邑空虚，道馑相望”④等惨烈的语言记述了分裂所带来的深重苦难；用“定于一”⑤、

① 参见尤学工、赵梅春：《当前历史教育存在的问题与对策》，《中国教育报》2003年10月1日。
② 《战国策·秦策四》，中华书局1985年版。
③ 赵岐：《孟子注疏·告子下》，北京大学出版社1999年版。
④ 陈寿：《三国志·朱治传》，中华书局1959年版。
⑤ 赵岐：《孟子注疏·梁惠王上》，北京大学出版社1999年版。

“尚同一”①、“一天下”②等词语表达人民渴望统一的愿望。史学家以浓重的笔墨对“文景之治”、“贞观之治”等“盛世”的赞誉，是对和平安宁的统一社会的希冀；史学家用充满激情的笔调对民族英雄的歌颂，对背叛祖国、出卖民族利益者的无情鞭挞，都是中华民族统一的道德观、历史观的集中体现。

其五，要切实将历史教育作为引导国人培养历史责任感的基础。培育和弘扬民族精神，目的是为了“使全体人民始终保持昂扬向上的精神状态”，而要使国人始终保持“昂扬向上的精神状态”，归根结底，就是要引导国人培养热爱祖国、振兴中华的强烈历史责任感。在这方面，历史教育同样具有不可替代性。正如郑师渠所言：首先，一个人历史责任感的形成，有赖于具备开阔的历史视野和正确的历史观。难以想象，一个缺乏基本的历史常识和历史感的人，会有振兴民族的历史责任感。历史教育可以为国民提供必要的历史素养，以开阔视野，并养成科学的历史观。这也就是党的十六大报告中所说的，懂得“科学判断”党和国家的“历史方位”，“做到既不割断历史，又不迷失方向；既不落后于时代，又不超过阶段”，自觉做时代的建设者。其次，一个人历史责任感的形成，还有赖于具备正确的价值观和崇高的理想境界。一个目光短浅、思想卑微的人，不可能有历史责任感。历史教育既有利于国人开阔视野，同时也有助于国人荡涤胸襟，志存高远，历史知识丰富了，“寂然凝虑，思接千载”，眼界和胸襟就可以大为开阔，精神境界就可以大为提高③。

（作者：华中科技大学人文学院历史研究所教授）

① 吴毓江：《墨子校注·尚同》，中华书局 1993 年版。

② 王先谦：《荀子集解·王制》，中华书局 1988 年版。

③ 郑师渠：《历史教育与民族精神的弘扬》，《史学史研究》2003 年第 1 期。

二

全球化语境中的民族精神

全球化与民族精神

——中华民族的反思与超越

欧阳康

全球化与民族精神问题可以说是一个至大无外、至小无内的问题。全球化涉及了地球生命圈中的每一个地区、国家、民族、城市、村落,以至每一个体。民族精神问题作为民族问题的内核,则不仅关乎所有的民族成员,也决定着民族的生存状态和发展活力。对全球化问题和对民族精神问题的关注又离不开我们的每一个个体自身。同样处于现代化和全球化的历史进程之中,不同民族和不同个体的感受与认识可能有很多的相似之处,也会有很多不同之处。全面把握现代化和全球化的实质内涵,认真反思近代以来中华民族的发展轨迹,提升中华民族的民族精神,对于当代中国和世界的未来都具有非常重要的意义。

一、全球化、现代化及其实质

(一)考察全球化的三种视角

什么是全球化(globalization),对此人们可以从各种角度来加以探讨。我们可以给它下一个简单的定义:它是一种现代性的全球性扩张。对此可以从三个角度来加以分析和定位。

一个是空间的角度。全球化无疑首先是一个空间的概念，意味着整个地球变成了一个整体，全球在空间意义上的一体化，对此我们是可以通过经验来感受的。借助于现代化的交通工具，人们仅用20多小时的时间就可以周游全球，全球一体化和全球村落已经成为现实。而借助于现代网络系统，手指一点就可以超越国界，漫游全球。这是真正意义上的全球化，借助于现代化的信息传输系统，可以帮助我们在思想中和生活中超越现实和地域的空间隔离走向全球。

另一个是时间的角度。全球化同时也是一个时间的概念。1492年哥伦布发现北美新大陆，这可以看做是现代化向全球性的地域扩张的一个历史性的起点。地球本来是一个整体，但大海把地球的陆地隔成了若干的岛屿，形成了五洲被四海相隔的地理格局，所有的国家、民族、个体都分别生活在特定的空间中。以哥伦布发现北美新大陆作为一个起点，欧洲人跨越了大海带来的隔离走向了世界，并且向北美以至世界传播了一种特殊的社会运动，就是现代化；也传播了一种特殊的经济制度和政治制度，促进了资本主义的全球性扩张。

再一个是内容的角度。全球化是一种特殊的有内涵的运动，是现代化的全球性扩张，是现代化的历史性进程通过了几百年的努力在全世界的几乎每一个角度的广泛展开和深度推进，正在造成一个真正意义上的全球现代化的社会，现代化是全球化的具体内容。

（二）什么是现代化

那么到底什么是现代化呢？应该说，对于现代化的这个概念，大家并不陌生，但要深究起来，却并不是都那么清楚，看法也不那么一致。一般比较熟悉的说法是“四化”：工业现代化、农业现代化、科学技术现代化、国防现代化。但是严格说来，这只是指出了应当在哪些部类或行业里搞现代化，并没有告诉我们现代化应当具有什么样的内容和特点。

从学术的角度看，对于现代化的问题，中国学者从20世纪以来一直在探讨，形成了很多的思想和观点。罗荣渠在他的《现代化新论》一书中对现代化做了四个方面的界说:第一,现代化是在近代资本主义兴起的特定国际关系格局下,经济上落后的国家通过搞技术革命在经济上和技术上赶上先进国家的一种运动,也就是说,现代化是后发国家对于发达国家的一种追赶运动。第二,现代化是指人类社会从传统的农业社会向现代工业社会转变的历史进程。第三,现代化是自科技革命以来人类急剧变动的过程和经历。第四,现代化是人们的一种心理感受,是一种价值观念和生活方式转变的过程。以上四个方面大体勾勒了现代化的主要方面,但还难以让我们非常直接和清晰地去把握现代化的具体内涵。通过思考,也接受一些学者的观点,我认为现代化大体上包含了以下"六化",它们可以说是现代化的主要内涵。

第一是理性化,是以宣传资产阶级的思想文化为主要内容的一次思想文化革命。

第二是工业化,是以自然科学和工程技术为主导的大机器工业生产和与之相适应的工业革命。

第三是市场化,是以跨国航海贸易为主要内容、拓展国际市场的商业革命。

第四是都市化,是以生活规模化和服务社会化为主要内容的城市革命。都市化的水平表征着现代化的水平。

第五是民主化,要求建立能够保护资本主义私有制的民主政治和与之相应的政治革命。

第六是法制化,要求建立能够保护资产阶级的民主政治的法律体系和与之相适应的法制革命。①

以上"六化"不一定特别全面和准确,但至少是西方现代化的真实内容,也是在西方近代文明发展历程中人们所努力追寻的六种价值。

---

① 参见欧阳康:《现代化的"围城"及其超越》,《求是学刊》2002年第6期。

（三）现代化与全球化

由上我们看到，现代化与全球化既内在相关又有所区别。现代化强调的主要是一种价值取向，全球化则是现代化在特定的时期所达到的一种规模和水平。现代化从产生的那一天起就有国际化和全球化的冲动，而且在20世纪之前现代化不断地趋于国际化，但还没有达到全球化的水平。在20世纪里，现代化由一种国度性和地域性的价值创造运动扩展为一种全球性的共同的价值创造运动。

二、经济全球化与文化全球化及其挑战

有没有文化全球化？这在学界存在着巨大的争论。有的人认为文化全球化是不可能的也是不应当的。我们可以通过分析经济全球化的内容和由此而可能带来的文化全球性的问题。

（一）经济全球化的内容和实质

什么是经济全球化，我们可以从以下的角度来加以考察。

经济全球化首先是一种跨国公司的全球性扩张，经济全球化不是由国家、政府来推动的，而是由企业来推动的，这里主要指的是一些巨大的跨国企业。据统计，在1997年的时候，世界上最大的100个经济实体中，有51个是企业，有49个是国家。也就是说，某一些企业拥有的资产超过了相当数量的国家所拥有的资产。比如说著名的美国通用电器公司，它每一年的营业额达到了1683亿美元。这是什么意思呢？意味着这个公司一年的经营额相当于中国一年的全部出口额。全球最大的零售公司——沃尔玛（Wall Mart）的年营业额达到了1250亿美元。在全球化的背景下，正是这些超大型的跨国公司不仅影响着一些国家的政策，也在一定程度上影响着

国际局势的演变，在经济上推动着经济的全球化发展。

经济全球化也意味着市场经济的全球性扩展。市场化是工业化的重要条件，全球化背景下全球的市场连为一体。市场的全球化拓展，不仅在实践上可以跨越大洋，而且在生活中也已经在全球进行同质量的消费，全球市场中的商品基本上都在相似的价格水平上波动。

经济全球化的重要技术依托是全球通讯体系。人造地球卫星上天对于信息的全球化传输发挥了特殊的地位和作用。正是由于信息的全球性、同时性传输为全球金融体系、全球市场体系提供了可能。

经济全球化的第四个方面就是全球性的协作组织和协作行动。这方面除了联合国作为一种政治组织和外交组织外，最大的经济组织就是世界贸易组织，它们借助于全球性通讯而推动着市场的全球化、经济全球化。

（二）文化全球化的基本内涵

有没有文化全球化？我认为，如果你要想找到像经济全球化那样的在经济生活中的一体化、同质化的文化全球化，那是没有的，但是这并不排除在经济全球化的过程中，文化的全球性流通和全球性扩展，包括文化的全球性碰撞、冲突与融通。具体说来大体有以下几个方面：

第一个方面是民族文化的全球性传播，并获得了世界性的品格。经济全球化带来了民族文化的全球性传播，并使某些民族文化获得了世界性品格。西方文化的全球性传播和影响，改变着世界的样态，各种民族文化也借助于人们的交往和媒体的传播而走向世界。当今世界许多国家的人民对中国文化抱有特殊的好感、寄予厚望，超出了我们的想象和预期，这是中华文化的一种世界性的传播，以及在世界性传播中所获得的世界性品格。其实所有的民族文化在它的世界性传播中都有可能获得一种世界性品格，甚至是全球性的品格。

第二个方面是全球性的文化学习运动。如果说文化传播主要还是民族文化在客观意义上的世界性传播，那么在今天，比较自觉和聪明的国家与民族都在向其他国家和其他民族学习，不光是学习其他民族优秀的东西，而且努力把它们移植到本土。中国在近代以来一直在被动或主动地学习西方文化,聪明的西方人也在自觉地学习东方文化。正是在双向甚至多向的文化学习中,各民族文化得以重建和提升,产生出全球性的文化学习和文化趋同现象。

第三个方面是全球性的共同文化创造。在全球化的历史进程中,我们越来越发现,人类不仅仅生活在一个唯一的地球生命圈里面,而且在不同的地域和民族之间存在着许多内在的共性方面,也就是人之为人在共同生命圈中必然创生的共同文化现象。这里不仅有人性的共同基础,也有很多共同的利益,这就是为什么现在有了全球伦理、全球性的绿色和平运动、生态保护运动等。在这样的意义上,尽管全球各地的人们有着巨大的语言的、肤色的、文化的差异,但他们在现代化的全球性扩展运动中却不断地创造着共同的或相似的文化。

最后,文化全球化也不排除少数发达国家以多种方式所推行的文化扩张。美国作为世界警察不仅仅从政治上要求各国与它保持一致,如通过年度的《人权报告》对别国指手画脚,还借助于各种手段把他们的思想文化尤其是价值观念扩展到全球。对此它非常自觉并且从来也没有放松过。在美国总统心目中,“American Values”就是他的最高价值,美国的国家利益高于一切。布什到清华大学演讲就是集中传播一种东西:“American Values。”西方人要把他们的价值观推向全世界,这是无须怀疑的事情,区别只在于我们如何看待和应对他们。文化的全球性扩张、传播、较量、矛盾、冲突都是有的,因此我们不能仅仅关心经济的全球化方面,也应当去关注全球化进程中的文化问题。各个学科的人都应当从自己的角度关心文化问题,尤其是要应对这样一种复杂的碰撞与挑战。

三、中华民族对于现代化和全球化的认识历程

中华民族文化几千年绵延不绝，是为数不多的没有中断的文化，这是值得骄傲的地方。但是也正是因为这样，它没有经历过内生性的重大变革，这也是中华文化的另一个方面。因为不断的延续，在这个延续中没有发生巨大的革命性的变革，所以我们只能在近代以来世界现代化的进程中逐渐地去认识自我、反思自我、超越自我，这是一个非常漫长而又痛苦的过程。中华民族在近代以来的心路历程，大体上经历了六个阶段或者是经历了六种心态。

第一阶段是从1840年鸦片战争到19世纪末，近代中华民族首先产生的是民族屈辱意识。中国作为一个天朝大国，在近代以来闭关锁国，对西方人的政治革命、思想革命、工业革命毫不知觉。直到有一天帝国主义的洋枪洋炮打开了我们的国门，才知道这个世界已经变化了。现代化就是以这样的一种方式走入了中国人的生活和心中。因此，现代化首先不是作为中国人民的朋友，而是作为敌人、对手、欺负者来到我们身边的。因此，中华民族从一开始就对现代化不那么理解、亲近，而是非常的抗拒。中华民族的近代史可以说是一部屈辱史，屈辱于现代化的冲击。因此，中华民族在认识和处理它与世界现代化关系的过程中的第一步就没有走好，并深刻地影响了后来的发展。

第二个阶段是从辛亥革命到五四运动，中华民族先进思想家的心态发生了巨大的变化，这个时候产生出来了一种特殊的意识，叫做民族批判意识。北京大学的先进思想家和学子们高举了两面旗帜："科学与民主"，高喊要走现代化的道路。向哪里走？向西方走。中华民族开始自觉地追寻现代化，这是中华民族一次巨大的思想启蒙和对于现代化的追寻，由此而产生出强烈的民族批判意识。当时涌现了许多思想家，站出来批判中国的国民

性,他们在唤起中华民族自我觉醒方面起了极为重要的作用。

第三个阶段是从五四运动到1949年中华人民共和国成立,这段时间里中华民族远离了现代化。在这段时间里经历了国内革命战争和抗日战争,面临着灭国亡种的危险,救亡图存成了中华民族的主题,中华民族的思想兴奋点是一种民族危亡意识。在这种背景下,我们没有精力去搞现代化。抗日战争和解放战争的胜利为中华民族带来了新生,促进了中华民族的巨大进步。

第四个阶段大体上是从1949年到1966年,新中国开始了社会主义的现代化建设。由于外部环境恶劣,只能靠独立自主,由此产生了强烈的民族自强意识。独立自主,自力更生,艰苦奋斗,勤俭建国,这种意识非常可贵。但是非常遗憾,当时存在着对现代化的诸多误解。比如说为什么会有1958年的大跃进、人民公社?现在来看,在一定程度上可以说是毛泽东同志误解了现代化。一是把现代化理解为工业化尤其是重工业化,甚至是钢产量;二是低估了现代化的难度,要10年赶英、15年超美,为此而出现大跃进等左倾盲动。

第五个阶段是1966年到1976年的“文化大革命”时期,中华民族产生出一种极度的革命意识。“文化大革命”,实质上是革文化的命。当时的中国人毫无保留地积极地投入到“文化大革命”中去,导致了我们这个民族的精神处于一种激奋的状态,同时又处于一种相当迷惘的状态。当时我们有三大口号:第一个口号是“反帝”,所有的西方国家都是帝国主义,这就把西方国家全部拒斥了;第二个口号是“反修”,其他的大部分社会主义国家都是修正主义的,这就把其他社会主义也反掉了;第三个口号是“反封建”,把我们整个传统文化都反掉了。当时我们自信手中还有一件武器就是马克思主义,但是其中又包含着许多来自苏联的简单化和教条化误解,所以当时表面看来轰轰烈烈,但实际上是十分空虚的。这是我们民族发展的一个非常艰难的时期。

第六个阶段是从1978年到现在,全国人民集中力量在做一件事情,就是创造现代化;产生出来了一种伟大的民族精神,就是民族复兴意识。30

多年来我们取得的成就是令人难以置信的。现在西方对中国有两种说法，一个是中国威胁论，一个是中国崩溃论。听到这些说法，我们当然并不舒服，但这也从一个方面说明了中国的进步，从某种意义上可以说西方人在关注中国。尽管我们并不想威胁任何人，但如果西方人都能感到中国的威胁，那除了某些其他的因素外，也说明了中国的强盛。至于崩溃问题，如果中国的经济是封闭的且在世界上无足轻重，即便你要崩溃，西方人也不会关心和感兴趣。因此，这两种说法都从反面说明了中国进步到了西方人不得不关注的地步，说明了中国对世界的影响的增大，说明了实力对比的某些变化。世界关注中国，这既是好事，也是挑战，要求我们把自己事做得更好，以应对好世界的挑战。

四、当代中华民族在全球化背景中所面临的挑战

挑战之一，在和平与发展成为世界主题的背景下如何保护自己的主权独立和国家安全。这是一个全新的问题。在毛泽东的时代，对于国际形势的基本估计是世界大战的危险随时存在，因此要备战、备荒、为人民。邓小平提出，和平与发展是时代的主题。但在 21 世纪，和平和发展都有了新的内容，需要我们去认识和对待。一般说来，和平是相对于战争而言的。什么情况下会发生战争？就是国家主权和领土完整受到了侵犯或伤害。因此，保卫和平和主权，就是守住我们的边界。现在我们的边界也不是没有问题，但现阶段更现实、更重要也更危险的是我们的经济主权、信息主权、文化主权。今天的和平观、主权观、国家安全观都有很多新的问题，给我们提出了很高的要求。

挑战之二，在经济全球化的历史进程中如何寻找高效而又富于特色的现代化发展道路，符合全球化要求的道路。我们过去曾经希望能够简单地模拟西方社会的现代化发展模式，现在看来是不可能了。现在我们加入了

WTO,如何应对它必然带来的更加严峻的挑战,创造出新的高效发展的道路,是对我们的挑战。

挑战之三,在政治多极化的进程中如何有效地发挥作为一个政治大国的作用。与经济全球化相伴发生的是政治多极化的问题。通常认为今天的世界政治舞台上有五强:美国、俄罗斯、欧盟、日本、中国。中国已经作为一个政治大国登上了世界的舞台,但是我们的经济和军事等还难以支撑我们作为政治大国的地位。中国要在这样复杂的世界政治格局中发挥自己的作为大国的作用,既需要勇气,更需要智慧。

挑战之四,在知识经济时代如何保持民族精神的科学性和活力。我们坚信中华民族传统文化中蕴涵着许多今天仍然可以也应该吸收、借鉴和发掘的东西,但也应当清醒地看到,科学的落后造成了中华民族精神中科学内涵的匮乏,这需要补课、充实、提高。要让我们的民族精神充满科学精神和与科学精神相适应的人文精神,实现对于传统文化的创造性的转换,实现科学精神与人文精神在中华民族精神中的有机统一。

挑战之五,在世界文化的多元化发展和文明的冲突中如何保持和发展中华民族文化的先进性。亨廷顿的"文明的冲突论"出来以后受到了严厉的批评,现在看来有些问题还可以做些检讨和反思。从总体上看,20 世纪后半叶就是一个意识形态逐渐淡化的过程,亨廷顿指出了这一点应该说是没有太大的错误的,问题在于文明的冲突是否就是 21 世纪的世界主题?基督教文化、伊斯兰文化和儒家文化是否真的会成为 21 世纪世界冲突的根源?这对儒家文化来说,确实是有一个重新认识、重新理解和重新进行一种创造性转化的问题。中华民族在 21 世纪里以什么文化形态展示于世人,如何参与到世界文化的创造,如何展示自己的特殊魅力,这都需要我们加紧进行新文化的创造。创新先进文化是时代赋予中华民族的重要任务。

五、弘扬和培育中华民族精神的问题

综观1978年以来我国的发展历程,我们由比较片面地理解现代化到比较全面地理解现代化;由过去讲的搞四个现代化,重视器物现代化走向了对于现代化的全面建设,包括提出全面建设小康社会和落实新的“科学发展观”,要通过可持续发展来建构和谐社会。在这种意义上精神问题重新凸显出来,这是中华民族全面发展的客观必然,是一种内在性的需求,是一种内生性的革命;要求在经济发展、政治发展、文化发展各方面保持协调和持续的态势,尤其是提出了精神家园的重振、重塑、重建问题,这就是弘扬和培育民族精神的问题。

如何做好这个课题,我们的基本想法是要充分学习和把握已有的学术成果,并找准存在的问题,理清我们的研究思路。为此我们对过去的研究做了细致的扫描,搜索到的文章就有几百篇,书有近百本,成果非常丰硕。但严格说来,这方面的研究还存在以下一些问题或缺失:

第一,缺乏系统性。对于民族精神问题的研究主要是定位于历史学的研究,也有的人把它定位于社会学的研究,或者是从文化学的角度来研究,研究者都是从各自所在的学科来研究它,仅看到了民族精神的某些方面,而缺乏整体性和系统性的把握。我们认为,民族精神是一个综合性的东西,是一个内核性的问题,仅仅从任何单一的方面研究都是不行的,需要系统的和综合性的研究。

第二,缺乏实证性。对于什么是民族精神,民族精神在我们的生活中是怎么样表现出来,民众对于民族精神的认同方式与程度等都缺乏实证的调查,没有量化的依据,大而化之,说不清楚,这种研究很难说是科学的、客观的。科学的研究一定要以对当代中华民族的实际精神状况的全面客观把握作为我们全部研究的出发点。

第三,缺乏比较性。我们研究的是中华民族精神的问题,但中华民族精神的特点只有在与其他民族的比较中才能凸现出来,但是过去我们恰恰缺少对于其他国家和民族是如何培育和弘扬他们的民族精神的研究。

第四,缺乏时代性。对于民族精神的当代发展,在现代化和全球化的进程中需要一种什么样的民族精神,缺乏具有足够哲理高度的理论研究。马克思讲真正的哲学是时代精神的精华,要求哲学家们站在时代的高度,不仅仅是做黄昏才起飞的猫头鹰,还要做高卢雄鸡,去预见未来,引导现实,为此必须有足够的时代感。

第五,缺乏对策性,大家都在谈民族精神,但是对于如何更加有效地培育和弘扬民族精神缺乏具体的对策研究,很少具有很强针对性、可操作性的政策建议和措施。

正是针对以上的缺失,我们提出了以下五个方面的研究构想。①

第一个方面是历史研究。要全面研究中华民族精神的来龙去脉及其变化发展的内在机制,准确地认识民族精神中优秀的、有生命力的东西和那些传统的、消极的不合理因素,以便科学合理地批判性继承和创造性发展,为民族精神的培育和弘扬提供科学依据。

第二个方面是学理研究。深入系统的理论研究是高屋建瓴地培育和弘扬民族精神的必要理论前提和思想保障。为此我们需要对民族精神的概念、命题、理论等做深度发掘,揭示民族精神的性质、特点与功能,厘清它与其他各方面的关系,把基本问题在学理的层面上说清楚。

第三个方面是实证的研究。对当前我国民族精神认同现状的准确把握是有效培育和弘扬民族精神的客观基础。为此我们拟借助于华中科技大学的民族精神调查中心广泛开展社会调查。我们提出了"四个一百",即到一百个学校、一百个农村、一百个乡镇、一百个企事业单位中去调查,这个任务非常复杂,非常重大,也非常重要。

---

① 华中科技大学"弘扬和培育民族精神"课题组:《当代中华民族精神的反思与建构——"培育和弘扬民族精神"研究构架》,《华中科技大学学报》(社会科学版)2004 年第 18 期。

第四个方面是比较研究。比较研究就是要落实民族精神研究中的国际视野和全球观念,在不同文化传统和民族精神之间进行全方位的比较分析。我们重点选择有代表性的国家、民族和地区来加以对比分析。比如中华民族精神与基督教精神、日耳曼精神、犹太精神、伊斯兰教精神等的比较,中国与日本、韩国、新加坡等的比较,中国内部不同地区的比较等。这项工作将由海内外多方面的学者分工合作展开。

最后一个方面是对策研究。民族精神研究不能坐而论道,必须付诸实践,为此我们希望不仅仅要发表学术论文,要出书,还必须开展对策研究,就如何更加有效地培育和弘扬民族精神提出可供操作的政策和措施,以帮助领导决策和指导我们自己的实践。

(作者:华中科技大学党委副书记,哲学研究所所长,
民族精神研究院副院长,教授)

多元文化社会中的宽容精神

［美国］George F. 麦克林

冷战结束时，一种霍布斯式的并通过斯特劳森而强化了的新保守主义思想泛起，其核心是人性恶论，人在本质上被看成是野蛮的、肮脏的、邪恶的和浅薄的。按照这一观点，前苏联极权主义的泛滥实际上是以某种奇特的方式抑制了人的恶的本性，问题是极权主义本身仍然代表着一种恶的专制主义制度，因而靠极权主义来控制人的恶的本性到底不是长久之策。新保守主义进而认为，随着极权主义的终结，人性的恶会直接暴露出来，这就需要唤起某种超级的力量去征服那些原始的恶的本能，进而强有力地影响世界秩序。

确立一种新的权威，看起来好像是解释国际政治关系的总的前提。然而，问题在于，它其实是在两种不可能的选择中强加了一种悖论。如果人性如同霍布斯所说的那样是邪恶的，那我们就被迫要在自由人与原始人之间作出选择，或者成为那种缺乏基本和平环境的不自由的原始人，或者成为受制于某种现代权威体制的自由人。但是，无论在哪种情况下，我们都没有被看成是人。因而，所谓国际政治关系显然需要还原到人性的本质中，并在对人性的全面理解中找到真正的立论前提。无论如何，对人性的理解才是最根本的。

作为人的生活，我们必须探究由所有文明确定的那种相互交替和辉映的道路，在那里，人的存在本质上不是邪恶，而是和谐与至善，这在众多宗教传统中都能找到根据,如印度教中的存在或"梵天"(Brahma)就是指生存与福佑(Ananda);穆斯林中的存在概念有99个名号,且都拥有显赫的地位并与"完满"与"和谐"概念相通;对基督教来说,作为本质的存在本身就是上帝,其内涵即泛爱万物;儒家(教)更为强调人性本善,强调仁爱与"天人合一",儒家实际上是把存在直接看成是某种自然的和内在的和谐;等等。不同宗教与文化传统中的性善论实际上蕴涵着一种能够为当代社会接纳和发扬的文化宽容精神,当代哲学解释学应该在挖掘和阐释这一资源方面有所作为。

一、客体性的隐退

弥尔顿的《失乐园》描述了一种悲剧性的抉择。面对天堂生活的诱惑,一些天使坚持自我救赎,把自己置于某种永久性地疏离于"至善"的境地,他们试图通过远离乐园,探索一条控制世界的道路,但是,与此同时,人类的悲剧性命运也从此开始。认真思考一下就会发现,现代思想实际上也始于某种类似的文化抉择,因为正是现代世界通过科技与工业开始了对世界以及人类生活的控制,并把人类置于一种现代性境遇之中。

在近代思想家们开始对人类至善理念进行漫长探索的开端处,正是弗朗西斯·培根用其科学主义方法破除偶像崇拜观念。这一工作,在某种程度上正是对神圣化的宗教伦理传统的批判,对培根而言,善的理念正是通过逻辑方式精致化了的假相。在此,培根实际上是在挑战自柏拉图以来的理想主义传统,按照柏拉图的理念说,理念之极致就是至善,这一至善与存在本身是完全同一的,换句话说,在我们所有的实践行为的背后,都有一种优先存在着的绝对的善。约翰·洛克则以白板说对抗天赋观念论,按照这一说法,并不存在一种前定的善的观念,人的善行实际上是后天习得的结果,是通过社会制度规范化了的结果。在洛克的经验主义认识论与其社会政治哲学之间有一种内在的联系，但从总体上看，他仍然在发展一条基础主义的路线。到笛卡尔则进一步把怀疑主义看成是一种根本的认识论方法，笛卡尔致力于建构一种科学的、精致的世界体系，有意思的是，构成其思想体系的前提却是基于主体自我的怀疑精神，从我思出发，其结果却是一个客体化了的世界图式。

看来，理性跟自己较上了劲。

问题是，世界究竟是如何建构起来的？笛卡尔指出世界是以精密数学为根据的人类知识建构起来的。这样一来，任何一种能够在重构现代人类知识方面有所作为的理念都是清晰的、自明的，并能够直接呈现在我们面前。这样一种理念具有一种能力，使自身与其他东西区别开来。正是通过这样一种能力，所有其他的东西被排除在这样一种新的理性化结构之外。这里，值得注意的是，作为人类能力的理性反过来成为人性的客体，而这一切的根源则在于科学成为理性确立的唯一标尺，这不禁迫使我们向自己提出这样一个问题：人类为什么需要理性？

乔伊斯有一首著名的诗“唯有上帝造树”，一开始就指出，笛卡尔式的思维方式，看起来澄清并重建了存在，但最终却因为与我们息息相关的环境无关，因而其意义仍然是苍白的。实际上，笛卡尔确立的只是近代科学的世界，其特征尤其在于精确的机械性与单质性，但是，与活生生的人相比，机器人的局限性恰恰暴露出了它不可能具有人性的内涵。在这个意义上，笛卡尔建构了客体性，但这种客体性是否能够转换为主体性，看来并不取决于客体本身的力量。

一旦我们意识到这一事实，即现代性实践的目的是为了获得对生活世界以及生活样式的控制，那么，现代生活的反讽性境遇就会呈现出来：我们发现我们越少地成为控制者，那么其结果就是越多地被某种来自于时代的控制系统所奴役。实际上，当我们每个人都感到生活的自由时，很可能我们全都被一种整体性的制度系统所控制了，而这正是现代社会成功的秘密所在。

如何才能走出这样一种困境？一些人大概回到了前现代和中世纪的乡

愁情怀,在那里人们的确能够感觉到精神文化更少地受到客体性的侵入。但同样在那里,人们也发现经典的古希腊遗产如此明智地区分了主体与客体,以至于任何一种关于主体的知识都能通过转化为客体知识的方式获得,而这种转化过程正是主体性的体现。但是,在近代客体主义哲学中,我们没有发现这样一种富有智慧内涵的转换形式。另一方面,马塞尔也指出,正是通过这样一个过程,不管重复多少次,一旦转化为知识性的客体,就会抑制人们所探索的真正的主体性。看来,在知识论领域,主体性与客体性的矛盾关系是如此的复杂,以至于从相同的思想前提会得出不同的结论。

那么,客体性如何让位于主体性?真正的主体性安在?这正是现当代文化必须关注的问题,其实质是,现代性是否能够通过一种持续的自我调整,在主体性与客体性之间达到一种新的平衡,我们对客体性的把握其目的毕竟还是要达到主体自我的完满。此时,《旧约全书》的一段话浮现出来:“主取走了山石的精灵,赋予我鲜活的精神。”

二、重建主体性:宽容精神彰显的地平线

要使客体性蕴涵丰富的主体性内容,将诉诸海德格尔所谓的存在回复的观点。这一观点本身也是至关重要的。海德格尔指出,在历史思想的关键环节,一些要素被筛选出来作为研究对象,研究领域也由此得到拓展,而其他一些可能的要素则无人问津。然而,作为一种结果,真正影响着后世历史发展的,往往较少地取决于那些已经被强化了的要素或领域,而是取决于对原先那些没有受到重视的要素与领域。

对海德格尔而言,自柏拉图以来的古希腊哲学传统已经按照主客体模式发生作用,在这一模式中,所有的研究对象都被限定于客体性的样式。因此,要反叛这一样式,就很有必要回复到前苏格拉底的哲学中,重新发现一条思想之途。

这里提示我们,关注主体性丧失了的维度已经迫使我们划定一条关于世界进化的边界,不仅只是考虑主客体模式,而且还要考虑现代激进主义或后现代主义对主客体模式的颠覆,以及由此带来的主体新的生存样式。在这里,主体恰当的角色系统地根植于一种决断,这一决断把我们带进一种新的知识中,这一知识不只是某种单一的客观知识,还是一种关于人类心灵的清晰的和独特的图式。但是,同样是在这样一种承接关系中,关于人类主体意识的内在的动力说以及卓越的潜能却被系统地排除在外了。毕竟,这样一种决断仍然没有完整地理解人的内在性。至于对生活的去人性化理解大概会被诸如新型电气化与运输业之类的新发现蒙住视线,但是,这些真正的成就最终会在其非人性化的进程中改变方向。人看起来是新技术的主人,但实际上仍然是无数新技术支配的客体,这或许是人类生存的新的奴役形式。但是,这同时也应该看成是人类自我调整的新的方式,即顺应于技术化的方向追求人类精神的有限的自足与自娱。应当说,人类这种自我修复的压力既是外在的也是内在的,外在的压力表现在主体日益技术化与物欲化的生存方式带来了人类自身的生存危机,而内在的压力则表现于人类自身精神世界越来越严重的分裂与沉沦处境。

从外表看,20 世纪被证明较先前所有世纪都要损失惨重,这既包括物质世界,也包含精神世界。法西斯主义与极权主义一度甚嚣尘上,泛滥全球;资本主义也陷入了工业化危机中而不能自拔;战争的威胁始终挥之不去。所有这些东西都迫使人类采取相应的行动,抵制人类历史进程中不应有的悲剧性事件。从某种意义上说,冷战的结束是一个人类寻求新的宽容精神的标志,与新保守主义的泛滥相对比,人类开始了一种新的交往方式,人们试图从某种极端的思维方式以及行动中走出来,创造并进入某种建设性的对话中。按照这一新的生存方式,新的世界秩序与其说是国际关系的进步,不如说是人类文化精神的进步,这种文化精神的实质正是:在保持各文化传统的差异的前提下寻求沟通与共识,而宽容正是这种精神的具体实现形式。

在这种背景下,哲学已经致力于形成相应的动力学。这方面,哲学家的致思方向具有相当的前瞻性。早在维特根斯坦哲学那里就存在着实证主义、经验主义的知识型。在《逻辑哲学论》中,他已经建构起关于人类知识进程的理论,这一理论事实上已经包含着一种游离于人类主体性之外的意向性。在后期的《哲学研究》中,维特根斯坦进一步认识到,这样一种主体性正是关于人类知识进程的关键要素。哲学家的确是在努力将一种对象性的知识与技术体系看成是主体性能力的表现形式。

类似但更详尽的道路出现在现象学的发展进程中。胡塞尔在探索数学的基础时接触到意向性,他指出意向性不仅只是关于客体的独特性与角色,而且也是人类意识本身的活动特征。意向性本身就是人类意识活动的产物。当然,我们看到,意向性同时也可能将认识者套进理想主义的万花筒中,在诸如意识的意识、意识的对象与对象的意识等概念的循环与相互诠释中反复折腾,没完没了。胡塞尔的继承者海德格尔,则将存在的过程看成是基本地平,在海德格尔看来,人类是作为"在者"(Dasein)而存在的,作为存在,则必须要融入到时间中,在这一点上,存在揭去了自身的面纱:存在就是真理。在海德格尔早期的《存在与时间》中,此在向存在提问,并在自身遮蔽中显现自身,在后期海德格尔那里,更多的则是把人类描述成一种等待存在自我显现的此在,此在同时也是世界的看护者。

伽达默尔沿着海德格尔的道路继续前行,他更为关注人类共同体在历史进程中重建文化传统方面的境遇,并把解释学推进到一种历史解释学的新高度。这一点特别明显地表现在他的《真理与方法》中,在那里,解释学不仅具有一种存在论的优先性,同时也表现出不同文化传统交互理解并沟通的哲学运用性。我觉得,伽达默尔的历史解释学是展开现时代的宽容解释学可以直接加以运用的理论资源。

我要努力展开的一个见识是:在这一时代的文化与哲学史中,出现了一种从水平线方向向垂直线方向的戏剧性的转换。水平线反映主、客体知识模式,这种模式适应于按照经济效益乃至于政治利益来安排事物的基本秩序,但不管是出于经济效益,还是出于政治利益,两种情形都能相互分享,然而,两者毕竟不能相互代替。这样一来,动力就隐入竞争与对抗的态势中。

但是,现时代人类关注点正在从水平线方向向垂直线方向转换,其实质是从客体向主体转换,从一种以客体为中轴的主客体模式向以主体性为中轴的主体间性的转换,包括从物质性向精神性转换,从强调分化的定量模式向强调一体化的定性模式转换,以及从竞争到合作的转换。

上述转换带来了一种新的话语以及关联方式,文化成为核心,在多元文化社会里宽容成为人们交往的基本条件。理解这一点我们需要回到巴门尼德,在那种前苏格拉底哲学中,我们可以细心地体会到文化的凝聚力量。巴门尼德在其诗意的哲学名言中反复咏叹道:存在是存在的,非存在是不存在的。请注意,巴门尼德对存在与非存在的区分中包含着一种文化的担当与解释,因而当他说“非存在是不存在的”时,并不是排斥非存在的存在价值,恰恰相反,是在倾诉非存在的存在性。这里,更为简捷的存在并不是“非存在”,而是两者的混合体,这意味着存在无论如何是通过“非存在”而在场的,这同时也意味着“所有不可能的方法”,比如思与言,都具有某种存在性,诗也好、思也好、言也好,所呈现的都是文化在场的方式,是通过破解存在的方式而展开的由存在向非存在的转化过程。在此,存在与文化其实是相通的,存在作为历史过程正是文化的在场方式,巴门尼德看起来是在确证存在,其实是在确证文化及其逻辑进程,存在面向非存在的敞开正好启示着文化或文明的展开过程。

然而,存在并不只是对毁灭的消极的反抗,而是对自我实现与完成的积极的追求,这几乎是潜在于存在中的先在的但却是确定无疑的内涵。不过,在对存在的概念化的理解中,这一内涵竟然被抽掉了。其实,积极生存的含义本是存在本身的意义,如同植物通过光合作用吸进氧气,排除二氧化碳;如同动物有意识地觅食和自我保护,并且当安全受到威胁时,动物表现得异常凶猛。

当然,人类的存在与生存活动包含着更丰富的内涵。人类的存在凭借人所特有的智力和想象力超越了动物的生命活动,展开了人自身生长繁衍的无限可能性,从而使人自身的生活获得了丰富的意义与内涵,我们可以笼统地称谓这一意义与内涵为文化。文化不外乎是人的特有的活动及其结果的总称,人的特有的生命活动区别于动物的生命,但又与周围世界建立起某种内在关联。而且,在外在的环境支持与内在的创造活动之间,人类本身也需要确立起一套秩序,以选择并支撑自身的文化结构。这套秩序包含着一套核心价值观,比如,在和谐与竞争这两套价值观之间,每种价值观都要求构成对生活的全面解释,但究竟选择哪套价值观,则取决于我们所建立的秩序的理念。价值与德行汇合在一起构成了有一定特色的文化体系,并且直接滋养和培植着人的精神、教养与个性,而最宽泛的意义则是直接造就了文明结构。亨廷顿曾把文明看成是大写的“我们”或“有意识的自我同一性”,其实两者都根植于一定的宗教。

在现代文化转换的垂直方向,新的问题渐成焦点。如果说生活本身已变得更为积极主动,那么,多样性的文化及其文明是否真正实现了融合与相互弥合?如果说文化正是滋养精神与个性的有机土壤,并且文化赋予了人以尊严与价值,那么我们是否能够期待文化将建构某种富有活力的机制,以防卫自身并免遭任何一种威胁?看来,真正的挑战并不只是在国家之内的各种力量,而是非常复杂的国际问题,是整个人类文明体系内部的冲突与协调问题,因为正如我们看到的,整个人类文明体系缺乏一种有效的自我防卫机制,而宽容精神的缺乏常常是导致当代文明体系发生剧烈冲突的直接原因。这要求我们对宽容的理解不能只是停留于将自身与他者区分开来的被动的宽容,而且还要把宽容看成是一种不同文化背景的主体间能够相互合作,有益于身心健康和社会化功能的积极的交往智慧。

三、倡导一种开放积极的宽容精神

今天我们正在经历的全球一体化过程,在某种程度上正在体现宽容精神。当代有些学者把这一过程看成是人类交往活动的新的地平,这或许正是亚里士多德古老三段论的现代推展。不同文化交往与融合的大前提决定了人类对宽容精神的内在要求。在最近几年里,随着世界文化态势的一些值得注意的变化,人类对宽容的诉求显得更为迫切。而且,人类生活的总体进程已变得更为复杂,本身也迫使人们作出生存决断。这样一来,在人类生活的各种场合与环境下,宽容实际上越来越成为人们交往的基本要求。没有宽容,就没有真正的交往。

从某种意义上说,宽容精神是一种普遍精神,是与全球一体化现实密切相关的交往理念。我们可以设想一下,第一位登上月球的宇航员第一次从外部看到的地球景观:地球远远地看去就像一个村落,在那里,人类不再只是一个个孤零零的个体,而是相反,各个人类个体息息相关,共享着生存世界,在这样一个看起来并非无边无际的世界中,人类岂有不相互宽容的道理。看来,重要的并不是这位宇航员在月球上看到的东西,而是站在月球上看到的东西,这就是既伟大又现实的人类宽容精神。

今天,生命的全球一体化特征已经融入到人类意识深处,这一点特别明显地表现在人们对语言,尤其是对外语的重视。在这一时代,人们对不同语言承载着的不同文化意蕴的惊奇与兴趣,的确是前所未有的。青年一代对其他民族语言的学习,看来并不只是一种技术的要求,同时也反映了一种了解其他文化内涵的渴求,是宽容精神的具体表现。实际上,仅仅从技术层面是难以深入到语言的深刻的文化内涵的。

我同时想到了库萨的尼古拉。这位先哲有一种关于人类整体化的强烈期望,这一期望根植于中世纪后期的生存体验,同时也与当代人类的生存处境相通,在库萨看来,上帝创造人时本身就铸就了人类的一体化。人类的一体化并不只是精神的一体化,而是实存的一体化,与自然世界的沟通并寻求一种逻辑一致性,是人类一体化的基本理念,而这本身也是现代数学以及相关科学探索的范围。笛卡尔把一种分析的精神引入现代思想中,试图清楚地确立一种自明性,并且尝试给出一种事物与他事物相区分的边界,并为一个机械的世界确定一种分类、组合和整理的法则。与库萨相比,笛卡尔指出了另一条道路,这一条道路至今仍在不懈探索中。较那种任其不断最小化然而被动地聚集为一个整体的观点相比,库萨提出了某种注重整体而不是部分的合成性智慧。

E. 赖斯在徒步穿越山谷与从山顶上俯视山谷之间做了一个比较。在前一种情况下,一个人每遇到一处景观,都会产生惊奇,并且各种景观体验之间基本上互不相关;在后一种情况下,所有景观都是相互关联的,并且通过整体而得到理解。前者是推理活动,后者则是智力活动。在库萨的视野里,部分并没有与整体分化,个体集合为整体,而不是起始于整体,这是被唯一的神所创造出来的人的生命活动的基本特征。这也是无论从经济的、政治的、环境的还是技术的方面都能欣赏到的当代人类生命活动的特征,而且看来这一特征是日益强化了。在事物相互分离其存在时,特殊性总是服从于整体性的。

因此,在交往活动中的我与他者,都是隶属于整体的,每一位主体都是通过整体而得到理解的,而他者则是我的自我确定活动的内在组成部分。这样一来,不仅其他的人需要为集体的成功而做得更好,而且,其他人的福祉也是成为我自身生命的关切,这是基于善且唯因于善的道德实践。这样一种交互性也决定了整体是通过仁爱与谦恭并依照自然生存的样式而展开的道德共同体。这赋予了人类所有生命活动的动力学基础。

那么什么应该是全球时代以及多元文化社会里积极有效的宽容品质?我觉得最重要的是我们每个人都不应该把自身封闭起来,而是从我们每个人的视角都能够通向他者。这是由个性的开放性决定的,并且由此直接敞开关于存在历险的平台。因此,与他者共生并彼此分享见识,正是达到理解的基本地平,而这一基本地平,本身就是通过文本与交互行动、并在我们的日常生活中展开的。

但这并不只是某种外在的或附加的东西。毋宁说它是一种内在的、并不断伸展开来的进程。因为在具体的交往实践活动中,每一个有意识的此在或人类个体本身就担当着某种居中调停的功能,此在个体经常所起的作用就是助产婆的角色,但不可能成为一位中立的旁观者,而且,由于存在本身的无限性,因而不同文化传统及其地平线的交互作用将会使不同的文化传统更加富于生命力。

那种因为强化自身就要封闭其他个体或文化传统的观点，显然不是解释学的旨趣所在，当然也不能看成是为了寻求理解他者就要弱化自我的观点。代替上述两种倾向的理解是：面向一个更为丰富并同时兼容自我与他人的意义体系，这是一种真理性的结构，在那里我们每个人与他人汇合，并同时向存在本身开放，而存在不过就是生存本身的历史性。总之，积极的宽容精神并不是对他人的漠不关心，而是在意义的创造过程中实现的相互合作与对话活动。库萨说得好：整体能够通过相互关爱获得，并且每一种存在都依其自身的位置而融入于自然共同体中。

（作者：George F. 麦克林，美国价值与文化研究中心主任，美国天主教大学教授；译者：邹诗鹏，复旦大学哲学学院教授）

民族精神面临全球化挑战

[越南]阮仲準

一

这里所谓的“民族”是指在历史与具体领土中形成的一个共同社会，其中人与人之间通过他们的政治与经济权利联合在一起，而这种权利建立在语言、心理习惯、精神特点、文化传统与生活其他方面的共同基础上。“民族”还意味着一个具有自我意识、具有共同联合之根源的意识的共同社会，其中每个人为了这种联合及共同社会的生存、持久存在与可持续发展而努力。

在人类历史上，每个民族都具有自己的发展过程，在时间与特点上均不同于其他民族。

本文重点不在于探讨民族出现的时间与条件问题，因为它是一个属于某个专门研究领域的复杂问题。但是，还需要就此问题说几句。目前一种比较普遍的观点认为，民族是在资产阶级蓬勃发展的时候出现的，当时资产阶级生产需要一个更大的、超过封建割据王国限制的共同市场。从这个观点来看，民族是很晚才出现的。我们认为，如果说这个观点是正确的，那么只有从经济标准方面来看它才是不为错的，而且只是特别地适宜于西方国家。因为对于许多东方国家(比如越南)来说,民族早就形成了,并没有等到资本主义发展的时候。而且,越南和其他东方国家还没有发展资本主义生产与资本主义,那么能否说这些国家还没有其民族呢?所以说,如果采用标准的、规范的、衡量性的措施来标志资本主义生产的发展并解释世界上所有民族的出现与建立,那么就不符合历史事实了。我们认为,正是东方民族建立与发展中的独特方面造就了其民族精神的特性。

二

在探讨民族精神之前,有必要先理解精神一词的意义。我们知道,不同的哲学观点对于精神的意义必然有不同的阐释。我认为,精神是由属于人内在生活的思想、情感、活动构成的整体;或者说,应当把它理解为引导人的活动与行为的思想、意志、行为举止、态度。从这种意义来说,民族精神应当被理解为由那些联合与团结民族所有成员,进而维持民族生存、独立与发展,保持其重要神圣价值——首先是那些历经数代而建立的文化价值——的本能、习俗、情感、思想、思维、意志所构成的整体。

一个民族要成其为一个民族,还具有带有不同于任何其他民族的本民族色彩的民族精神。民族精神是一个控制着人的情感与行为的统一体。然而,民族精神中的某些特征有时难以用理智或科学来清楚地加以证明或解释,甚至某些特征根本就不能加以证明或解释,但是它们可以被认识。

每个国家的民族精神就像一个支柱、支架或一个连接所有成员的网络。一个民族如果没有民族精神,它早晚会变得越来越衰弱,越来越没有抵抗力。此外,如果具体地考虑一个个的人,有些情况很难解释。例如某个人从其外貌来看不太像本民族人(比如说他不是在本国生活),但却非常热爱这个民族;而有些人尽管从所有方面来看都像是本国人,比如其出生地、生活环境、道德教育、文化修养等足以把他培养成为一个出色的人才,但实际上他对于自己的民族却非常的陌生。

根据民族精神的这一内容，可以初步说明建构民族精神的基本成分。

首先，有必要承认，从本能与生物学方面来说，这些成分当然都存在于每个民族中，但是很难以证明和解释它们。因为它们属于人类与民族共同社会的最深层。然而，从民族精神中的其他方面诸如习俗、情感或意志来说，指出在形成、培养、追求民族精神中起基本作用的那些具体成分还是有可能的。这些成分的内容作为学科在学校及书本中进行教导，使普通人能够很容易地接受民族精神的意义。这样，在每个时期，一个民族的年轻一代都应当从上一代人那里学习、接受和选择他们的习俗、情感、思考和思维方式等。继承与价值的这种连续性正是民族历史中所创造和所继承的精髓。因而，教育在为人们及年轻一代形成民族思维与精神的过程中起着主要作用。它还意味着，疏忽教育、姑息不正确的民族精神，以及各种外部因素也可能影响年轻人的民族精神，使他们堕落、偏离正轨。

三

目前，世界上所有民族都在经受全球化所带来的不同影响，因为全球化过程正发生于人类生活的所有方面，如经济、文化、信息、艺术、教育、医疗保健等。当然，在不同领域中，全球化所发生的层面不一样。因而，它对于不同国家的不同领域所产生的影响是大不相同的。今天，全球化的影响在经济领域表现突出。贫穷及欠发达国家可能有机会享受到全球化所带来的经济利益，但是机遇很少，远不如我们所期待的那么多。此外，如果这些贫穷国家不懂得如何向上发展、如何控制风险、如何有效利用借款和所引进的技术等，他们将面临落后的危险。最近二十年，许多穷国越来越贫穷，而富国越来越富裕，从而贫富差距越来越大，这清楚而充分地证明了这一点。

经济挑战是可以被看见、被衡量的挑战之一，其他挑战很难被看见，但是都可以感觉到。然而，后者危险得多，其破坏程度也大得多。它们是文化、精神及价值领域的挑战。在本文下一部分，我将探讨全球化对于民族精神的挑战。

如前所述，民族精神是一个足以在历史中永久持续的部分。民族精神是民族所创造的最高价值，因而只要民族精神和民族文化保持良好，国家与民族就保持良好；相反，只要民族精神衰退，国家就处于危险之中。越南的历史清楚地证明，民族精神与文化的稳固发展曾几次激起越南人民反对那些军事与经济实力远胜于自己的外国强敌的统治与侵略，从而将自己的国家从其同化的邪恶意图中解救出来。越南民族精神与文化的强烈生命力保证了其民族的长存，即使外国侵略者不止一次地想破坏他们所取得的文化与精神成就。

据有关15世纪的历史记载，1406年8月21日 Minh Thanh To 在给 Chu Nang 与 Chu Phu 的命令中有一段话："军队到达亚南（Anam）时，所有的书籍、书面语言、流行歌谣记录、儿童民间故事或启蒙书……甚至每个字都必须焚烧掉。在该国任何地方……由亚南人所树立的一切石碑均得摧毁，不可保留上面一个字。"六个月后，在另一份命令中，Minh To 重复强调："我已再三命令你们，如果亚南人还有任何书籍、书面语言甚至流行歌谣记录以及儿童故事书和启蒙书……甚至一个字，只要你们看到，都必须立即焚烧掉！不可保留任何东西"①。

某些国家的物质与精神产品可能被剥夺、被摧毁，实际上也确实以这种方式被摧毁了，但是，当民族精神通过心理习惯、情感、思考方式、思维、意志等牢固地、连续地在每个人、每一代人心中生根时，任何东西、任何人都剥夺不了它，任何东西都摧毁不了它，它将与人民及国家一起永存。

不过，由此说来，持久与永存并不意味着不变或不受外部影响。相反，一方面需要懂得如何去保持那些被视为民族的不变、持久的东西；另一方面

① Trân Ngọc Thêm, *Vietnamese Cultural Identity*, Hô Chí Minh City Publisher, 1996, p.485.

为了丰富本民族,需要懂得如何接纳和应用外国精华,需要懂得如何将这些好的东西变成本民族的一部分新价值。

在当今全球化的现代环境下,构成民族精神的所有成分(如习俗、情感、意志以及历经数代而连续建立起来的价值)都在经历一种变化。实际上,甚至某些成分以不同于以前的方式被重新认识。

首先,具备现代科技力量的全球化逐渐使民族边界成为易侵犯点(Easy injured point),因为地区与国家之间的交流越来越迅速、越来越便捷。现代化的通讯与运输手段缩短了地理距离,地球好像越来越小了。它们同样地影响着民族的心理习惯、意志与情感,影响着独立的民族精神,影响着民族的主权。换言之,今天在强大发达国家的压制下,全球化对于小国的民族主权而言是一个真正的威胁与挑战。这些国家的独立、自制、安全遭到国际权力机制干涉、控制甚至被决定的危险。在这种环境下,民族的心理习惯、情感及其民族精神必然也受到了挑战。

我们知道,任何国家的核心民族精神必然是由这个国家的独立思维与爱国精神所造就。当战争爆发时,思想起重要的作用并决定效果。然而在和平时期,民族思想最重要的任务是应当发挥它对于建设与发展国家的作用。所以,民族精神与爱国精神面临全球化时代挑战,我们需要懂得在当今环境下如何将民族利益与国际社会及全人类的共同利益相结合。当民族精神需要保持自己的特点,同时又与时代精神相符合时,民族应当抓住更多的机遇来发展自己,使它在与接受狭隘的民族精神与分裂主义的比较中成为一个进步的国家。

过去,农民很少离开他们生活的村庄,很多人从未踏出过国界线一步,所以,他们热爱自己生活的村庄的习俗,对它们有着强烈的感情,在他们心中,这是最宝贵、最神圣、最值得敬重的东西。今天,通过直接的交流或现代化的通讯手段以及大众传播媒体,不仅仅是农民,大部分人都大大地开阔了视野,因而人们的情感发生了两个方向的变化,既有积极的,也有消极的。

例如,由于拥有更多的信息,人们可以自己比较,积极地选择学习和应用好的东西,摒弃陈旧的东西,从而提高民族与国家的发展。积极的方面显然值得重视，但是如果缺乏分析、批判与积极的理智去其糟粕，也很容易在现代化的影响面前迷失方向；因而容易产生自卑、依赖、忍耐的心理习惯或者模仿反价值，同时丧失本民族的精髓与宝贵价值。这是民族情感与精神所面临的最大挑战。这里“最大的挑战”意思是最困难、最敏感的挑战，因为它与宝贵的民族精神及精神价值领域相关。

当前的现实表明，文化领域中出现了一种状况，即忽视、忘记、厌恶民族精神所造就的那些特征，而仿效那些庸俗的、短暂的价值。通过国外现代化的通讯手段，与民族传统对立的反价值或外来价值不断地发动侵袭，丧失文化同一性与民族精神的危险的确存在。如果民族精神与价值遭到了侵蚀，文化很快也将遭到侵蚀。这种巨大而危险的挑战不可漠视。

根据以上所述，民族精神是某种非常熟悉、非常神圣的事物，然而对于属于不同民族的人来说，却不容易清楚具体地加以解释或证明。如果没有民族精神，每个人的生活将会变得黯然失色、变得孤寂，找不到保持与安慰自己的地方。建构民族精神的成分连接着所有的成员，创造了一根似乎无形的线，它保持着整个共同社会历经一切历史挑战后的持久存在。目前，在全球化的影响力与吸引力下，正如过去在每个民族的历史中多次发生的那样，民族精神再次面临挑战。但可以肯定的是，无论挑战多么巨大，由于价值的不断继承与丰富，每个民族的民族精神都将长存不朽。民族精神的不朽性和永久性就是每个民族长存的保证。

（作者：阮仲準，越南社会科学院哲学研究所所长，研究员；
译者：刘玉梅，湖北经济学院讲师）

论全球化和民族意识

李太平

一、客观事实:无情的全球化

其一,时间和空间的压缩。全球化是指这样一种事实:由于生产力和科技的发展导致人类活动突破时间和空间的局限,人们活动之间具有了极强的相关性,世界各国人民之间交往的机会增加。地理大发现以来,人类就开始了全球化进程,随着资本主义市场经济的发展,全球化进程大大加速,目前人类已经进入了一个全球化时代。在这个时代,任何民族国家的生存和发展都离不开其他民族、国家,任何民族国家都必须在全球范围内进行经济、政治、文化等领域的交往。

其二,合作和冲突并存。全球化问题本质上是一个利益问题,参加全球化的民族国家,不管是处于主导地位,还是处于依附地位,都是为了追求自己的利益。在追求利益过程中,必然有合作、妥协,必须遵守共同的规则,也必然发生冲突,甚至发生战争。所以,“全球化过程带来的绝不仅仅是愉快欢乐,而是还要带来许多的烦恼痛苦,因为它不但会带来融合与和谐,还会带来摩擦与冲突,在许多情况下,甚至是血与火的斗争,是生与死的抉择。”①

---

① 王逸舟:《当代国际政治析论》,上海人民出版社1995年版,第37页。

其三,西方和东方的摩擦。西方民族国家在全球化进程中处于有利地位,从“某种程度上讲,现代国际关系的演进过程,是一部西人主宰的、靠科技进步为主要驱动力和润滑剂的、以沟通各国各民族间的联系并使之臣服于资本主义的国际规范为基本内容的、伴随着西方大国由于发展不平衡而衍生的、此起彼伏的、摩擦争斗的历史”。① 西方理论家和政治家全球化的口号叫得分外响亮,阿尔温·托夫勒就对发展中国家的爱国主义激情感到“费解”,并极力讴歌“无国界世界”和“星球意识。”②而在发展中国家则出现了各种反全球化的呼声和运动。

其四,共同利益和民族国家利益同在。全球化一方面使人类的共同利益增加,另一方面各民族国家的利益仍然存在。全球化是一个共同利益和民族国家利益并存的格局。全球化使人类日益结成为一个共同体,全球政治、经济、文化的联系日益密切,各个地区、各个民族、各个国家的利益形成了一个相互联系、相互依赖的整体。人类不仅是利益的共同体,也是承受灾难的共同体。首先,环境问题具有全球性。20 世纪 80 年代以来,“国际社会之所以对酸雨、臭氧层破坏和温室效应大声疾呼,惴惴不安,就是因为这些问题不仅对某个国家、某个地区带来危害,而且对人类赖以生存的整个地球造成危害。”③其次,核战争是交战双方同归于尽的战争,其后果是人类空前绝后的劫难。人类在争取和平、反对核战争方面有着共同利益。另外,全球信息网络是人类生存的新空间,为了维持这一空间的秩序,需要人类共同制定行动规则,维护这个网络的正常运转是大家的共同要求。只有网络的正常运转,这个共同体及其组成部分的利益才能得以实现。全人类有着共同的利益,这是全球政治、经济、军事、生态、信息技术等方面发展的必然结果。

虽然全球化进程使人类的共同利益日益增加,但国家、民族仍然是构成人类的基本单位,围绕国家利益的冲突、对话与合作,仍是客观存在的事实。

① 王逸舟:《当代国际政治析论》,上海人民出版社 1995 年版,第 138 页。

② 阿尔温·托夫勒、海蒂·托夫勒:《创造一个新的文明》,上海三联书店 1996 年版,第 19 页。

③ 曲格平:《全球行动起来保护环境是不可逆转的历史趋势》,《中国环境报》1989 年 1 月 26 日。

国家利益不仅体现在领土完整、军事安全和政权巩固等方面，而且体现在国家的经济安全、科技安全、信息安全和生态安全等方面。第一，在当今国际竞争中，资本实力成为火力，对市场的渗透取代了国外的驻军，过去依靠武力难以获得的东西现在凭借经济威力可以获得，因此全球化时代民族国家围绕经济利益而展开的斗争是一场无硝烟的世界大战。第二，“信息本身成为国家利益的一个组成部分，信息量成为衡量国家间利益均衡的一个重要参数，对信息的开发、控制和利用成为国家间利益争夺的重要内容。可以肯定地说，互联网已成为继南极洲、外层空间之后，引发又一轮国际竞争的新的战略空间。”①第三，全球化使国家利益中不仅有意识形态的对抗，而且有文化因素的渗透。意识形态历来被视为国家利益，今天，文化则成为国家利益构成中的亮点，国际关系中的文化因素越来越突出，因为国家的生存与发展离不开特定的文化养料，任何国家都以特定民族文化为精神支柱，在处理对外关系时必然把民族文化的尊严和地位视为本民族利益的组成部分，极力保护民族文化。因此，民族国家利益在当代仍有存在的必然性和合理性。

二、价值追求：民族意识

民族意识是民族历史的凝聚和对当前生存状态的反映，民族意识应与时俱进，不断更新，吸纳时代新内容，反映民族当前生存状态，并且有利于民族的持续发展。在全球化时代，中华民族的生存背景发生了很大变化，中华民族意识必须反映这些背景，凝练新的内容。

---

① 倪健民：《信息化发展与我国信息安全》，《科学新闻周刊》2000 年第 16 期。

(一)全球意识和国家主权意识

人类共同利益的形成向当代人类提出了一种特殊的价值规范要求,这就是要求全球社会共同维护人类的共同利益,树立全球意识。全球意识主要包括以下内容:第一,整体意识,即人类一体意识。全人类共同利益的存在要求人类把各民族、国家理解为一个统一整体,理解为四海同胞,以达到人类互爱、互助。第二,生存意识。这主要是针对全球的自然环境问题。自然是人类生存和发展的载体,人类自诞生以来,便依赖于自然,可以说没有自然及其进化,便没有人类的诞生和发展。自然遭破坏,人类的生存和发展将面临威胁。保护自然环境、维护自然的生态平衡,真正代表了人类的最高利益。第三,国际和平意识。这是针对人类各民族、国家之间的矛盾和冲突,尤其是针对核战争对人类生存的威胁。人类在争取和平、反对核战争方面有着共同利益,和平是至美至圣的,其道理不仅在于和平是各国经济发展、人民生活安宁的基础,而且是人类生灵免遭涂炭的保证。和平意识的主要内容是消除民族歧视的观念、排他的宗教观念。第四,共同发展意识。地球生态系统是一个整体,人类经济活动也相互联系,南方和北方的发展相互影响,如果南方长期处于落后状态,必将影响北方的发展速度,全人类应有共同发展意识。全球意识应包括共同发展意识和全球伙伴精神。

同时,我们应清醒地认识到,在相当长的时期里,民族国家仍然是人类社会生活的支点,任何急于全面超越国家主权的观点与行为都是违背现实的。国家是组织、管理社会生活最有效的工具,它的功能与权威至今尚没有任何东西可以替代。国家主权是一个国家独立自主地处理自己的内外事务、管理自己国家的权力。国家主权是国家独立、自尊的象征和标志,没有主权,就没有所谓的“国家”的存在。主权原则也是现代国际关系的基石,没有国家主权原则,整个国际关系的结构将被彻底破坏。所以相互尊重是国际关系的基本原则,维护主权尊严则是各国、各民族的共同情感与行为规范。由于世界各国在全球化进程中所处的地位不一样,因而对全球化的期待和理解也不一样。西方国家所要推行的全球化,是继续维持和巩固其在国际上的优势地位,它们的全球化往往隐含着霸权主义和扩张主义。它们往往把民族国家的主权看做是他们的全球化的障碍和藩篱,因此大肆鼓噪民族国家"主权过时论",以便为限制、侵犯其他弱小国家的主权制造舆论。而对第三世界国家来说,尽管全球化对他们引进资金、技术和先进管理经验具有积极意义,但全球化已经对这些国家的主权构成了威胁,使他们的国家地位弱化、国家职能退化、综合国力衰化。[①] 因此他们的领导人和学者仍极力维护国家主权,大力宣传爱国主义。

全人类共同利益和国家利益之间既相互统一,也相互矛盾。全人类共同利益和国家利益并不是截然分开的,它们往往交织在一起。缩小南北差距,维护世界和平,反对霸权主义,严惩恐怖主义,维持生态平衡,治理环境污染,国际社会不断呼吁并付诸实施的这些主张,既能给全人类带来利益,又对每个国家的发展起到积极的促进作用。真正的人类共同利益有利于国家利益的维护,例如国际法是着眼于人类共同利益的一种法律,它通过确立国际社会各个成员间相互关系的公共准则,来谋求和保持必要的和平、协调、公正,这种相对稳定、有序的国际环境符合所有民族的需要,有利于世界各国的发展。所以,只要国际法是在平等互利的基础上制定的,国际法既能维护全人类的共同利益,又能维护国家利益。任何一个国家、民族只要不从称霸世界的目的出发,不从狭隘的民族利益出发,就能把维护民族利益和全人类利益统一起来。

人类共同利益和民族国家利益也可能发生矛盾,在这种情况下,我们应认清全球化的大趋势。在全球化时代,经济主权开始被分享,人权国际化在全世界推行,国际法和国际组织对国内事务的干预趋于"硬化",这些事实说明,尽管国家的行为受到众多的非国家行为体,特别是有权威的国际组织的制约,有很多国际事务已超出国家所管辖的范围,当代国际关系已远非国家间的关系。但是,主权毕竟有其质的规定性,其不可或缺的作用也不容否认,这就要求我们更加深入地探究主权的本质,弄清什么是主权中不可变更

① 参见李慎明:《全球化与第三世界》,《中国社会科学》2000 年第 3 期。

的要素与功能,什么又是可以变通或赋予新意义的要素与功能。主权的要旨还是自主性,即不受威胁、不被强制地处置国内外事务。至于哪些事务是纯粹的国内事务,他国无权问津;哪些事务可能国际化,需要以共享主权、对话合作的方式处理,则是我们应该认真研究的。

(二)经济开放意识和经济安全意识

经济全球化指的是跨国商品与服务贸易及国际资本流动规模和形式的增加,以及技术的广泛迅速地传播,使得世界各国经济的相互依赖性增强。

经济全球化是科技发展、生产力发展和市场经济发展的必然趋势。实行对外开放每个国家生存和发展的重要途径,闭关自守已经不可能。加入WTO是中国主动作出的选择,是对全球化浪潮的主动回应。经济开放可使我国充分利用国际间流动的信息、资金、技术和管理经验,为自己的经济建设服务,也可以使我国凭借新兴的网络技术和广阔的市场优势参与国际竞争,促进经济质量的提高。在中国的发展离不开世界的历史条件下,我们必须顺应历史潮流,主动迎接经济全球化的挑战,利用经济全球化所带来的新的国际经济环境,参与全球经济合作,发展和壮大自己的经济实力。因此,我们树立经济开放意识。

在经济开放过程中必须确保经济安全,经济安全是指一个国家在经济发展过程中能够有效消除和化解潜在风险,抗拒外来冲击,以确保国民经济持续、快速、健康发展,确保国家经济主权不受分割的一种经济状态。经济安全是一个国家独立自主的基石,是其主权安全和政治安全的保证。现代国家大多主动地、尽一切可能地运用国家权力来保护本国公司企业在对外经济交往中占据优势地位,获取最大利益。“目前50%左右的美国公司将自己的要求委托给中情局去落实。一个包括中情局情报人员在内的协调机构每月召集一次与出口、科技有关的19个政府部门官员出席的例会,研究情况、寻求对策。”①但是,在全球化过程中,发展中国家处于明显的劣势地

---

①《参考消息》2000年10月19日第14版。

位,它们的经济安全常常得不到保障,因为经济全球化赖以发展的信息网络、经济网络、金融网络主要是由美国为首的发达国家控制的,经济全球化的"游戏规则"主要也是由发达国家制定的。长期积累的贸易逆差、巨额债务、直接投资大量撤资、证券资本大量撤出、资本大量外流等情况,都会给这些国家的经济发展带来危害。在这种情况下,它们保护自己的经济安全更显得必要和迫切。所以,民族意识应包括经济安全意识。

(三)文化多样意识和民族文化认同意识

"21 世纪在文化上可能是多样的,而且也是可行的。实际上,只有在文化上是多样的,才可能是可行的;一致性在人类领域里可能像在自然领域里一样是极其有害的。"①文化多样性对于激发各民族文化的活力,增添世界文化的丰富性都是有利的,"不同文化的人所信奉的许多不同的观点和观念只要互不对抗,就能使当代世界增添丰富性和活力。对于所有复杂的系统——自然生态、绘画的形式和颜色、交响乐的乐音等——以及全球人类活动和居住的系统来说,多样性是必不可少的。"②承认文化多样性对于各民族之间的和睦相处和维护世界和平具有积极意义,承认文化多样性,"使得各种文化间的相互理解和相互尊重成为可能:这是在一个具有文化多样的世界上保持和平和生存下去的基本的先决条件"。③ 今天,随着全球化进程的发展,人类各民族、国家之间相互依存,这种相互依存必须由相互依存的文化来作为指导和心理依据,"在某种程度上,每一个共同体、每一个国家在经济、生态乃至领土安全方面都要依赖其他共同体和国家。因此,共同体和国家之间的关系必须由内在的、具有相互构成关系的文化——即相互依存的文化——来贯穿,这一点已经变得非常重要"。④

但是当今世界各国对待文化多样性的态度是不一样的。西方发达国家

---

① E. 拉兹洛:《决定命运的选择》,三联书店 1997 年版,第 121 页。

② 同上书,第 121 页。

③ 同上书,第 126 页。

④ 同上书,第 129 页。

的文化一直处于“主导”地位，是世界文化的“主流”，世界上只要有人居住的地方，无不打上了西方文化的“烙印”。随着计算机网络的发展，西方文化霸权主义发展到一种新的程度，如今的电子网络视听符号几乎都是来自西方世界的图像和文字，只要你加入信息高速公路，你就得被迫接收那源源不断从西方流入的信息流。目前英语是电子文本的最主要语言，成为信息世界的“公共语种”和“世界语”。而语言是表达思想的，这样英语国家的思想也就会随着渗透到全世界，其他民族的思想就会被淹没。这就会导致文化多样性的消失。

西方国家在文化心理上常常把自己的文化视做共性的代表，并极力在全世界推广、实施文化扩张甚至侵略政策；西方文化的护卫者充分利用网络带给他们的一切便利，到处宣传自己的意识形态和文化风格，他们毫不顾及其他异质文化的特点，试图“说服”别人放弃自己的文化信仰而接受他们的文化理念。当遇到阻碍的时候，西方文化会采取各种方式去“融解”它、同化它，直到摧毁它。在工业时代，西方社会曾经靠商品和武器做到这一点，在网络时代，它靠强大的电子信息流能够更方便地做到这一点。

在全球化过程中，由于西方强势文化的威胁，发展中国家的文化传承在全球化的语境下正越来越失去固定的空间，民族国家的文化边界正在被消解，国家文化主权受到严重的威胁和挑战。而文化生存是民族生存的前提和条件，文化的生存状态不仅积淀着一个民族国家过去的全部文化创造和文明成果，而且还蕴涵着它走向未来的一切可持续发展的文化基因，是它存在和发展的全部价值与合理性之所在。文化是维系一个民族国家的精神纽带。一旦这种文化遭到侵蚀和消解，必然会给民族国家带来深刻的文化危机和民族危机；一旦一个民族失去了自己的文化特色，那么这个民族事实上也就不存在了。如何在全球化背景下，坚持自己的文化个性，保持自己的民族文化特色，增强民族文化认同感，是发展中国家和民族维护自己利益的一项庄严使命。

三、西方的论调及其批判

在全球化时代,西方发达国家的学者和政客提出了种种民族国家过时论。弘扬民族意识的一个重要任务是批判西方学者和政客宣扬的民族国家及其主权过时论,认清这些理论的本质和错误所在。

第一,西方学者借口全球问题的整体性而否认国家主权。全球问题是在20世纪出现的、具有全球普遍性、危及人类生存和发展并只有经过全人类的共同努力才能加以解决的一系列相关问题。"全球问题的一个重要特点是超越国界,超越民族、文化、宗教和社会制度,任何一个国家无论它多么强大,都无力单独解决任何一个全球问题。人类生存和发展的共同利益,要求国际社会在全球问题的挑战面前同舟共济,通力合作,建立'新的全球伙伴关系'。"①但是,全球问题的出现和环境污染的跨国性没有否认国家主权及其职能存在的必要性。首先,只有拥有主权的各国政府才有能力控制大规模的全球性环境污染,环境污染是不分地域的,因而治理环境污染是一个全局性的、系统的工程。尽管任何民间组织都有保护环境的责任,但国家各级政府以至全球各国政府间组织负有主要责任,并拥有各种资源和国家强制力,协调甚至命令各种社会力量来实施自己的环境保护计划。其次,在全球环境污染中,最常见的一种现象是大国的跨国公司为了获取高额利润,向贫穷国家输出污染,即把大量有毒核废料、工业垃圾转移到发展中国家。很明显,为了有效地同这种污染输出的行为作斗争,民族国家的主权是必不可少的。再次,在全球环境保护与发展经济的问题上,西方国家往往借口保护全球环境而限制广大发展中国家的发展权。在1992年世界环境和发展大

---

① 朱丽兰:《〈全球问题与中国〉序》,载尹希成等:《全球问题与中国》,湖北教育出版社1997年版。

会的筹备过程中，一些发达国家的发言和提案，都表露出明显的“重环境、轻发展”的倾向。经过广大发展中国家的斗争，最后发达国家不得不同意在《21世纪议程》中写上“发展权”。所以，全球环境保护也应以承认各国主权为前提。没有主权，广大发展中国家就会成为西方发达国家“环境保护”政策的牺牲品。

第二，西方国家学者借口信息化发展而否认民族国家主权。西方有人认为，在信息时代里，信息具有无损使用、无损分享、不可分割等特性，随着信息生产的发展，信息价值不断增加。信息的获得是比较容易的，每个人都有平等的权力得到信息。因此，没有必要由一个权力机构来分配、控制、垄断或管理信息，国家没有存在的必要。甚至有人认为民族国家就好像樟脑丸从固态直接挥发一样，直接从世界上消失得无影无踪。①

这种理论基础是站不住脚的。因为：(1)信息是信息化时代最重要的社会资源，但不是唯一的社会资源。我们生活的世界仍然是由物质、能量和信息三个基本要素构成，缺一不可。国家分配、管理和生产社会资源的职能并没有消失。(2)信息资源就其自然属性来说，固然具有无损使用、无损分享、公平使用等特性，但就其社会属性来说，信息要被广大网民所使用，还需要个人和国家进行一定的经济投入。信息使用的条件性决定国家存在的必要性。(3)人类活动的任何空间都需要建立相应的行为规范、准则，地理空间如此，电子空间亦如此。目前，只有各国政府才可能成为制定这种行为规范的主体。(4)如上所述，信息本身成为国家利益的一个组成部分。维护国家信息利益的权威机构就是国家，因此在信息化条件下，国家有其存在的必要性。

第三，西方政客宣扬的“人权高于主权”观念是别有用心的。在西方，有人坚持西方制度、观念优越论，认为人权没有国界，人权高于主权。在他们看来，人权国际保护应该成为宣传西方民主思想、输出西方民主制度的工具，实现人权的前提是按西方模式重塑每一个国家。美国是推行西方人权

---

① 参见尼葛洛庞帝：《数字化生存》，海南出版社1996年版，第278页。

论的代表。美国自封为“人权卫士”，在美国国务院每年的人权报告中，都要点名攻击一些国家和地区的“人权状况”。但1999年以美国为首的北约对南联盟进行了长达78天的狂轰滥炸，造成了大量平民伤亡和几十万难民的惨剧，并公然违犯国际法准则和外交公约袭击中国驻南斯拉夫大使馆。最近，美国对伊拉克发动的战争和虐俘事件，更是骇人听闻，足以让人思考人类的文明是不是在进步这一沉痛的问题。美国的所谓“人道”“人权”只不过是霸道、霸权的同义语，美国不仅剥夺别国的主权，还剥夺别国的人权。

（作者：华中科技大学教育科学研究院德育研究所所长，教授）

多元文化与民族认同

陈　刚

现代化与全球化使得多元文化的并存在世界范围内成为一个事实。然而,多元文化主义却是一柄双刃剑。中国是一个多民族国家,除汉族外还有五十多个少数民族。多元文化主义与制定民族政策,确保民族认同和弘扬民族精神直接相关。加拿大是一个移民国家,较早开始实施多元文化主义,产生了大量的经验。加拿大的经验告诉我们,关于民族认同,有必要在差异和趋同之间保持一定张力;关于民族政策,有必要在柔性成分和现实成分之间保持某种平衡。

一、加拿大的多元文化经验

长时间的系统移民使得差异巨大的各种宗教文化群体的并存成为加拿大的一个基本社会事实。如何处理这种文化上的差异并在各种宗教文化群体之间达到和谐是加拿大的一个重大社会政治问题。加拿大对多元文化主义的官方态度是正面的,从政府内务部的网页上我们可以找到如下表述:"加拿大的文化多样性从社会、政治和经济上能增强国家的实力。……加拿大的多元文化主义对于我们人人平等的信念是基础的。多元文化主义确保所有的公民能保持他们各自的文化认同,以他们的祖先而自豪并且具有一种归属感。文化上被接受给予加拿大人一种安全感和自信,使他们对不同文化持开放和接受的态度。加拿大的经验表明,多元文化主义鼓励种族宗教和谐和跨文化的理解,反对贫穷、仇恨、歧视和暴力。通过多元文化主义,加拿大充分承认所有加拿大人的潜力,鼓励他们融入社会并积极参与其中的社会、文化、经济和政治事务。"

以上表述充分阐明了主张多元文化主义的正面意义。但是其中也存在某种疑惑:如果所有的公民都保持他们各自的文化认同,以他们的祖先为自豪,他们将会有一种什么样的归属感?这种归属感还是"加拿大的"吗?面对多元文化的事实存在,我们找不到一种简单的选择。一方面,种族多样性的确能够丰富我们的文化和思想,以多种方式增强社会的竞争力,多元文化主义使移民能够以更舒适的方式逐渐适应新环境,对差别和多样性的宽容在任何社会都应该被看做是一种良好的价值观;另一方面,过分强调多元文化主义,缺乏趋同的过度差异,有可能构成对民族认同和民族精神的侵蚀。问题在于如何在趋同和差异之间艺术性地把握平衡。加拿大各省市多元文化主义的实践有所不同,在安大略的多伦多和魁北克的蒙特利尔就产生了截然相反的结果。

二、多伦多的正面经验

自从20世纪70年代经济繁荣以来,多伦多成功地处理了经济发展中陆续出现的问题,近年来成为了加拿大最大的城市和北美最重要的大都会之一。美国游客来到多伦多,往往发现这是一个令人羡慕的城市,它具有美国大都会所不具备的许多特征:干净、整洁、安全、管理一流、犯罪率低、工商业发达、良好的公共服务设施、耐久耐看的历史性建筑、文化生活丰富、剧院一条街仅次于伦敦和纽约。对大多数移民来说,多伦多也是他们登陆加拿大的第一选择。根据1998年的统计,多伦多一半以上的人口不是加拿大出生的。在多伦多市中心的唐人街你可以找到一流的中餐馆,在壁伶的"小意大利"你可以找到上好的卡普奇罗咖啡,还有葡萄牙街的酒吧、韩国城的泡菜和烤肉、"小东京"的寿司和精美工艺品、犹太区的教堂和书店。最难得的是,这些风格各异的社区能和谐共处,其中不存在任何仇恨和争斗。当地人以作为"多伦多人"而自豪,或者他们会称自己为"加籍华人"、"韩裔加人"、"早年来自乌克兰的加拿大人",等等。

按照联邦法律,所有的政府文件应该提供英文和法文版本。实际上你还可以享用其他主要语种的公共服务。比如,你可以找到中文版本的各种政府表格,你可以选择用朝鲜语考驾照。如果你的英语不太糟糕,但是专业过硬,你可以在市中心的商业区或市郊的工业区找到工作;如果你只会讲中文,不妨先在唐人街找份工作过渡一下。多元文化主义将多伦多与北美其他城市明显区别开来,多伦多具有100多种语言,几乎世界上所有文化的存在。如果你开车在多伦多的主要高速公路上跑一圈,你就会感受到城市的活力。因为良好的投资环境,许多国际跨国公司在多伦多设有分部,这些商标在加拿大销售的产品大部分是在多伦多地区生产的。良好的语言资源更有利于这些跨国公司开拓国际市场。多伦多为加拿大多元文化主义实践提供了一个成功的范例。

三、蒙特利尔的反面教训

1760年蒙特利尔从法国殖民统治转为英国殖民统治是北美历史上的一个重大事件,当时蒙特利尔是北美最大的城市之一。然而,英国人仅仅通过城市掌握了对魁北克的军事、政治和经济控制。魁北克省的大部分人口(80%)仍然是法裔。进入全面民主时代以后,法裔魁北克独立运动逐渐浮出水面。1971年10月暴力的魁独分子杀死了两名英裔政府官员并在蒙特利尔制造骚乱。当时的加拿大首相特鲁多(Pierre E. Trudeau)将联邦军队开进魁北克实施戒严,强势镇压骚乱并将有关魁独分子绳之以法。从此以后,魁独以和平的方式出现。同时,为了平息法裔加拿大人的不平情绪,满足他们保留法语文化独特性的要求,联邦政府采取了一系列新政策以鼓励发展独特的法裔商号和法裔文化。双语制度也是其中的一个重要措施:所有政府的公文以及交通商业标志必须同时具有英语法语版本。这实际上是加拿大多元文化主义政策的开始。

随后的某些症状表明,魁北克的多元文化主义有些搞过了头。在加拿大的其他省份,重要的交通标志往往是双语的,魁北克的交通和商业标志倒是都变成了清一色的法语。这已经违反了多元文化主义的初衷。魁北克不断地向联邦政府要求这样或那样的优惠政策。某些法裔加拿大人显然是被宠坏了,行为表现出非理性的特征。举一个形象的事例:如果你在魁北克开车迷路了,试图用英语问路,当地人很可能会要求你讲法语。但是如果你真的开口讲法语,当地人又可能说你糟蹋了他们的法语。自从魁人党(Parti Quebecois)1976 年在魁北克当政以后,已经举行了两次公投。1980 年的第一次公投只得到 40% 的支持。1995 年的第二次公投提出的问题比较含糊,“你是否认为魁北克应该通过与联邦政府进行新的政治经济关系谈判而拥有更多的主权?”第二次公投以 0.8% 的微弱差距而告失败。但是联邦政府这次认识到了公投的潜在危险。内部信息表明,如果分离主义分子那次赢得公投,他们将远远超出公投以前的承诺,以激进的步伐追求彻底的独立。面对可能出现的混乱局面,联邦政府预先制定了军事解决主权问题的行动计划。

如果魁北克走向独立,后果对于加拿大将是极其严重的,它将引起一连串的多米诺骨牌效应。安大略和魁北克的联合是加拿大联邦的基石。独立的魁北克将东部的几个大西洋省份(Nova Scotia, New Brunswick, Prince Edward Island, Newfoundland)与加拿大的其他部分分离开来,它们很快将被美国吞并。因为加拿大特有的地理特征,加拿大的每个省与美国做贸易都比与其他省份做贸易来得容易。太平洋省(British Columbia)和平原省

(Alberta, Saskatchewan and Manitoba)加入美国将是迟早的事,安大略将孤掌难鸣。这个后果对魁北克本身也将是不妙的:面临周围各省各州英语世界的包围,魁北克人不可能使魁北克漂移到大西洋的另一边与法国接壤,华盛顿显然不会尊重你的法语文化的独特性。最后大家所赞赏的加拿大价值将消失殆尽。

克雷倩(Jean Chretien)的自由党在1996年的大选中赢得了更多的席位。渥太华采取了一系列新举措:(1)重新解释联邦宪法,使公投和类似的行为成为非法;(2)增加来自亚洲特别是中国的移民,因为中国移民往往受过良好的教育,能够成为最好的劳动力和最好的公民。还有一个不便明说的原因,那就是向魁北克掺沙子,最好能将法裔推到第三族裔的地位,这样可以使法裔失去与联邦政府讨价还价的地位。魁人党曾经把1995年的失败归咎为移民和过多的经济考虑。所以还有一些现象无独有偶地发生了:许多全国性的大公司纷纷将总部从蒙特利尔迁往多伦多。在短短几个月内,数以万计的魁北克人丢掉了工作。因为政治上的不确定性,资本不再流入魁北克,魁北克的失业率在1996年达到15%,为加拿大最高。魁北克人开始感觉到了疼痛,开始把注意力从政治问题转向更加迫切的经济问题,魁独呼声渐熄。魁人党更是于2003年在魁北克下台。克雷倩的强硬政策在过去的十年里被证明是行之有效的。加拿大的经验表明,有必要在差异和趋同之间保持一定的张力,在柔性政策和强硬政策之间保持一定平衡。

就对多元文化主义的态度而言,加拿大可能是世界上最自由(liberal)的国家。在一墙之隔的美国,多元文化主义从来就是一个有争议的话题。随着太平洋各州来自亚洲和拉美(特别是墨西哥)的移民的增加,多元文化主义的呼声开始出现。加州政府开始提供西班牙语的政府服务。然而,全面的多元文化主义仍然是一个不现实的期望。东部的正统派认为,过多地强调多元文化主义将会对民族认同和美国意识形态构成威胁,而明确的民族认同和坚定的美国意识形态对于一个强势帝国将是必不可少的。美国更强调多元文化的融合,即不同种族文化在"熔炉"(melting pot)中成为单一的美国文化。这和我们国家所强调的多元文化融合是一致的。

四、中国的民族认同

中国有五十多个民族，都以同时都以“中华民族”作为共同的民族认同。自秦汉以来，中国就是一个统一的多民族国家。大部分少数民族都生活在偏远山区，他们在不同的地理、历史环境中发展出了各自独特的文化、宗教和生活方式。进入现代社会以后，因为相互接触和交流的增加，各民族文化之间的理解和宽容就成为了一个重要议题。民族政策一直是国家政治生活的重要组成部分。然而，在过去的十年里新疆和西藏的民族问题渐趋明显。这种变化的背后原因何在？应该说既有内因，也有外因。内因是指民族政策及其实施过程；外因是指来自境外的支持。目前我们主要通过外交手段来排除外因的干扰，对内因则反思较少，而内因往往是事物变化的根据。

中国的民族问题和加拿大的多元文化问题在成因上有所不同，但问题的实质是相同的。两者同样涉及多元文化的并存，不同文化之间的交流、理解和宽容问题，以及所有这些子文化之上的共同的国家级政治经济文化认同问题，在我国就是中华民族的认同问题。中华民族既是中国各民族的总称，又概括了中国各民族的整体认同，中华民族与中国是同一的观念，中国是不可分割的实体。在现代化和全球化的当代世界，纯粹的单一民族国家在减少，美国的成功经验使人们更倾向于相信多民族国家的优势。所以关键的问题不是单民族国家、多民族国家孰优孰劣的问题，而是一个事在人为的具体操作问题，在中国就是民族政策及其具体实施问题。我们要问的是，为什么 20 世纪六七十年代民族问题相对较少，而在 90 年代后期新疆和西藏的民族问题渐趋明显？

在中国实施改革开放政策之前(1949—1978 年)，民族政策的定义较为明显：在文化、宗教和生活习惯等方面，我们采取彻底的宽容和尊重政策，这是民族政策的柔性成分;在政治和经济建设方面,我们事实上采取的是同一的政策,这是民族政策的现实或严肃成分,因为政治和经济建设涉及国家的现实发展战略,本来就是严肃的问题。该时期政治文化的一个重要特征是强调政治思想工作和意识形态教育。对于一个党的干部来说,无论你是汉族还是藏族,你首先是一个共产党员,不折不扣地贯彻执行党的政策毫无疑问是最高目标。这种政治经济政策的同一性和思想意识形态的同一性应该有利于加强共同的民族认同。

政治经济政策的同一性显然也产生某些问题,因为少数民族地区往往有它独有的地理经济特征。从 1979 年开始,政府做了某些政策调整,更多地关注少数民族地区政治经济的独特性,并给予了更多的优惠政策,例如晋升优先、入学加分、母语教学、多胎子女、地区补助,等等。这些政策调整肯定达到了一些正面效果。然而,全国范围内政治思想工作和意识形态教育的淡化也是新时期的一个明显事实,民族政策失去了它的趋同成分。随着柔性成分的增加和现实成分的流失,我们的民族政策变得越来越宽松,民族问题逐渐浮出水面,民族认同面临威胁。加拿大的经验表明,是调整政策的时候了。有必要反思民族政策,重新找到趋同点,在差异和趋同之间保持张力,在柔性政策和现实政策之间求得平衡。加强干部队伍的质量建设也是当务之急。

五、台湾问题

台湾问题又有所不同,它不是一个民族问题,而是一个政治问题。台湾海峡两边的中国人都是汉族人,共有同样的语言和文化传统。如果说两岸在文化上有少许的区别,那也主要是由于五十多年的政治军事分隔而造成的。然而,魁北克的经验对思考台湾问题有所启发。从 50 年代到 70 年代,两岸领导人曾经通过炮火的微妙交换来拉近两岸的距离。1979 年停火以后，我们曾经善意地认为，台湾既然已经失去了外交空间，我们不妨让它具有经济发展空间。我们认为文化的交换应该比炮火的交换更能达到彼此的交流和理解。台湾的流行音乐、言情小说、电影、电视剧大量涌入大陆。我们在享用这些文化产品的同时，似乎很少操心有多少大陆的文化流到了台湾。结果是大陆人对台湾很了解，台湾人对大陆的情况几乎不了解。问题的关键是，我们对岛上的政治和媒体无法施加影响。台独分子 1992 年上台以后，在民主的旗号之下行台独之实，在塑造台湾人民主体意识的名义之下，着意改变台湾人民的民族认同观念，使越来越多的人从"认同中国"转为"认同台湾"。

台湾的政局已经开始显现某些非理性的症状。李登辉关于钓鱼岛的立场已经表明，他既不代表中国的利益，甚至也不代表台湾本岛的利益，他明明白白代表的是日本的利益。这件事本来应该使大家恍然大悟，使李登辉身败名裂，然而台湾的许多人似乎对此淡而处之，李登辉在台湾仍然很有影响力。陈水扁过去八年的政绩乏陈可圈，但仍然得到接近 50% 的支持。李登辉和陈水扁说话一贯毫无诚信可言，但随者日众。与大陆任何可能的沟通和理解都被有意拒绝。科索沃的案例表明，马前卒不会得到比炮灰更好的命运。但台湾的许多人就是不明白这个道理。

1997 年香港的成功回归使我们相信，同样的政策应该也适用于台湾。但是台湾不是香港，两者在地理、政治、军事和国际支持等方面有明显的区别。"一国两制"也许最终被证明也适用于台湾，但具体实施起来在细节上将有较大的不同。我们需要一些新思维。毛主席曾说："扫帚不到，灰尘照例不会自己跑掉。"对于台湾问题我们应该采取更积极的策略，关键是这个扫帚到底是棕扫帚还是铁扫帚。魁北克的经验教训告诉我们，必须在柔性政策和强硬政策之间掌握好平衡。可以做的事情还是很多的。当民族认同、国家主权和领土完整面临威胁的时候，我们必须首先理清思路，然后才能有所作为。

（作者：华中科技大学人文学院哲学系副教授）

全球化视野中的民族主义

栗志刚

国家是由民族组成的,一个民族国家可以是由单一民族或者由多个民族组成,民族精神是民族国家的灵魂和支柱。民族主义是民族国家在政治、经济、文化领域表明自己态度和立场的观点与行动,民族主义背后起支配作用的实际上就是本民族的民族精神。我们认为,民族主义实际上就是民族精神的外化。民族主义也可以分为两个层面:理论的层面和行动的层面。这两个层面既有联系又有区别。从理论层面而言,民族主义是民族精神的理论化反映;从行动层面而言,民族主义是民族精神的现实化反映,它一般有两种表现形式:爱国主义的和极端民族主义的。前者是各民族生存和发展所必需的,而后者则是我们所要警惕和防止的危险倾向。因此,当前弘扬与培育民族精神研究,不能离开对民族主义的思考和反省,特别是在世界的经济、政治、文化越来越趋向全球化的今天,直接或间接反映民族主义立场、观点的民族问题正上升为一个全球性问题,并在我们当今的现实社会生活中表现出来。如恐怖主义、经济交往中的民族利益冲突与民族国家的合法性危机、爱国主义旗号下的极端民族主义情绪等问题,都前所未有地影响着整个世界的政治、经济和文化格局。在全球化语境中,从理论上阐释和分析民族精神、民族主义、民族主义与民族精神的关系问题,对于深入研究民族精神的弘扬与培育,以及中国这样一个民族大国如何更好地走向世界、面向未来,无疑都具有重要的理论和现实意义。

一

研究民族与民族精神、民族主义，首先得对“民族”这一概念有个基本的了解。

一般来说，对民族概念的界定，学术界主要是按照客观派和主观派来归类的。[①] 所谓客观派，就是强调民族构成的客观因素，主要包括地理条件、宗教信仰、肤色、种族、语言、习惯以及共同的法律制度和政治制度等，其代表人物有马志尼(Mazzini)、韦伯(M. Weber)、罗高斯基(R. Rogowski)等；所谓主观派，则主要强调人的意愿，典型代表是雷南(E. Renan)、安德森(B. Anderson)、哈斯(E. B. Hass)。按照人的意愿界定民族，准确地反映了民族是一个由情感和意愿的纽带连接的共同体。不过，这样的界定有很大的缺点，即它亦可适用于其他的共同体，诸如国家，甚至政党。

因此，界定民族应把主观因素和客观因素结合起来。一个民族可能有共同的种族、语言、历史、政治和文化经历、共同的领土基础。但是，缺少其中的一项乃至几项仍然可以是世界公认的民族。斯特林(R. W. Sterling)认为民族构成因素中最重要的是要求统一的政治意愿，而地理、种族、语言、文化等实在因素则都是政治意愿用以构造民族共同体的原材料。如果原材料一无所有，自然无从构造，但缺少一项甚至几项，却并不一定影响民族的构成。菲利普(A. B. Philip)亦持这种看法。他在论述一个民族区别于另一个民族的因素时，提到了共同的领土、共同的语言、共同的文化、共同的历史和共同的宗教。他指出：“在每一个民族运动中，这些因素的存在并非一个不少，但是，如果这些因素都不存在，那么也就不存在任何名副其实的民族主义了。”

---

① 参见哈斯：《什么是民族主义和我们为什么应研究它?》，《国际组织》1986 年第 3 期；王辑思：《民族与民族主义》，《欧洲》1993 年第 5 期。

换一个角度看问题，民族的构成也可以说有这样两个方面的因素，即过去的因素和未来的因素。客观的种种“共同”，无论怎么说也是历史的产物，是过去的既定事实，人们是否能形成一个民族，还要看对未来的意愿。埃默森（R. Emerson）的界定就涉及了这一点。他把民族界定为“人民的共同体”，认为这些人“是在双重意义上聚合在一起，一方面他们深深地共享着一种共同遗产的种种重要因素，另一方面他们就未来而言有共同的命运”。这种界定强调的是对过去的和未来的认识。[①]

其实，所谓意愿，归根结底乃是由民族情感决定的。这种情感是民族构成的内聚性因素。密尔（J. S. Mill）指出，如果人类的一部分由共同感情联结在一起，这种感情使他们更愿意彼此合作，希望处在一个政府之下，并且希望这个政府完全由他们或他们中的一部分人治理。密尔还认为，共同感情的产生有种种原因，与共同的种族和血统有关，与共同的语言和宗教有关，地理界限可能也是原因之一，但最重要的乃是共同的政治经历，包括共同经历的骄傲和耻辱。密尔的界定强调政治历史因素，而这种因素所导致的共同的政治意愿，涉及了一个更进一步的问题，即实现民族自治的问题。

综上所述，我们认为民族就是生活在一定地理环境中，具有共同的语言、生活习俗、相通的文化传统和一致的政治诉求的族群共同体。民族精神是一个民族在长期共同生活和实践中形成的思想观念、价值信念与信仰、性格与心理的总和[②]，是这个民族得以生生不息地繁衍和发展的活的灵魂与根本动力，也是该民族所创造的文化和文明的内在核心部分。而所谓的意愿、情感等实际上就是构成民族精神的最基本要素，是民族精神的心理基石。民族精神是在族群共同体基础之上生发出来的，是族群共同体生活的反映，它反过来又进一步巩固共同体内部成员之间的依存关系，所以民族精神是一个民族的象征和标志。

对于民族精神的认同是民族认同的前提，也是民族发展的精神动力。

---

① 转引自李少军：《论民族与民族主义》，《中国社会科学院研究生院学报》1994 年第 5 期。

② 参见欧阳康等：《当代中华民族精神的反思与建构》，《华中科技大学学报》（社会科学版）2004 年第 1 期。

民族精神一经形成,便具有很强的稳定性和传承性,成为民族文化传统的主干,在日常生活中对民族成员的实践发挥着决定性的作用。民族前进的方向、前途,民族成员的思维、行动,无不受着相对稳定的民族精神的规约和引导。

在全球化的时代,不同的国家、民族为了更好地生存、发展,一方面必然要在政治、经济、文化等领域不断调整自己的方向、路径,以适应全球化发展的要求;另一方面,又要不断彰显自己的个性和独立性,以谋求自己在全球化进程中的固有利益,巩固自己在世界民族之林中的合法性地位。因此,除了在政治、经济活动中不断加强国际间合作、突出自己的发展特色外,民族精神的弘扬与培育无疑是一个重要的举措,而民族精神在现实中则主要是通过民族主义来表现的。那么,什么是民族主义? 民族主义是如何历史演变的? 它又是如何在现实中反映民族精神的特质的? 民族主义在全球化浪潮中应如何应对? 这就是我们接下来主要论述的问题。

二

从概念而言,“民族主义”源于何时还难以确定。史密斯(A. D. Smith)认为,该词最早出现于中世纪的莱比锡大学。不过,当时无论是 nation(大学教授和学生按出生地形成的团体)还是 nationalism(维护这种团体的利益)都与现代用法相去甚远。人们通常认为,现代意义上的民族主义出现于 18 世纪的欧洲,在时间上与资产阶级革命大体相合。但是,民族主义一直没有标准的界定,即使到了 19 世纪,在概念上与现代的用法仍有很大距离,正如史密斯所提到的,在 1836 年的《牛津英语词典》中,民族主义所表明的还是这样的意思,即某些民族是神选对象。① 随着时间的推移,形成了

① 参见李少军:《论民族与民族主义》,《中国社会科学院研究生院学报》1994 年第 5 期。

越来越复杂的民族体系和民族国家,与此同时,民族主义的含义也越来越复杂化、多元化,形成了多视角的界定。有定义为“意识”的,有定义为“心态”的,还有的定义为“共同的情感纽带”,等等,不一而足。

我们以为,在这些界定当中,社会学的视角还是比较可取的。从社会学的角度看,民族主义是各种各样的社会要求的产物,诸如政治要求、经济要求、文化要求、宗教要求等。这些要求中,最根本的要求是政治要求,在一定意义上,民族主义是一个具有认同感的人类群体所表现出来的休戚与共,这些人有民族地位意识,谋求给予这种共同体一个政治实体,要么是实现自治,要么在不能实现自治的情况下得到某种其他形式的政治承认。如盖尔纳(E. Gellner)就认为,民族主义主要是一个政治原则,坚持政治单元与民族单元应当相结合。对民族主义情感或民族主义都应当从这个原则出发进行解释,即民族主义情感是因这一原则受到侵犯或得以实现而产生的愤怒或满足感。而民族主义运动正是受这种情感驱使的运动。①

综合各种有关民族主义的界定,可以概括出这样两项要求或基本原则:(1)每一民族都应成为一个国家。(2)每个国家都应由一个民族组成。早在1861年,密尔就提出了这一点。他认为,自由制度的一个必要条件就是政府范围应大致与民族范围一致;凡是民族感情有效存在的地方,就存在着把该民族所有成员联合于他们自己的同一政府之下的根据。

尽管民族主义在构成上的文化因素因时因地而异,但它所涉及的问题本质上是政治问题,它所要实现的根本目标是政治目标,这包括民族自治、民族自决乃至建立民族国家。自19世纪下半叶开始,人们(特别是在欧洲)逐渐有了这样的认识:每个民族都应构成一个国家,而这个国家应当包括整个民族,也许甚至只应包括该民族。这种信念构成了最一般化的民族主义信念。正是这种信念推动了民族主义政治的发展。

从这里可以看到,民族主义所涉及的基本政治关系就是民族与民族国家的关系。其实,这种关系从民族的词义上也可以看出来。在英语中,na-

---

① 参见李少军:《论民族与民族主义》,《中国社会科学院研究生院学报》1994年第5期。

tion 既有“民族”的含义,又有“国家”的含义。在英语中,有三个词可以译为中文的“国家”,这就是 nation、state 和 country。然而,这三个词虽然都是指国家,但侧重点是不同的。nation 指的是人组成的国家;state 主要是从政府角度来指国家;而 country 则主要是指地域意义上的国家。在这里,nation 所指的人,当然不是单个的人,而是指形成民族的共同体。在这个词义上,民族与国家也可以说成一回事,民族构成为国家,而国家由民族构成。

民族主义是以追求对外摆脱宗教、异族统治,建立以君王为核心的国家而开始登上欧洲舞台的。《威斯特伐利亚和约》(Peace of Westphalia)标志着民族主义和国家意识的出现,以 18 世纪末和 19 世纪初的法、美两国革命为标志,民族主义开启了主权在民的政治民主化进程。影响美国革命(1776 年)和法国革命(1789 年)的是关于统治者和被统治者之间关系的思想变革,美国革命及其独立宣言重新揭示政府的权力来源于被统治者的同意,法国革命及其世俗信条宣称“自由、平等、博爱”标志着国家权威的理论根基从贵族私权转向市民社会,如此民族国家才真正诞生,民族主义作为世俗意识形态才发展到成熟期。当时确立起来的民主原则是,政治权力属于人民而不是君王。这种观念改变并扩增了民族主义的概念,包括了民众对国家的认同和参与国家事务的思想。之后,主权思想和民族自决原则迅速波及全球,大帝国一个个解体,代之而来的是一个个民族国家,这一浪潮导致 20 世纪世界范围内的王朝帝国普遍发生裂变。

以工业革命为特征的现代化运动与民族主义互为促进,资本在资源和市场上的扩张直接导致殖民主义的发展,开始了发达国家标榜权力的时代,也给后发国家的民族主义增加了反殖民压迫和摆脱经济依附、争取经济独立和现代化的任务,国家之间(尤其是帝国主义国家之间)矛盾激化的结果是 20 世纪的两次世界大战。战争推动了民族国家独立运动蓬勃发展,世界民族主义进入新高潮。

三

从以上的分析中我们可以明显地看到，民族主义的界定更多地是从政治和经济的意义着眼的。但与此同时我们应清醒地认识到，由于民族精神内涵的丰富性，作为其现实表现形式的民族主义也不可能是单一的，政治、经济因素固然是主要的，但也不应忽略文化因素在民族主义构成中的地位和作用。任何民族的精神都是孕育于它的文化传统之中的，民族主义本质上是民族精神在理论和实践层面的现实反映。文化传统所包含的价值观、道德观以及宗教信仰、风俗习惯等，必然会通过民族精神影响、支配着现实中的民族主义运动走向和情绪反映。这一点，其实在近现代民族主义发展的历程中我们已有所认识，如 19 世纪浪漫主义文化对德国民族主义的影响，中国传统文化对中国民族主义回应世界现代化的影响，等等。

那么,如何估量在全球化背景下民族主义的发展及其所可能带来的影响？民族主义应如何回应全球化所带来的挑战？综观 20 世纪的历史,我们可以清楚地看到,第二次世界大战以后的两极冷战格局使得民族主义发展受到暂时的抑制甚至扭曲。冷战时期与过去的不同在于,冷战时期的民族主义被认为是民族主义的世界主义,它是驱使超级大国扩张的力量,它所主张的是一个民族和一个国家有权将自己的价值和行动准则强加于所有其他国家,以拯救世界为旗帜来称霸世界,而现代化的浪潮和由此带来的新科技革命,推动了经济全球化的快速发展,它冲破了两极格局,同时也激励了民族主义,冷战结束后国家数量的增加和独立主权意识的爆发说明了继续着的民族主义力量。

由经济全球化主导的全球化浪潮正席卷着整个世界。全球化是世界各地区、各民族、各国家间相互联系和依存关系发展的一种新趋势和新水平,它反映了各个民族、各个国家之间交往的频繁性和紧密性。从1492年哥伦布远航美洲,把东半球和西半球连在一起,使人类第一次知道彼此之间确实同住在一个不可分割的地球开始,人类社会全球化进程的序幕便揭开了。然而,只是到了今天,随着全球社会、经济、科技、文化的协同发展,我们才越来越强烈地感受到人类社会正在发生着一场史无前例的划时代的全球性社会变革,这种变革把人类社会如此紧密地联系在一起,使全球社会呈现出了相互依存、共同发展的局面,其作用范围之广、影响强烈之深,都是任何一个时代所无法比拟的。

资本主义经济的发展是全球化进程的最大推动力。马克思主义的创始人对此曾作过经典描述:“资产阶级,由于开拓了世界市场,使一切国家的生产和消费都成为世界性的了。……过去那种地方的和民族的自给自足的闭关自守状态,被各民族的各方面的相互往来和各方面的相互依赖所代替了。物质的生产是如此,精神的生产也是如此。各民族的精神产品成了公共的财产。民族的片面性和局限性日益成为不可能,于是由许多种民族的和地方的文学形成了一种世界文学。”① 今天的全球化无论从哪方面而言都是人类历史前所未遇的,“在几乎所有领域全球化的当代模式都不仅在量上超过了前面的各时代,而且也表现出无可匹敌的质的差别——从全球化如何组织和复制意义上讲。此外,我们认为当代是各领域、各方面的全球化模式实现了历史性汇合与集中的独特时代,这些领域包括政治、法律和治理、军事事务、文化联系以及人口迁移,并且涉及经济活动的各个方面以及各国都面临的全球环境威胁。而且,在这个时代,交通和通讯设施出现了重大的创新,全球治理和管制的制度达到了前所未有的数量”。② 不管人们承认与否,全球化作为一个客观现实已然呈现在我们面前。

面对这样一个现实,民族主义也处在不断地矛盾——调整——适

① 《马克思恩格斯选集》第1卷,人民出版社1995年版,第276页。

② 参见罗宾·库恩、保罗·肯尼迪:《全球社会学》,社会科学文献出版社2001年版,第3章。

应——发展的过程之中。按照一般与特殊关系的原则，全球化尤其是经济的全球化具有一般的特性，也就是具有人类社会发展的共性和普遍性；而民族主义则显然带有特殊的色彩，因为民族主义只能反映某个民族国家的意愿和利益。因此当全球化与民族主义相遇的时候，其反映人类共同性的方面，如经济运行的共同规则、科学技术的成果运用乃至政治治理中的某些共同准则、人权中具有共性的因素等，在一定程度都能够为各民族所遵循、接受、吸收、采纳、应用，成为推进民族国家现代化发展的强大动力。

但另一方面，由于全球化过程毕竟是从西方发达资本主义国家发端的，它不可否认地多少带有西方化的特点，特别是像美国这样的西方大国，借助其强劲的经济实力，不仅在经济上，而且在政治、文化方面都力图为全球化量体度身，制定所谓“具有普适性的准则”，把号称代表美利坚民族的某些政客的意愿强加于其他民族身上，势必引起激烈的民族主义反弹，反全球化即是一种反映。在这方面，正如著名作家马里奥·瓦尔戈斯·略萨略带夸张地指出的那样：“对全球化的最有效攻击，通常不是那些与经济学有关的问题。相反，它们是社会问题、伦理问题，首先是文化问题。这些观点在1999年的西雅图风潮中浮出水面，并在最近的达沃斯、曼谷和布拉格得到进一步发展。他们认为：国家边界的消失以及经由市场相互联系的世界的建立，将对地区文化和民族文化，对传统、风俗、神话以及更多决定各国或各地区文化认同的东西构成致命一击。由于世界的大部分地区并不能够抗拒来自发达国家文化产品的入侵或者确切地说是来自超级大国美国的文化入侵——这种入侵不可避免地伴随大型跨国公司而来，北美文化最终将会强加于人，并在世界范围形成统一标准，使丰富多彩、迥然各异的地方文化消失殆尽。这样，不仅弱小民族，而且所有其他民族都将丧失其认同，丧失其精神信仰，从而仅仅成为21世纪的殖民地——它们将成为一味仿效新帝国主义文化准则的行尸走肉抑或滑稽模仿，而新帝国主义文化除了以其资本、军事力量和科学知识进行全球统治外，也将会把其语言以及思考、信仰、消遣和梦想方式强加给其他民族。由于全球化的出现，世界正在丧失语言和文化的多样性，正在文化上为美国所侵占。”①因此，一些弱小民族为争得自己的独立地位和合法生存权利而抗争的民族主义斗争便以各种形式在世界各地蔓延开来。“9·11 事件”在一定意义上是这种民族主义斗争的极端形式。

其实，不仅发展中民族国家具有民族主义的情绪，甚至在一些发达的国家，也存在着这样的民族主义的情绪和行动：“这种梦魇或消极乌托邦并不是那些对马克思、毛泽东和切·格瓦拉念念不忘的左翼政治家们所特有的东西。这种焦虑性谵妄——由于对北美大国的憎恨和仇视所引发——在发达国家以及文化高度发展的民族中也是显而易见的，并且为左、中、右政治派别所共有。最为声名狼藉的例子是法国。由于臆想会遭受全球化威胁，在那里我们经常可以看到，政府为捍卫法国的‘文化认同’而发起的运动。这片孕育了蒙田、笛卡尔、拉辛和波德莱尔的热土，这个在衣饰、思想、艺术、餐饮以及所有精神领域长期引导时尚潮流的国家，可能会遭受麦当劳、比萨饼、肯德基、摇滚乐、刑事犯罪、好莱坞电影、牛仔装、运动鞋和 T 恤衫的侵袭，大批知识分子和政治家对于这种可能性深感恐慌。例如，这种恐惧导致法国政府出巨资补贴当地电影业，要求影院放映一定数量的国产影片，并对美国影片的进口实施限制。这种恐惧也是政府颁布严厉指令，以高额罚款惩戒任何在公开场合以英语取代莫里哀所使用的语言的原因。”②

之所以出现这样的现象，除了全球化本身的原因外，还在于各民族自身的特殊性，特殊的文化传统、特殊的生活方式、特殊的风俗习惯……全球化不可能把所有的民族塑造成一个民族，只有在尊重各民族自身的独特性、为多元民族文化的发展创造宽松环境的基础之上，全球化才能真正融会在民族国家的发展过程之中。而民族主义由于集中表现了民族国家在政治、经济、文化方面的根本意愿，自然不会在全球化浪潮的冲击下土崩瓦解，相反，会更加突显出其强大的韧性。但是民族主义并不必然地一定要反全球化，

---

① 马里奥·瓦尔戈斯·略萨：《全球化、民族主义与文化认同》，《当代世界与社会主义》2002 年第 4 期。

② 同上。

在某些方面对全球化的抵抗,只是说明了某些民族国家在迅速来临的全球化面前的不适应。因此,对于民族主义而言,意欲振兴自己的民族和国家以跟上人类社会发展的步伐,唯有放弃狭隘的民族主义立场,自觉地树立开放的心态,平和地扬弃全球化的成果,宽容地对待其他民族的长短并与之平等交往。民族主义的存在与发展,理应与全球化的进程、民族国家的进步保持和谐、同步。

四

今天,人类社会正以前所未有的整体性共同进入一个崭新的全球化时代,在这个时代,全球经济、文化交流日益发展,各国之间的影响、合作、互动也愈益加强,并呈现出与以往时代显著不同的标志。民族主义也正以前所未有的势头而高涨,由于民族问题而引发的反全球化运动、恐怖主义行动等重大事件时有发生。因此,"民族"、"民族国家"、"民族精神"、"民族主义"等字眼在近年来的书籍、报刊中出现频率也比从前高得多。如何在新的历史条件下评估民族主义的意义和作用,预见它的发展趋势及其对未来世界格局的影响,已经成为各个领域特别是国际政治、经济理论以及社会学领域的学者反思民族主义问题的出发点和落脚点。除此以外,我们认为必须要在更高的层次比如哲学层面上进一步把握全球化与民族主义,民族精神与民族主义之间的内在关联,才能在具体的层面处理好如何对待民族主义,如何评价全球化时代民族主义的发展及其影响,民族国家在全球政治、经济、文化趋于一体化过程中的地位和作用等各种复杂问题。所有这一切都有待我们展开更为深入细致的研究。

(作者:华中科技大学马克思主义学院副教授)

从浪漫主义向民族主义的转变

——德国民族主义形成的原因

张廷国

当我们探讨德国的民族主义精神实质的时候，我们会发现有许多的理由把德国作为历史上的民族主义个案来加以研究，因为在走向民族主义国家的进程中，德国走了一条不同于其他资本主义国家（如英国和法国）的道路，因而具有特殊的意义。例如在英国和法国，可以说新的经济意识或资本主义竞争意识是构成其民族国家的极其重要组成部分，我们也可以把这种经济意识称之为“经济民族主义”。尽管如此，但无论在英国还是法国，与其他民族主义成分相比，这种经济民族主义既不居于中心地位，也没有得到更完整的阐明。而有所不同的是：由于德国民族认同性得以形成的独特的历史原因，德国的经济民族主义在民族意识中占有特殊的认知地位，因为它是作为一种科学学说提出来的，因而更具有理论上的权威性。因此，德国经济民族主义较之英国和法国经济民族主义的直接性和实用性，它首先是得到了德国知识分子的支持，后来又得到了普鲁士政府机构的支持。所以，在德国的实际情况是：即便是在民族主义基本精神尚未根深蒂固，并且对社会的影响力尚未得到极大强化的情况下，经济民族主义就已经开始左右德国公众的态度，并且能够对社会行为产生影响了。也正因为此，所以，尽管德国经济起步相对较晚，但经济发展却非常迅速，几乎在不到两代人的时间里就使德国跻身于现代世界经济强国之林。这一事实至少可以说明一点：德国经济之所以能够取得迅速发展，其经济民族主义所产生的功效是一个非常重要的原因。那么，德国究竟是如何走向民族主义、尤其是经济民族主义之路的呢？这正是本文所关注的问题之所在。

一、启蒙与现实的冲突

在一定意义上可以说，工业化德国的出现与其时代并不同步，甚至可以认为，在德国历史中，它只是一个突发事件。事实上也的确如此，在 19 世纪，德国民族主义在没有任何征兆预警的情况下就快速地发展起来了，就像是普法战争的失败将其从沉睡中唤醒的一样。当然，实际情况并非如此简单，德国民族主义不可能是突然间被唤醒的，因为民族主义并不是冬眠的动物，因而把德国的民族主义称为“沉睡的民族主义”显然是一种不全面的认识，也是一种简单化的做法。认识到这一点对我们来说非常重要，因为这将有助于我们认清德国民族主义形成的真正原因。

在 18 世纪末 19 世纪初，热衷于谈论民族认同性的德国知识分子同时也是世界主义者，但是很快，民族主义精神就在每一个富有公民激情的德国市民的心目中占据了主导地位。原来还是理想化、超凡脱俗、对政治漠不关心的德国知识分子也开始投身于反抗法国人的解放战争之中，而不久前还被他们当做救世主来迎接的法国皇帝拿破仑，如今却成了唤醒民族主义精神的直接动力。当然，不可否认的是，这时民族主义精神并未完全占据所有德国人的心灵，除了由少数官僚精英和中产阶级知识分子所组成的边缘群体，即在德国被称之为“知识资产阶级”的一群人完全转向民族主义之外，德国传统社会的三大主要阶层（即农民、中产阶级以及德国各领地的贵族）基本上还无动于衷。但是，随着德国“知识资产阶级”的影响力与日俱增，再加上与他们持相同观点的政治官僚们的权力不断增强，民族主义意识很快就成为了一种主流意识。与此同时，一个新的、统一的德意志民族在

1871年也宣告问世,并具备了生机勃勃的民族精神,而这种精神正是在耶拿崩溃的余震中奇迹般诞生的那种精神。

虽然德国民族主义的产生有其外部的原因——法国人的入侵,但归根到底还是离不开其内在的动力。当时,在德国民族精神诞生之前,社会现实中的许多新现象实际上就已经具备了民族精神的特征。表面上看来这种精神是由德国知识分子提出的,但在本质上它只不过是代表了人们对18世纪末知识分子的地位不相称状态的一种反应。知识分子的地位不相称也反映了当时德国等级社会的僵硬的社会结构与启蒙精神之间的内在冲突。

按照康德对“启蒙”(Aufklärung)所下的定义,“启蒙乃是人类摆脱自己所加之于自己的依赖监护的状态,所谓依赖监护的状态,就是指不经别人的引导,就对运用自己的理智无能为力。当其原因不在于缺乏理智,而在于不经别人的引导就缺乏勇气与决心加以运用时,那么,这种依赖监护的状态就是自己所加之于自己的。要敢于认识!要有勇气运用你自己的理智!这就是启蒙的口号。”①由此可见,根据启蒙精神,人们首先应当相信自身所具有的理性能力,并以之作为认识事物的最高原则。由于受到这种启蒙精神的鼓舞,来自社会底层的有才华的青年人纷纷涌入学校接受科学文化教育。在那里,他们的物质生活虽然并不富裕,但获得了据说能为他们打开上层社会大门的学位,而结果却发现大门仍然不对他们开放。与此同时,学校和大学教育他们自尊自爱,要树立独立的人格,这样又进一步提升了他们的社会期望值,使他们对德国平民地位所带来的不公平的待遇更加敏感,令他们无法想象重返社会底层的情形。这样,他们就被夹在了他们所出身的社会阶层和他们渴望进入却又被拒之门外的社会阶层之间,而在当时的德国社会,阶层之间的任何存在都是不会得到认可的。因此,其结果他们中的大多数都被社会边缘化了,从而成为了边缘化的人。

当这些受到过良好教育的年轻人发现启蒙精神与现实的冲突时,他们不仅把自己的困境归咎于启蒙的诺言,而且他们开始有意识地对启蒙精神

① Kant:Was ist Aufklärung? in *Kant's gesammelte Schriften*, Berlin:Georg Reimer1912, p.35.

进行深刻的反思，并在试图改善其集体境遇的努力中，萌生了注定要演变成德国民族精神框架的反启蒙的世界观。这种世界观的初始形态是浪漫主义，亨利·布伦瑞克(Henri Brunschwig)曾将其称作一种“心态类型”。在此他所谓的“心态类型”显然并不是一般人所认为的文学或艺术流派。值得我们注意的是，在构建这一浪漫主义世界观的过程中，德国知识分子采取了两种截然不同的态度：其一是对启蒙精神的背叛，放弃理想追求，回归现实生活；其二是虔信主义，相信新教学说的神秘主义和宿命论。在当时，这两种相互矛盾的态度的结合证明是非常有效的，而且还产生了形形色色的社会哲学理论。由于其中某些原理后来直接作用于经济理论和社会生活，因此有必要对此作出进一步的说明。

二、浪漫主义的理想

启蒙哲学的核心价值观是理性，而浪漫主义者所反对的正是这种价值观。他们借助于“整体性”和“个体性”的概念来削弱理性价值观。这些概念最初表达的观点是：理性并不是人性中最基本的能力，而不过是同等重要的能力之一罢了。在他们看来，情感、信仰等也同样是一种美德，甚至这种美德对人来说比理性更重要。早期的德国浪漫主义者一般都持一种文化相对主义的观点，认为理性只是一种文化价值观，而不是一种普遍的价值观。与它相比，后期的德国浪漫主义者则更加极端，他们主张一种反理性的绝对主义观点，认为理性主义是文化和道德的异常行为，甚至是一种罪恶。

根据绝对的浪漫主义者的观点，任何社会存在(既可以指一种文化存在，也可以指一个的存在)都要在“整体性”上加以考虑。有时他们也用“整体性”的概念来指称人性的天赋能力，既然是天赋的能力，所以它就成为了任何个体文化的重要组成部分。这样一来，“个体性”的概念也得到了新的解释：“个体性”不再是指每一个体或文化的独特性，而是指它们所具有的共性。由此推论,以牺牲其他品质为代价而一味地强调某一种品质(比如说理性)的文化或个人恰好是欠缺个体性的,所以是不完整和残缺不全的。这既适用于过分强调感情和感觉的文化,也适用于具有情感和感觉的个人,同时还适用于注重理性的文化以及过于理性的个人。基于这样一个推论,浪漫主义者大都对理性主义采取了一种批判的态度,他们往往把理性看做是毁灭人类的武器,是破坏人性整体性和个体性的手段,因而也是将社会和人类非自然化的手段。

从社会哲学的观点来看,这一界定的必然结果就是要扬弃将理性制度化,以及受理性精神启蒙的现代性社会。尽管德国浪漫主义者所处的时代也受到了理性精神的启蒙,但他们却认为现代性的典型代表是英国和法国,而非德国。虽然映射在他们那令人沮丧的论断中的是他们个人在德国遭受边缘化的不幸经历,但他们却将自己的理论模式建立在对这两个国家模糊不清的认识基础之上。他们认为理性的现代社会抑制了人性的健康发展,从而将自然健康的人格分裂成“单向度的人”,人们成了半思维、半感觉的人,成了无所作为的道德学家、非英雄的史诗诗人。

针对这种非自然的现代社会,德国浪漫主义者为我们勾画了一个理想的社会形象,他们认为该形象是自然的而不仅仅是理性的。尽管最初的浪漫主义者从未对幻想和现实作出区分,并且乐于将他们理想的社会称为“上帝的王国”,但他们同样意识到了其观念的非现实性。而他们的追随者却忘记了这一点,所以努力实现这一理想成为了德国乃至其他国家19世纪和20世纪世俗政治运动的最高目标。对我们来说,认识到这一点非常重要,因为这将有助于我们正确理解浪漫主义运动的重大意义。

但是,德国浪漫主义者所构想的并被称为“上帝的王国”的社会理想也是极权主义的社会理想。在这个社会里,并不存在什么个人能够避免参与的私人空间。当然,事实上也从来没有存在过完全意义上的极权主义社会,那种完全控制其社会成员的社会实际上是根本不可能的,但是这并不妨碍人们去想象这种社会的存在,而努力争取实现这一目标正是德国浪漫主义精神之所在。为德国浪漫主义者形成这一抱负而推波助澜的是一种双重的概念混乱,是他们有意而为的非理性推理的产物。这种混乱使他们相信极权主义是自然的人类状态。他们将作为特定社会存在的“社会”等同于作为一般社会现实存在的“社会”,而且正是在这两个意义上,他们才将“社会”认同为某个具体的国家。

这种概念的可怕的政治内涵得到了亚当·米勒(Adam Müller)更为明确的阐释,这位浪漫主义政治哲学家也是德国最先抨击亚当·斯密学说的人士之一。米勒的理论前提是无懈可击的,即人是社会动物,人类生活从任何意义上都不可能脱离社会。因此他的结论非常明确:人性等于国家。但是,在他论证的第二步中感伤开始代替了逻辑,他声称,忠实于一个人的人性,或者说,忠实于一个人的普遍的个性和整体性,这不仅仅是一种自然倾向性,而且还是一种道德规范。因此,他认为只有将自我融入国家的更高层次的个性,人类才能克服异化现象,从而变成整个自我,成为一个个体。而那种希望保存自我的人则应该受到道德上的责备,作为处罚,他将会丧失个性乃至人性。

由此看来,就浪漫主义者而言,国家的个性似乎比人类个体的个性具有更大的现实性,因而具有更重要的意义。按照米勒的说法,国家不单单是个工厂、农场、保险机构或商业社会,它应当是所有物质和精神需求、所有物质和精神财富、所有民族内部和外部生命的集合,从而构成一个伟大、富有活力、生机无限的整体。既然国家也是一个完整的个体,所以国家的目的也应当和人类个体的目的一样,是实现其个性和整体性,而不能认为国家仅仅是实现其成员的富裕和繁荣的工具。因此,德国浪漫主义者认为,国家绝不能容忍其成员的私利或独立,因而不能容忍任何旨在摆脱其权威的事物。

和国家极权主义观点相对应的是同样险恶的自由、平等、政治领导等概念。关于“自由”的概念,在德国浪漫主义者那里显然不能理解为个人自由,相反,在他们看来,自由是实现一个人个性的能力,即放弃个人自由,完全臣服于国家权威。当然,这其中并不涉及牺牲,因为国家只不过是自由概念的表达,是个人拥有并享受自由的现实形式,但条件是个人必须承认并愿意接受整体的共同利益。毋庸置疑,对于每一个个人而言,接受该条件都是一个道德责任问题。

自由概念虽然被大幅度地修正,但毕竟还保留为一种价值观。而与此相反,“平等”概念则因为“不平等”的缘故而普遍地遭到了德国知识分子的扬弃。这种扬弃也是作为区别个体自我与他人的“个性”之本义的逻辑后果。作为区别性特征,个人的社会地位无论如何都理应得到珍视,但是,当一个人试图改变其原有的社会地位时,往往又自觉或不自觉遭到异化并冒犯个人的个性和整体性,从而带来不平等。然而,有意思的是,当个性被界定为其反面,即所有人的共性时,所得出的关于不平等的结论是完全相同的。之所以能从这两个方面得出同一个结论,这不能不说与黑格尔的“理性的诡计”有关,因为正是黑格尔的“理性的诡计”,才使得本来全然不能调和的命题之间的和解成为可能。黑格尔认为,一个人若想获得个性,只有作为一个具体社会阶层的成员才能实现,这是一种“具体的特性”。在此,普遍的个性意义即国家的个性,将随着从高级个体到低级个体的流动的完成而终结。可见,在黑格尔这里,保持一定的社会差别也是必需的。

事实上,出于心理上的原因,“平等”的概念对德国知识分子并没有什么号召力。与之相比,他们更加渴求社会地位,希望被当做优越者,也就是说,高于他们所出身的社会阶层。他们的聪明才智(尽管他们否认该理由的价值)使他们所声称拥有的优势顺理成章,为了支持该学说,他们还发展了“艺术”和“天才”的概念,从而使这些才能和个性及整体性关联在一起,并假定只有具有这些才能的人才能够拥有自然的、至高无上的权威。由此推论,德国浪漫主义者的“政治领导”概念也正是以“艺术”和“天才”的概念为基础的。因为在他们看来,只有“艺术”和“天才”,才能使人类成为真正的个体。他们甚至认为艺术家和天才的使命就是创造,不仅创造统治者和政治领袖,而且也创造被统治者和奴仆,“艺术”和“天才”可以将政治家和经济学家提升为艺术家,以此来参与国家管理。可见,在德国浪漫主义的“艺术”和“天才”概念中也蕴涵着这样一种观点,即一个真正的艺术家必然是一个确定无疑的天才,是高于一切包括传统和理性的指令在内的法律的。通过把“政治领袖”界定为艺术家,德国浪漫主义者也将他们置于法律之上，并创造了一个独裁主义的理想，这个理想对权势和服从的要求是无限制的，而且远远超出了专制主义的王权。

三、余论

综上所述，法国军队的入侵尽管可以将浪漫主义精神转变为德国民族主义，并最终成为德国精神；但在1806年普鲁士垮台之前，民族国家的理念在德国并没有真正的号召力。比如说，上流阶层的不满是因为法国和俄国的崛起，但他们对其运气则始终心满意足；而心怀不满的知识分子本来有意沿用民族主义的传统对其团体进行重新确定，但由于没有贵族和政治官僚的支持，他们没有能力进行这种确定。因此，也同样对主张人人平等的激进观念漠不关心，而这些观念在人们心灵中已燃起了熊熊烈火，并且在莱茵河两岸激发了种种政治构想。在这种情形下，法国对上流社会(旧政权的受益者)的攻击恰好促使德国上流阶层和知识分子领悟到了这些观念的益处，把上流阶层的耻辱视为民族的耻辱使他们有理由呼吁人民大众的支持，将后者牢牢地约束在一种伦理责任之下，并给知识分子提供了机会，从而为精英集团提供重要的、难以估量的服务。他们得到了同情的倾听，他们表现出的友善的主动姿态得到了大度的容忍，也许一度还受到热烈的欢迎。这样，他们至少在心理上终于获得了发言权，从而取得了他们仰慕已久的地位；而且由于该地位的被认可，德国才被看做是一个民族国家。

从地缘政治观点来看，德国那本来已经受到亵渎的躯体早就被众多独立自主的领土公国所分割，因此缺少一个共同的政权框架也并不是什么问题，但重要的是通过上流阶层与知识分子的结合，这个原本已经分崩离析的帝国终于得到了民族国家的再确认。如果没有这一步，我们很难想象后来德国在经济上所取得的辉煌成就。

但是，无论浪漫主义意识向民族主义的转变多么偶然，它并没有带来实质性的观念转变。英国和法国已经被视为非自然启蒙社会的主要范例并因此而受到抨击。如今,上帝的王国再一次降落到地上,并终于在德国找到了栖息之地。个性、整体性以及所有自然社会人所具有的属性统统归于德国人民;国家独裁主义理想和与之相应的自由、平等和政治领导理想成了德国人的理想。显而易见,德国知识分子所构建的这种民族主义尽管与英国或法国的民族主义有着本质的区别,但我们说它依然是民族主义,而且作为一种集体伦理,它至少与主张个人伦理的民族主义一样,能够鼓舞人心,从而增强国家的凝聚力。

最后,从对德国民族主义形成原因的分析中,我们不难发现,德国民族主义意识的觉醒在很多方面都与中国近代民族主义思潮的兴起有相似之处。德国有法国的入侵,近代中国的历史则始于鸦片战争,随后又面临“八国联军”;德国有浪漫主义运动,近代中国则有自己的新文化运动。而在民族主义的价值取向上,德国知识分子所倡导的集体主义的民族主义与中国知识分子所一贯宣称的“修身、齐家、治国、平天下”的理念,也具有非同一般的相似性。但是,尽管如此,我们还是应当看到,德国民族主义与中国民族主义在本质上仍然是有区别的,其中最为根本的区别就在于:德国的民族主义始终都是以对启蒙精神或理性精神的反思和批判为基础的,而中国的民族主义恰好需要引进“德先生”和“赛先生”。这种差异或许从另一个方面正好说明了中德文化的不同。

(作者:华中科技大学,人文学院副院长,哲学系主任,教授)

三

全球化与民族精神的弘扬和培育

全球化形势下培育和弘扬民族精神的对策

蒋济永　周　艳

应当承认,全球化与民族精神是一对相互冲突的概念,前者是一个开放性概念,后者则是一个民族本位的概念。因此,我们提倡培育和弘扬民族精神,在一定程度上似乎跟当今经济文化等领域相互影响(全球化)的潮流相背离,似乎带着民族本位主义和保守主义思想倾向。那么怎样在全球化的潮流下培育和弘扬民族精神,并使两者不发生冲突呢?这需要一些策略上的应对。

全球化首先是市场资本、金融等经济的全球化,随之而来是经济文化的衍生和其他文化生活方式的改变。一个统一的、一体化的经济运营模式,必然影响到与此相关的生活、文化形态、表现方式的统一和一体化。马克思主义关于经济基础的变革必然引起上层建筑的变动的生动论述,可以很好地预见这一变化。也就是说,经济全球化必然地引起一个民族、国家日常生活、文化某种程度的变化和一体化。在这种一体化的变化中,一些人担心以西方文明为主要潮流的强势经济政治文化会统领一切,全球化就是西化,于是拒绝全球化;一些人持乐观态度,认为后进的发展中国家的现代化过程就是西方化,经济、政治和文化全球化有利于加速国家、民族的现代化进程。然而也有人提出,全球化是一把双刃剑,你在得到其中好处的时候,也许失去的比得到的多得多。因此,这要求我们有一个更加冷静的应对策略。具

体来说,有以下几方面:

一是国际上的应对。这首先要确立好一个国家、民族在当前全球化情形下不同程度和不同方式的需要。这是一种从民族文化和精神本位立场出发,逐步地吸收、转化全球化的有利因素"为我所用"的应对方式。如当下中国经济上加入 WTO,实现经济领域与国际接轨,在政治上逐步建立、完善现代行政管理制度和法律制度。这种分领域、分阶段的应对方式,过去日本、韩国的现代化建设历程,可以说已经为我们树立了良好的榜样。它们的经验是:在经济、行政管理制度上可以先与国际接轨,而在其他领域保持本民族的文化传统。同时我们也看到,随着日本、韩国经济的起飞,其民族精神在国际交往中也在不断地扩大其影响,出现了所谓的"大韩民族精神"、"大和民族精神"的广泛影响。① 因此,在国际交往和全球化的历程中,培育和弘扬民族精神也会让民族的精神文化不断地影响和扩张到全球其他范围。当然,也有些国家、民族地区(如拉美)在国家现代化、全球化进程中,并没有彰显出产生世界影响的民族精神。也就是说,要让全球化与民族文化精神的交往是双向的,关键是使民族精神文化在回应全球化过程中显示出活力和巨大前景,否则,消极影响就会大于其积极面。

二是国内的应对。国内各阶层对全球化的意义和危害认识是存在很大差异的。作为普通民众,全球化使老百姓首先感受到的是实惠,如商品的平等交换和价格的多项选择,并不关心全球化背后的经济垄断和利益攫取。而一些学者,通过对后殖民主义时期世界经济、政治和文化特点的研究和分析,充分意识到西方资本主义前后期殖民方式的变迁。前殖民时期主要是以军事上的占领和经济上的野蛮攫取为特征,到了后殖民主义时代,资本主义通过文化交流、民主自由价值观念的推销和经济援助等方式展开经济、政治、文化等的观念意识形态上的殖民,其最终目的与前期资本主义的目的在本质上是一样的,都是一种霸权主义,只是表现方式不同而已:前者是包装

① 参见盛邦和:《东亚:走向近代的精神历程》,浙江人民出版社 1995 年版,第 386—392、411—469 页。作者把日本(也涉及韩国)资本主义的成功归结为对传统儒教的改造,进而发展成近代经济伦理精神、重商精神、民主精神、国家观念、改革思想、爱国与国际精神等(第 442—443 页)。

了的、温和的、民主式的，后者是一种军事殖民，充满了征服和血腥。因此，面对西方后殖民时代的全球化，学者们正在估量全球化这把双刃剑将会给中国带来什么样的利益和危害。作为中国民族文化和现代化建设的精英阶层，他们一方面要注意到当下民主的经济政治全球化与过去军事扩张的全球化的霸权本质；另一方面也应该吸收现代史上中国革命的经验，积极利用我们曾经有过的面对国际主义意识形态的经验，让全球化变成中国现代化建设的积极力量——就像当年把共产主义、国际主义作为争取中国现代民族独立的重要资源一样，积极地推动现代化的发展。

与此同时，要将民族精神视为一个动态的生成过程。民族精神不是一下子形成的，通常是在不同的历史境遇中逐步形成的。它基本上可以分为和平时期和危机时期两种不同历史境遇的形成方式。从中华民族精神的形成史来看，在和平时期，一向表现为团结统一、爱好和平和自强不息的精神特质；而在遭受外来民族入侵的危机时期，又表现出勤劳勇敢、不屈不挠的爱国精神。中华民族精神就是在这种和平——危机——再和平——再危机的交替中形成的。然而，自近代以来，中华民族遭遇了前所未有的重大危机，这主要表现为中华民族遭遇到了政治、军事、经济和文化上的全面危机，而在此之前，尽管中华民族也历经许多重大危机，但主要体现在军事方面，作为“文化中国”始终没有中断过，蒙古族和满族入主中原，最终成为文化中国的一个发展阶段。[①] 也就是说，文化中国在过去的几千年变迁中，并没有发生根本性的危机。近现代以来的民族危机，在政治、军事和经济方面经由孙中山、毛泽东等领导的民主革命和民族独立战争，获得了独立，但文化的危机一直没有很好地解决。在经济、文化全球化浪潮席卷下，它呈现为以下几个特点：从过去的以军事为主的对抗性已经演变为经济、科技、文化的竞争；民族性被指认为民族主义；从过去的阶级性衍化为共同致富、公民拥

---

① “文化中国”的含义来源于哲学家冯友兰《中国哲学简史》的解释：“蒙古人和满人征服了中国的时候，他们早已在很大程度上接受了中国文化。他们在政治上统治中国，中国在文化上统治他们。中国人最关切的是中国文化和文明的继续和统一，而蒙古人和满人并未使之明显中断或改变。”（参见冯友兰：《三松堂全集》第6卷，河南人民出版社2001年版，第163页。）

有平等人权;对传统文化的认同已经捉襟见肘;等等。

这一切都表明了我们正处在一个表面上和平而实际上文化冲突巨大的危机之中。文化的冲突不仅是文明间的冲突,还表现为同一文明内部的冲突。在这一内外交困的历史境遇,正改变着当今中国民族精神的弘扬方式和内容。过去毛泽东时代搞过的许多弘扬民族精神和革命传统的教育活动(如通过现代纪念碑、博物馆、革命圣地等教育形式,通过中国共产党人的高尚品质和共产主义理想来模塑整个国民的道德和精神品质,等等),显然已越来越不适应时代发展的需要了。

那么,如何充实和丰富民族精神的弘扬内容和方式? 首先,要意识到现在正处在和平时期,和平时期的民族精神就不能像革命时期的民族精神那样培养。因此,中国传统的和平时期的民族精神弘扬和培育经验和方法是需要总结和借鉴的。以汉唐为例,和平建设的首要任务就是在文化精神上确立文化经典,在制度上施以社会制度所需要的礼仪秩序建设。① 改革开放以来,国家十分重视搞精神文明和物质文明建设,今天提倡政治文明,加强社会制度建设,正是适逢其时。我们已经意识到自己身处全球化国际和平环境中,传统封闭的东方帝国经典、制度已经不适应开放的现代社会管理和生存的需要。与此同时,现代社会的文化经典尚未建立,而我们的社会生活正在融入西方文明和世界文明,全球、世界的观念和利益联系日益增强,因此,还必须有一种世界文明经典,尤其是与西方资本主义以来的商业文明和民主法治制度相关的文明经典的确立,这恰是中国传统文明所欠缺的。如果我们能确立现代文明经典,那么我们就可能拥有一种发展了的、具有世界视野和底蕴的民族精神。因此,民族精神的培育和弘扬必须注意对世界文明经典和制度的学习和借鉴。

其次,还必须清醒地看到,我们所处的和平时期与传统封建社会的和平时期是不同的。过去我们的文化与周边民族文化相比处于居高临下的地

① 汉代初期崇尚“黄老”之学,盛期“罢黜百家,独尊儒术”,确立“五经”;至唐代,孔颖达主持撰定《五经正义》,并以此为科举考试的教科书。

位,并直接从传统圣人中承继,而现在的文化则需要我们重新确认和大胆探索,其目的是如何使中华民族经济、政治和文化发展在全球化的挑战中再次崛起。这既是机遇也是挑战。如果我们能将人类一切优秀的文明予以融合、转化,并创造为人类所共同拥有的新的民族文化,那么,我们就能化解这场文化危机,也为经济、文化全球化贡献新的智慧和方向;否则,全球化就是民族文化发展的灾难。正因为如此,当前所谓和平时期民族精神的培育和弘扬就是要重新发掘和借鉴各民族文化融合、创造力的方式和方法,以便培育本民族文化的融合和创新能力。

再次,要在全球化与民族精神之间寻找到一个冲突——融合之度。这个“度”就是不要让民族精神的培育和弘扬变成一种狭隘的民族主义,如日本的右翼分子;也不要让全球化变成当年国际共产主义的“乌托邦”。因为全球化理论和实践都处在萌芽状态,本身就不健全、不完善。即便是一体化的欧盟也只是在货币、金融等经济领域和防卫领域协调合作,并没有要求每一个民族、国家放弃自己固有的民族文化和精神追求,而融入所谓的欧洲共同体。恰恰相反,像吉尔兹等欧美著名人类学学者,都强调在全球经济、文化一体化中“地方性知识”[①]的重要性。此外,现实中各国的经济、政治、文化都处于不平衡发展状况中,用一种步调一致的跨国经济、政治、文化模式去发展,既不现实也不可能。因此,尽管有一部分鼓吹全球化好处的学者拟出了无国界、无种族文化隔膜、各民族利益共同分享的理想社会,但那只是一种“乌托邦”,至少在21世纪内是不可能实现的。

但经济的全球化毕竟已给各国各民族带来了巨大的利益和好处,人们在巨大的利益驱动下是不会将全球化阻挡在国门之外的。因此,由经济全球化所带来的文化全球化将不以某个集团、民族和国家的意志为转移,每个民族、国家都会受其影响,并在其中各取所需。有些民族在全球化的进程中可能会付出惨重的代价,有的民族会焕发出新的文化、文明创造力。因此,我们强调培育和弘扬民族精神,绝对不是向后看,而是一种预见到不可避免

---

① 吉尔兹:《地方性知识》,中央编译出版社2000年版,第1—19、65—75页。

的全球化进程,将可能会给民族文化带来灾难的警觉。这是一种积极应对的文化自觉,我们必须要有思想上的准备和承担历史责任的勇气。

总之,全球化与民族精神的培育和弘扬正处在一个有矛盾也有化合的过程中,我们就是在这种现实的矛盾和化合中充满张力地生存着。任何绝对的悲观和乐观都是宿命论的,我们通过相应的应对策略,使当下全球化的种种影响转换成民族文化复兴的积极因素,基于此,我们在全球化背景下提出培育和弘扬民族精神,才有现实的创新意义。

(作者:蒋济永,华中科技大学中文系教授;
周艳,华中科技大学教育科学研究院副教授)

交融与独立:全球化趋势下弘扬和培育民族精神的思考

吴中宇

当代世界全球化趋势的发展,已经从经济领域不断向人类的政治、文化诸领域扩散,广泛地影响着人们的生活内容和生活方式,改变着人们的价值观念。在全球化、网络化、文化多元化的背景下,不同价值观念的互相碰撞、交融已不可避免。面对全球化图景中世界文化交融与碰撞的纷繁而复杂的局面,如何使我国自立于世界民族之林,这正是我们研究全球化背景下弘扬和培育中国民族精神的意义之所在。

一、弘扬和培育民族精神的重大意义

民族精神是一个民族、一个社会、一个国家的精神核心。昂扬向上的民族精神是国家和民族生命力、凝聚力、创造力的源泉。弘扬和培育中国民族精神,对我国在21世纪的崛起、对建设有中国特色社会主义现代化将起着决定性作用。

(一)弘扬和培育民族精神是全面建设小康社会的迫切要求

民族精神是人类社会所创造的物质文明和精神文明在意识形态上的体现,它既是一定社会政治和经济的反映,又具有强大的社会价值导向功能,以其巨大影响反作用于一定社会的政治和经济发展。全面建设小康社会,经济是基础是根本,民族精神则是形象、是灵魂。没有强大的经济基础,社会就不能进步,民族精神也就失去了物质支撑。反之,经济发展到一定程度如果没有民族精神的引导,也会失去动力和源泉,社会就会走向没落。民族精神反映了一个民族独特的精神气质,如果一个国家没有自己的民族精神,将带来诸多社会问题和思想混乱,进而滞缓社会全面文明进程。

随着市场取向改革的不断推进,我国的社会经济结构出现经济成分多元化、市场主体多元化、利益关系多元化、就业方式多元化,这些多元化给人们的思想观念、精神需求、工作方式、生活方式带来了很大影响。加入WTO,全球化所带来的不仅仅是财富和资本积累的新的策略和方式,更意味着新的社会分化模式以及新的地方、国家、区域和全球的关系,是各地区、各民族的思想意识、价值观念和行为方式在全球范围内的激烈碰撞。世界进入中国,中国也走向世界,国外商品和文化产品的大量涌入,国内大批人员出国留学、考察、经商,进行政治、经济、文化的全面交流,外企、外商、外资、外教的引入等等,带来多元化的文化思潮。这些综合的因素,使人们的理想观、价值观、道德观和行为方式发生了深刻的变化。一些原有的道德观念和规范受到冲击,导致了一些领域是非、善恶、丑美界限混淆。反映在社会群体中,便是部分社会成员对中华民族的一些传统美德、集体主义、爱国主义和奉献精神有所弱化;拜金主义、享乐主义、极端个人主义滋长蔓延,诚信缺失。这些不仅有损人们的身心健康,而且直接影响了我国社会经济的发展。因而,适应全球化竞争的新形势,大力弘扬和培育符合我国市场经济要求的民族精神,引导广大人民树立正确的理想、信念和正确的人生观、道德观、价值观,在全社会形成以爱国主义为核心的团结统一、爱好和平、勤劳勇敢、自强不息的伟大民族精神的健康文化氛围和文化导向,成为中国特色社会主义建设的艰巨任务。

(二)弘扬和培育民族精神是实现社会主义现代化的客观要求

从一定意义上讲,要实现社会主义现代化的建设目标,首先是要实现人的现代化。促进国民整体素质的提高,是现代化建设的根本。人的现代化涉及人的各个方面,它是人的文化心理素质的现代化,大致包括思维方式、价值尺度、行为方式和情感方式等方面的内容。中国的现代化、市场经济的发展、物质文明的进步,必须要有一种与之相适应的精神文化,一种心理状态给予支撑和支持。没有传统习俗的更新,没有落后的信仰、崇拜、迷信等心理状态的转变,没有现代文明的大发展,就没有我们民族素质的提高。随着知识经济时代的到来,全球化经济、政治、文化交融加剧,我国公民的现代化素质、民族文化精神正日益成为综合国力的决定性因素。通过弘扬和培育民族精神,要构筑我国人民健康向上的精神支柱,使其具备开阔的国际视野和报效国家的坚定理想和信念,树立主人翁的责任感,激发其为振兴中华刻苦学习、自强不息的奋斗意志、建功立业的巨大热情和创造卓越精神,培养既符合当代市场经济发展要求,又具有社会主义思想道德的现代公民。

(三)弘扬和培育民族精神是应对全球化挑战的必然选择

世界科学技术的高度发展和经济全球化,使全球国家之间的地域空间距离大大缩短,政治、经济、思想、文化交流空间大大扩展,意识形态的相互影响大大增加。如商品已经成为一种超越国界的力量,资本的流动也呈现出超越国界的态势,以及信息的传递和共享、大众文化的普及等,都使得人们产生了在国际经济领域中平等交往的客观要求。但是应该看到,世界经济全球化格局的产生绝不是在抛弃国家利益的基础上形成的,而是世界各国对于各民族、国家之间利益的相关性和一致性的共识,它是出于对本民族和国家利益的高度关注。特别是当今发达国家凭借其经济和科技优势,在文化的载体、制作、传播形式和速度方面,形成强大的文化优势,使其文化产品、意识形态和价值观念的输出能力和影响力大大增强,既获取了巨大的经济利益,又对发展中国家的政治、经济、文化带来不同程度的负面影响。因此,现代竞争已不仅仅是经济、科技、国防实力的竞争,更是民族精神的竞争。① 当今世界,文化与经济和政治交融为一体,对内成为社会发展动力和生产力的重要组成部分,对外成为综合国力和国际竞争力的重要组成部分。中国和世界上许多民族国家都共同面临着一个重大问题,即如何在世界经济全球化的过程中寻找到最适合本民族现代化发展的道路。面对经济全球化过程中不同思想文化相互激荡的现实,江泽民曾深刻地指出:"世界多极化、经济全球化的深入发展,引起世界各种思想文化,历史的和现实的,外来的和本土的,进步的和落后的,积极的和颓废的,展开了相互激荡,有吸纳又有排斥,有融合又有斗争,有渗透又有抵御。总体上处于弱势地位的广大发展中国家,不仅在经济发展上面临严峻挑战,在文化发展上也面临严峻挑战。保持和发展本民族文化的优良传统,大力弘扬民族精神,积极吸取世界其他民族的优秀文化成果,实现文化的与时俱进,是关系广大发展中国家前途和命运的重大问题。"②所以,弘扬和培育民族精神是应对全球化挑战的必然选择。

二、准确把握民族精神的基本内涵与特征

民族精神是一个有着丰富历史内涵的与时俱进的概念,是历史性和时代性的有机统一。作为历史的概念,中国民族的民族精神植根于中华民族数千年绵延不绝的优秀文化传统之中。在人民创造历史的过程中,中华民族以勤劳、勇敢、智慧著称于世,形成了刻苦耐劳、矢志不移,雄健刚烈、自强不息,温柔敦厚、择善而从的民族性格,以及以国家、民族、乡里和家庭为重的伦理观念。在此基础之上凝结而成的民族精神,反映了一个民族独特的

① 参见俞可平:《论全球化与国家主权》,《马克思主义与现实》2004年第1期。

② 江泽民:《在中国文联第七次全国代表大会、中国作协第六次全国代表大会上的讲话》,《人民日报》2001年12月19日。

精神气质,其基本核心则是对待民族或国家利益的态度。

在五千多年的发展进程中,中华民族形成了以爱国主义为核心的团结统一、爱好和平、勤劳勇敢、自强不息的伟大民族精神。一部中华民族从远古至今的发展史证明了它的强大生命力。自强精神是一种具有强势张力的进取精神和斗争精神。中国古代哲人通过观测宇宙的变动不居,提出“天行健,君子以自强不息”的思想。自强不息,不仅是指在常境和顺境中的奋斗,更是指在困境和逆境中的奋斗。历代英雄豪杰追寻“生当为人杰,死亦为鬼雄”的壮怀激情,力行“穷且益坚,不坠青云之志”和“穷则独善其身,达则兼济天下”的坚韧精神。自古以来,身处逆境而奋发有为的范例不胜枚举。在革命历程中形成的“坚定信念、艰苦奋斗,实事求是、敢闯新路,依靠群众、勇于胜利”的井冈山精神,为中国革命播撒了燎原火种;形成的“坚忍不拔,自强不息,勇往直前”的长征精神,书写了人类历史上无与伦比的史诗。在当代,“两弹一星”精神、“铁人”精神、80 年代的女排精神、90 年代的女足精神、98 抗洪精神、抗击非典的伟大精神,等等,更是我们民族引为自豪的、以实现崇高理想和振兴中华为依归的民族精神的楷模。这些精神,是中华民族五千年伟大精神的历史延续,是中国共产党人解放思想、实事求是、与时俱进的时代创造。因而,民族精神的历史性、时代性、思想性、创造性决定了一个民族区别于其他民族的民族精神的独立。

历史性是指培育民族精神要立足于中华民族优秀文化,体现新型文化、时代精神及现代化进程。中华民族优秀文化是经过数千年的历史演变,各民族文化的碰撞、冲突、交流、融会形成的,为各民族所认可的主流文化。国家统一、民族团结、共同发展的思想观念是中华民族精神的重要特征,曾对中华民族的凝聚产生巨大影响,是维系中华民族生生不息、绵延不绝的纽带,是民族精神和情感的重要载体。民族精神是在一定历史发展进程中孕育、形成和演进的,与一定文化传统的发生、发展息息相关,是一定民族文化传统的精神支柱和守护神。人类的存在和发展直接地是以一定的民族为群体性单位的,民族精神既是一定民族的生产、生活方式观念的表达,也是其思维方式、价值观念和评价方式等的集中体现,具有鲜明的地域性、种族性、民族性特色，是民族内在凝聚的思想基础，也是一定民族与其他民族相区别的东西。所以，随着人类历史的发展和时代的需要，民族精神仍将在全球化舞台上存在、生长。

创造性是指培育民族精神要在继承和弘扬传统优秀文化的基础上，与时俱进，不断开拓创新。创造力是民族文化生命力乃至民族生命力的基础，文化上的保守导致人精神上的愚昧和创造力的弱化。在经济全球化时代，大力培养人的开放性、竞争性的心态，把适应社会主义市场经济的当代民族精神推向一个新的高度。在新世纪适应全球化潮流、建设社会主义现代化、振兴中华的大业中，弘扬中华文化的优秀传统并赋予其新的时代精神，是培养人们树立民族自信心和爱国主义民族精神的基础。

时代性是指弘扬和培育民族精神必须适应时代发展的要求，符合时代特点和潮流。空洞的说教和不切合实际的宣传，不仅毫无意义，还可能使人们产生逆反心理。改革开放形成的经济社会结构多元化，使不同层面的利益群体形成不同的文化品位和文化心态，民族精神的弘扬和培育必须与时俱进，能够满足不同层次人们的不同精神需求，并帮助人们养成与现代经济、文化、社会发展要求相适应的道德行为准则。

思想性是指民族精神应成为人们的精神支柱。在当今文化传统与现代交织、落后与先进交织、城市与乡村交织，国内历史遗留的封建腐朽思想沉渣泛起、国外形形色色的思想文化不断渗透的情况下，帮助人们牢固树立正确的世界观、人生观、价值观，牢固树立为中华民族伟大复兴奋斗的理想和坚定不移地走建设有中国特色社会主义道路的信念，引导人们增强自觉承担社会义务、履行社会责任的意识，引导人们崇尚科学、反对迷信、崇尚先进、反对落后、倡导健康文明的生活方式、诚信道德的行为方式，是民族精神的重大使命。

从民族精神的基本内涵分析，可以这样认为，中华民族精神，应该既是民族的，也是面向世界的。民族精神的特征表现在，中华民族精神渊源于中华民族五千年的文明史，民族精神是一个民族赖以生存和发展的精神支撑，是衡量综合国力的重要尺度，爱国主义是中华民族精神的核心，中华民族精神在中国特色社会主义建设实践中不断丰富和发展。① 我们要以世界眼光不断丰富和发展中华民族精神的内涵,培养人们既能够继承和发扬中华民族的优秀文化精神传统,又拥有面向世界的胸怀,能够正确吸收人类一切先进优秀文明成果;培养人们热爱祖国、时刻维护国家统一和民族尊严、国家利益高于一切、将个人荣辱得失与国家的盛衰强弱紧密连接在一起的强烈的爱国意识;培养人们充分认识竞争发展是当代世界发展的主题,自觉努力不断学习,掌握当代新知识和新技术,不断破除一切思想观念障碍,以创新卓越的精神,在各个领域进行持续不断的创新,敢于竞争的强烈的创新意识;培养人们充分认识建设强盛祖国的紧迫性,认识自己对国家和社会所承担的责任,肩负起振兴国家的历史使命感和社会责任感。

三、民族精神的弘扬和培育应着重抓好五个方面

五十多年前,毛泽东预言中国必将以平等的地位屹立于世界民族之林,如今它已成为现实。中国申奥成功,中国成功入世,中国首次成功举办APEC会议,中国足球冲击世界杯胜利出线。中国在国际事务中发挥着日益重要的作用。我们不仅要阐释民族精神的历史、内涵和功能,着眼于民族精神的继承和弘扬,而且应当着眼于民族精神的未来,着眼于民族精神的培育和建设。

(一)弘扬和培育民族精神,必须以世界眼光和科学的发展观认识世界和中国

所谓世界眼光和科学的发展观是一种历史的、开放的、全球性的文化视

① 参见欧阳康、吴兰丽:《“民族精神”的概念界说与研究思路》,《华中科技大学学报》(社会科学版)2004 年第 2 期。

野,是一种着眼于历史、现实和未来的三维时空观察、认识、判断事物和处理事物的文化思维。一方面要以宽广的心胸气度积极汲取外来文化的精华,学习借鉴外国的先进科学技术和管理经验;另一方面,要坚持以我为主,为我所用的原则,保持中国文化的民族特色和自主发展。

首先,世界多极化、经济全球化的曲折发展,引起世界各种思想文化的相互激荡和相互影响,有吸纳又有排斥,有融合又有斗争,有渗透又有抵御。各国文化发展既互相较量、冲突,又互相沟通、融会,在交汇融通中吸收外国文化精华,由此推动人类文明的不断发展。世界是丰富多彩的,各国文明的多样性是人类社会的基本特征,也是人类文明进步的动力。中国要在各方面主动参与和积极进行国际交流,特别是文化交流,不仅要在文化交流中借鉴国外先进文化,而且要在文化交流中发展和维护自己的文化,保持自身的民族特性和文化价值。

其次,在当代中国,在社会主义市场经济条件下,弘扬面向现代化、面向世界、面向未来的、科学的大众的民族精神。在全球化背景下,必须坚持马列主义、毛泽东思想、邓小平理论和"三个代表"重要思想的指导地位,这是一个不容动摇的根本性原则。坚持马列主义、毛泽东思想、邓小平理论和"三个代表"重要思想为指导,就是要坚持实事求是、解放思想、开拓创新,紧紧把握与时俱进这一核心,根据变化了的时代特征,制定和实施体现先进生产力发展要求和社会进步的文化发展方针政策,推动中国特色社会主义文化的发展繁荣,弘扬主旋律,实现多样化,抵制和消除各种落后的、腐朽的、庸俗的、颓废的文化影响,满足人们日益增长的精神生活需求。坚持以人为本,教育和引导人们树立中国特色社会主义的理想信念,树立正确的世界观、人生观、价值观,培养高尚的思想品质和良好的道德情操。

(二)弘扬和培育民族精神,必须把以爱国主义为核心的民族精神放在首位

爱国主义是各个民族或国家在走向现代化的过程中最基本的本土资源和最核心的内在动力,它是实现现代性和传统、全球化和本土化辩证统一的

思想基础。在人类历史发展的过程中,爱国主义在实质上表现为个人与国家或民族间的一种价值关系,表现为一定民族在对待个人利益同国家或民族整体利益之间关系上所持的根本观念和态度。爱国主义作为一个历史范畴,在不同的历史阶段具有不同的内涵,只有到了社会主义社会,它才获得了全新的性质,成为一种新型的爱国主义。爱国主义作为处理个人同国家或民族利益关系的价值准则,它所提出的价值导向是确定的,这就是把国家或民族利益摆在首要地位,并认定个人的价值只能在为国家或民族利益而奋斗奉献的过程之中才能实现,只有在这一过程中人们才能获得关于个人素质、个人能力、个人品格、个人发展完善标准等诸多涉及人的内在需求问题的合理答案和实现途径,而这一个过程也就是一个民族或国家的优良文化传统、民族精神得以形成和培育的历史过程。

爱国主义是民族精神的核心和民族文化的本质体现,每一个当代人在具有全球意识的同时,也必须保持自己的民族意识。以史为鉴,引导人们学习历史、了解历史、了解传统、了解中华民族历经的深重灾难和进行的英勇不屈的艰苦斗争,从而树立民族自尊心、自信心和自豪感、责任感。在保持和弘扬以爱国主义为核心的民族文化的基础上,必须克服狭隘的民族主义文化心态,必须以开放的心态面对全球化形势下的文化交融,把中华民族传统文化中的优良文化精神与世界各国文化中的先进文明成果有机结合起来,创造面向世界、面向未来的开放性的现代新型文化。[①] 唯有如此,中华民族才真正具有生命力,具有旺盛的创造力,才能立足世界。

(三)弘扬和培育民族精神,必须贯彻到社会生活的各个方面

通常来说,民族精神就是一个民族的文化精神,它体现在人们生活的方方面面。人们生活行为方式是一定道德文化和价值倾向的表现,弘扬和培育民族精神有利于创建先进道德文化。先进道德文化是民族精神的重要组成部分,是实现社会主义现代化所需要的精神动力的基础。大力推进社会

① 参见刘文兰、刘福明:《与时俱进地开展爱国主义教育》,《光明日报》2004年8月31日。

主义道德文化建设,建立社会主义思想道德体系,创建全社会成员共同遵循的价值取向和行为准则,是一项重要的任务。改革开放和社会主义市场经济体制的确立,不仅引起经济社会结构和社会生产方式、运行机制发生重大变化,同时也引起社会各阶层人们的生活方式、价值观念、是非标准、道德评判、精神状态、价值取向和行为规范的巨大转变。人们思想活动、思想观念的多样化,市场经济活动存在的弱点及其带来的消极影响,国内外腐朽思想文化的泛起、滋生和渗入,给人们的精神生活领域带来了一些新的问题,对社会文化领域中社会主义文化的主导地位提出挑战,在一定程度阻碍着社会经济的健康发展。要解决这些问题,我们就必须建设社会主义精神文明,弘扬和培育强大的民族精神,培育与社会主义市场经济相适应的道德观念。要深入研究社会主义市场经济对道德建设提出的新要求、个人应承担的社会责任与社会尊重个人权益的统一协调关系、法制建设与道德建设的相互作用关系,把依法治国与以德治国有机结合起来,把发扬传统美德与促进公平竞争有机结合起来,把个人自律与社会监督有机结合起来,综合运用多种形式的宣传教育、法律法规的规范约束、行政制度的管理要求、社会舆论的监督引导等方式,加强人们的爱国主义、集体主义、社会公德、职业道德、家庭美德等方面的思想意识培育,引导人们正确处理个人与社会、竞争与协作、个人致富与共同富裕的关系,营造诚信、互助、扬善、去恶、自强不息、奋发向上的社会氛围,从而获得更加丰厚和宝贵的精神资源,形成推进中国特色社会主义建设的强大精神动力。

(四)弘扬和培育民族精神,必须具有强烈的竞争意识,发展民族文化事业和文化产业,增强中国文化竞争力。

文化是孕育精神的摇篮。在全球化趋势下,文化经济所形成的文化综合竞争力在当今综合国力竞争中的地位和作用越来越突出。发达国家凭借着自己的经济、科技、信息、财力优势,推动着世界文化潮流的发展,并以其价值观和思想意识在精神层面上构成了对发展中国家文化存在和发展的巨大现实威胁、政治和意识形态上的严峻挑战。因此,迎接全球化浪潮对我国民族文化发展的冲击,必须大力加强我国文化事业和文化产业的建设。弘扬和培育民族精神,具体地说,应牢牢把握各类文化阵地和新闻媒体、影视传播等主流意识形态传播载体,要重视适应社会主义市场经济发展的要求和全球化趋势特点,博采世界文化之长,大力发展健康的、积极向上的、为广大群众喜闻乐见的文化产品;制定扶持文化事业和产业发展的优惠政策,加快公益文化事业和文化产业的发展,促进文化产业与教育、科技、体育、旅游、信息等行业联动发展,努力拓展文化市场;深化文化体制改革,推动文化创新,增强文化发展活力;健全文化市场法规体系,加强政府对文化市场的引导、规范、调控和监管,坚决打击和取缔"黄、赌、毒"与迷信、邪教文化产品及西方文化垃圾,建立生产和传播健康精神文化产品、竞争有序的市场环境;完善国内文化市场和文化产业的准入政策及法规,保护我国文化安全;积极扩大对外文化交流,吸纳一切先进文明成果,发展我们的现代新型文化及产业;突出民族优秀文化特色,抓好历史文化资源的开发和利用,以现代科技及传播手段,打造中华文化的国际形象;把文化资源开发和经济发展紧密结合起来,增加经济活动中的文化内涵,开发经济文化力。要充分利用我国丰富的文化资源,以文化经济项目为载体,推进人文资源优势向经济优势的转变,促进文化和经济的良性互动,并大力开拓国际文化市场,增加中国文化竞争力,为全面建设小康社会服务。①

(五)弘扬和培育民族精神,必须相信群众,依靠群众,不断创新

创新精神是改革开放时代的必然需要。改革就是创新,改革需要创新,这是必然的。在当今经济全球化迅速发展,知识经济与信息时代联袂而来的背景之下,进一步激励创新精神更有特别重要的意义。经过二十多年的艰苦努力,中国已经在经济和科学技术的发展等方面明显缩小了与发达国家的差距。但是,中国还是一个发展中国家,要在更多的方面迅速接近世界

---

① 参见刘云山:《高扬先进文化的旗帜　推动中国社会主义文化的发展繁荣》,《人民日报》2002年12月11日。

的前沿，并继续促进国民经济的稳定高速发展，需要增强创新能力。创新是一个民族进步的灵魂，同时也是一个国家、一个地方经济和社会发展的不竭动力，必须相信群众、依靠群众，充分尊重群众的首创精神，广泛动员群众支持改革，投身改革，推动改革，才能使中国民族精神发扬光大。我们党八十多年的一切奋斗，无论是战争年代浴血奋战推翻“三座大山”，无论是建立社会主义制度、开展大规模的社会主义建设，还是进行社会主义改革开放和现代化建设，归根结底都是为了实现好、维护好、发展好最广大人民的根本利益。社会主义建设过程中只有坚持群众路线，才能保持党与人民群众的血肉联系；才能集思广益，制定正确的路线方针和政策；才能保证路线方针政策的贯彻和执行；才能发挥广大群众的积极性和创造性。

民族精神作为社会和各行各业中起支配作用的精神理念，要通过全体社会成员的自觉实践才能逐步形成并不断升华。只有广大群众对民族精神概念、理念在心理上认同，在实践上身体力行，才能使民族精神对广大社会成员真正发挥影响和作用，而不是停留在口号上。因此，弘扬和培育民族精神，建设社会主义精神文明，必须相信群众，依靠群众，必须和各级党、团组织建设、廉政建设、政府职能转变、社会信用体系、企业经营管理创新、加强干部队伍建设有机结合起来，使以爱国主义为核心的团结统一、爱好和平、勤劳勇敢、自强不息的伟大民族精神理念融入各行各业各部门单位的日常工作和经营管理活动之中，逐步转化为中国各民族人民的自觉行动，为社会主义现代化建设作出贡献。

（作者：华中科技大学社会学系教授）

全球化语境下中国现代民族精神的建构

董　慧　夏增民

一、问题的提出:全球化语境下的民族精神

人类已进入21世纪,以现代性扩张为其本质的全球化(Globalization)已成为不争的事实:资本不断扩张,全球范围内的生产力社会化达到空前的高度,资本主义生产方式发展到一个新的阶段;资源在全球得到优化配置,并且推动着技术进步、制度创新,开辟了信息和网络经济的新时代,极大地促进了世界贸易世界经济的发展;各国通过全球化的交往,加强了彼此的交流和合作,为解决危及人类生存与发展的全球性问题提供了可能的途径;不同民族和不同国家作为不同的文化主体,正在全球化的背景下,为建构个性与共性统一的文化和价值体系做着自己的努力;人类交往活动在时间和空间维度不断延伸和拓展,由以血缘和种族关系为基础的封闭地域向开放和社会化的世界转变,进入“世界历史”的新时期。全球化不再是模糊的推理,而是人们可以感受到的活生生的事实。

全球化作为一种以经济为先导、以价值观为核心、以政治为辅成、以广义文化为主体的社会合理化与一体化浪潮①,是一把双刃剑。一方面带来

① 参见王四达:《全球化:一个逻辑与历史的进程》,《中山大学学报》(社科版)2000年第3期。

市场经济、科技革命的迅猛发展，人们生活、生产、思维方式和价值观念的极大改变，使整个世界更加紧密地联系在一起，形成“地球村”；另一方面也带来许多困惑和危机，异化与冲突日益凸显。张立文曾概括出全球化背景下的“五大冲突”和“五大危机”，即人与自然、人与社会、人与人、人的心灵、各文明的冲突以及生态危机、社会危机、道德危机、精神危机和价值危机。① 全球化背景下的冲突与危机，虽冲击着社会生活的各个方面，但其对人类精神领域的冲击最为明显与强烈，因此文化领域的价值观与精神理念的冲突与危机可是看做是其最高层次与核心。“从文化上看，人类在长期的历史发展中形成的不同的种族、传统、习俗、宗教、语言、哲学和价值观念也是制衡文化全球化的一种巨大的力量。亨廷顿认为，冷战以后，资本主义与共产主义在意识形态上的对立已经让位给区域化的、八大文明之间的冲突。这八大文明是：中华文明、日本文明、印度文明、伊斯兰文明、西方文明、东正教文明、拉美文明和非洲文明。他甚至这样写道：‘我们只有在了解我们不是谁、并常常只有在了解我们反对谁时，才了解我们是谁。’要言之，在当今世界上，政治、经济和文化上的区域化与全球化一样，也是一个不争的事实，这就告诉我们，在当前的生活世界中，全球化和区域化形成了一对矛盾：一方面，它们相互依赖、相互渗透；另一方面，它们又相互对立、相互制衡。在观念上，我们既不能撇开全球化来思考区域化，也不能撇开区域化来思考全球化；在行为方式上，我们既不能脱离区域化的现实去捕捉全球化的幻影，也不能脱离全球化的背景去营造区域化的堡垒。”②全球化这一事实，无论赞同与否，我们都必须正视它。全球化作为政治、经济、文化的转换和重建，将形成一种全新的价值依托和全新的文化经验。

全球化的不可阻挡，要求我们从全球化的视域、世界史的角度来考量一切文化价值。全球化下的文化策略，不是分裂和对抗的，而应该是对话和融合的。每个地域、民族的文化都应该保持一种开放的态度，在保持其文化个

---

① 参见张立文：《和合学概论》（上下册），首都师范大学出版社1996年版。

② 俞吾金：《向生活世界的辩证法复归》，《探索与争鸣》2000年第11期。

性的同时积极地参与全球化的文化重构;都应该为新型的全球伦理和普世价值作出积极的努力。

中国文明历几千年,几遭外族入侵和外来文化挑战而不坠,其原因就在于中国文化的包容性和开放性,它能吸收不同质的文化而为己用,丰富和扩大自己的文化内涵。中国历史上的春秋时期,中国境内各地域、各民族的文化互相交融,产生了“百家争鸣”的文化局面,创造了中国文化上的“轴心时代”,同时也奠定了中国文化对待异质文化的基本态度。因此,从 3 世纪到 7 世纪,中国文化才能面对佛学这一异域文化挑战,一变而形成了中国佛学,进而在 10 世纪后诞生“理学”这一新型的儒学形态。从中国历史的经验看,中国文化的演进,始终没有脱离开文化的交融。一个文化,只有经历不断的磨砺和融合,才能有生命力。

民族精神是民族文化的核心和灵魂,也是一个民族赖以生存和发展的精神支撑。民族个性的彰显就在于拥有自己独特的传统文化,一个国家、一个民族,如果没有民族精神作为精神支柱,就等于没有灵魂,就会失去凝聚力和生命力。在全球化的语境下建构中国现代民族精神,需要文明间的文化吸引与文化交流。在当今时代,这一文化的交流无疑是全球范围内的,它是以平等的姿态与最强势的文明对话,从而再创一个新型的中国文化。中国现代民族精神的建构应该加强与西方的对话与交流,尤其应该在全球化背景下解决好“中国化”与“现代化”相结合的问题,即中国民族自身的民族精神与人类文明的关系、与其他民族文化的关系,借鉴吸收西方民族文化的精华,使其他民族文化精神中国化;并且反思中国文化精神,解决好民族精神与时代精神的关系,使中国传统文化精神现代化。

二、传统民族精神与现代社会的冲突

民族精神是一个民族文化的核心价值之一,在很大程度上表现了这个民族文化的全貌。中国传统民族精神存在着很多优点,如民族团结、崇尚和平、自强不息等。但是,随着人类社会向现代社会转型,传统民族精神甚至民族文化与现代化进程开始出现大的隔阂。

首先,中国传统民族精神的集体主义主张对个体的压抑。集体主义主张是中国传统文化的重要价值观。它在维护族群团结与国家统一方面起着很大的历史作用。

集体主义的价值取向是中国精英文化的主题之一,比如儒学。儒学对中国政治结构影响至深,其所推崇的家族观念,以及"移孝作忠"而形成的家国一体观,使得中国文化重视家族、民族和国家的整体性,所以,在中国的传统中,对统一性和整体意识的诉求是非常突出的。中国政治文化的另一起源——法家思想也是如此。以《商君书》为例,《商君书》中"尚公"的思想,在政治思想上表现出一种整体主义。其将民众个体所属的社会组织作为一个完全的整体,并将这个整体赋予共同的立场和利益,加强民众对整体的归属和依赖,使他们戮力同心维护整体的利益。但同时,它在强调整体益的基础上,崇贵重君,以君主为该整体的利益代表,视民众为政治统治工具;民众没有个体的权利和自由,必须服从于统一的意志,服从所属集体的整体利益要求。因为这个整体社会组织的意志代表是高高在上的君主,所以君主自上而下地专权不可避免,自上而下地组织政权同样也不可避免,中国古代政治制度由此而创设,其行政集权、君主专制的色彩自然难以消除。因此,《商君书》中的"公",并非天下之"公",实为逞君主一家之私利,而害天下之公益。但是,需要明确指出的是,对集体主义的过分强调,忽视了个体的权利及对个体的尊重。现代社会与传统社会最大的不同,就是社会不再是自上而下组织,而是自下而上的组织,以社区、族群的自治为核心,充分尊重个体的主张和权利。

其次,正是因为中国传统中对家族和民族的尊崇,就形成了一种民族/国家至上的心态。自汉族前身华夏族诞生,由于文化上的强势,即对周边民族就形成一种优越感。"先王之制,邦内甸服,邦外侯服,侯卫宾服,蛮夷要服,戎狄荒服",(《国语·周语上》)以王畿为中心,人为造成一个不同级别的对待等级，这是一个以自我为中心并要求严格区分界限的天下观。虽然这种区分不是以种族而是以文化着眼，但是，这种民族优越的心态对后世人们审视世界产生了极大的不良影响。

基于集体主义的主张，传统中国强调民族/国家本位，本民族/国家的利益至上以及本民族/国家的优越感的观念十分强烈。从“华夷之辨”到清代以“天朝中国”自居，无不反映了这个观念。这种思想观念极易产生狭隘的民族主义，不利于以开放的全球的视野认知世界。

再次，过分对人的关怀削弱了对环境的关注。中国哲学是人的哲学，其关注点是人，是人如何自处、人如何与他人处的学问。儒学所提倡的“仁、义、礼、智、信”，立意点就是人与人的道德情感、协作关系和约束机制；法家所主张的“法、术、势”，着眼点虽不同于儒学，但其探讨的是如何“治人”，同样是人与人之间的关系。当然，中国先哲也讲“自然”，如老子、庄子，但这里的“自然”，只是一种“自然”的状态，一种寄情怡性的环境，其关注点同样是人。中国先哲同样也讲“物我”关系，如孟子，其言“仁民而爱物”，但是，孟子的“爱物”思想，是基于“物我一体”的思路，强调物与我的并存和并立，使之更好地为人所用，更好地维持人民的生计，如此，若君主能更好地制民之产，即可达到行“王道”，施“仁政”的目的。因此，今人所论其中之环保意识或环保主义，多为附会之谈。在孟子的时代，不存在环保问题，孟子也不可能超前地产生环保意识。他提倡“爱物”、“养物”，是为“人”，进而为政治现实服务的，仍不脱人类中心意识。当然，不能否认的是，孟子的“养物”、“爱物”思想确实与现在的环保主义的某些主张暗合，但这些思想不是从孟子那里推导出来的，而是从西方舶来的。从这个角度上看，所谓发掘孟子“爱物”思想的现代意义，其实是以西方现代的环保思想去印证孟子的思想，属于以今证古，其思想价值不大。① 所以，中国传统核心价值观是人优于自然。这与现代社会强调人是自然的产物，人与自然协调发展相悖。

---

① 夏增民：《仁民而爱物：孟子对“物我关系”的探讨》，《华中科技大学学报》（社会科学版）2004年第3期。

正是由于中国传统文化与现代化的隔阂，要求我们在全球化的语境下，以自己的优良传统示人，而改变自己的弊病。这需要我们以辩证的眼光来对待西方文明，并进而汲取其有利于构建新型文化的因素。

三、西方文化对中国现代民族精神建构的启示

文化与民族精神的培育、建构与弘扬密不可分。一个民族的存在、发展，除了靠物质方面提供的保障外，还需要靠在此基础上孕育出来的精神方面的维系和充实。民族精神是随着文化的发展而来的，它是民族精神的灵魂与核心，也是其深层次的内涵与特质的集中体现。西方文化主要是以科学精神和宗教精神为两大支柱，东方文化则以儒家和道家为支柱。中西方文化虽然有很大的差异，但也存在着许多共同点，这使得两种文化之间的融通与对话成为可能。而在全球化语境这个特殊背景下，建构中国现代民族精神尤其应该从一个新的角度审视自己的文化，即把西方文化当做一面镜子，在比较与对话中审视和反思自己。

首先，自然生存条件。人与自然的关系，是人类生存在世界上必须首先解决的基础性问题。科学技术的日新月异带给我们经济的持续增长、社会财富日益丰富的同时，也出现了一些诸如环境、生态危机方面的问题，威胁着人类的生存和发展。人类也日益认识到，解决环境污染、生态危机问题，不能仅仅依靠物质技术手段，还必须使人类的意识提升到自觉层面。从价值观上正视自然，在人类与自然界之间建立起新的伦理情谊关系，这样人类才会热爱、尊重和敬畏自然，从而为危及地球自身以及人类生存的环境问题和生态问题提供可能的解决途径。西方传统的主客二分和强调主体性的哲学在现代已被超越，在人与自然关系、生态问题上颇具影响的诸如敬畏生命的伦理学、大地伦理、森林伦理等绿色哲学、绿色伦理，还有后期的海德格尔哲学（当然比生态哲学要深刻得多），都认为人并不是世界的中心和万物存

在的目的,人类仅仅是世界的成员之一。建设性的后现代主义认为人是宇宙中的存在者,人应该以感恩之心对待宇宙,包括宇宙中的其他生命,生态体系就是人和其他生命共同的家园。正如人对人的奴隶制必须废除一样,人对物的奴隶制也必须废除。由此我们可以看到,人与万物之间的关系不是占有、征服、改造与利用的关系,而是不同世界成员的关系,他们之间应该相互尊重、相互平等。因此人不仅要关心人,还要关心动物和植物,关心所有生命,关心生态整体,把尊重自然看做一种责任,使我们的功利性生存转化为诗意的栖居。这种思想应被借鉴到中国现代民族精神的建构中。自然生存环境和条件对民族的性格、社会心理及整个民族文化精神起着决定作用。一个民族的民族精神固然表现其民族的精神状态,也现实化到生活方式、思维方式和情感方式中,但民族精神中不能不包含对自然的理解和态度。人是自然的一部分,人在其文化进程中既受自然的束缚,又能超越束缚。人类利益只是整个生态系统的一个小部分,因此人类应该主张人与自然合一(不是中国传统哲学最初的天人合一,而是更高级意义上的合一),在改造和顺应、尊重和保护自然中保持张力与平衡,从内心升华出热爱、认同、尊重自然的精神。

其次,法律道德体系。西方法律制度的形成与宗教有着密不可分的联系,作为西方人信仰的基督教,对西方法律传统的形成、演化及其实在法的制定有着巨大的影响。在一定程度上可以说,没有基督教就没有西方法律制度。它的影响不仅在表层意义上,比如有些仪式来自宗教,更是在内在精神上,法律面前人人平等与上帝面前人人平等有着内在的历史关联和思想关联。这也是西方法律制度的文化基础。美国现代法学家庞德指出:“宗教观念在美国法律的形成时期常常起着决定性的作用,如果不考虑清教,我们就难以得到美国法制史的完整图画,也就无法理解上个世纪的美国法律。”①宗教和法律都是社会价值观的表现形态,都对人的行为起到规范和制约作用,所不同的是,前者控制人的内心,后者制约人的行为。西方法律

① 庞德:《法律史解释》,华夏出版社1989年版,第23页。

制定中所倡导的“人性升华”、“良心自由”的原则,体现了对个人主义、个体的尊重和重视,并且能使外在的法律规则内化为人们的内心自觉。宗教和道德作为调整社会关系行为规范,是相互影响、相互制约的,宗教在一定程度上支撑着西方的道德。西方的道德核心是个人主义,西方的法律核心也是个体本位,法律、道德和宗教协调一致发展,构成了一个相对系统和稳定的体系,与资本主义经济的发展大体是一致的。这一事实对我们现代民族精神的建构有一定的启发意义:必须正确处理法律、道德与民族精神之间的协调关系。这三者在价值取向上是一致的,民族精神是最终目的,法律是手段,道德是核心,它们指向共同的价值目标,因此必须在这三者间保持平衡。民族精神作为一个民族的内在灵魂,它的建构固然离不开每个社会个体对它的认同和接受与个体的文化创造活动,但同时也需要法律为之提供必要的保障,需要人们的道德自觉为之提供一定的支撑,法律与道德应该在现代民族精神的建构中各司其职,两者既要相互分离,又要相互作用。民族精神激发道德力量,推动道德建设,道德力量支撑民族精神,既要把民族精神外化为人们的道德规范和道德实践,道德原则规范内化为人们道德自觉,又要充分发挥法律法规的约束和规范作用,使每一个社会个体都承担一定的法律义务和道德责任。社会主体必须具备高度的自我意识和自觉的参与意识,在文化和道德实践中把握民族精神的真正内涵。

第三,主导价值取向。价值观念作为社会意识是由社会存在决定的,它根植于不同的经济、文化、政治等社会基础,同时又是一个民族文化的核心精神的体现。中西两个不同地域缔造了两种不同的文明,也衍生了两种不同的价值观念。当前全球化浪潮对各国传统价值观念产生了强烈的影响和冲击,价值取向呈现多元化与多样化的趋势。建立在古希腊理性主义基础上的西方文化中的价值取向重个体、重物质价值,由此形成个体本位崇尚个人主义的价值观,以社会个体利益作为价值评判的标准和依据。从古希腊普罗泰戈拉的“人是万物的尺度”、苏格拉底的“认识你自己”,到亚里士多德的“理性”认识论、但丁的“人性即理性”,都表明了西方价值观中重个体和个体理性的特征。价值观的呈现与价值取向的维度对我国现代民族精神的建构具有一定的启发意义。任何民族的文化都要倡导某种价值体系,这种价值体系将对这个民族发展起到非常重要的精神导向作用。不同民族有不同的价值体系和与之相对应的价值体系的建构方式,一个民族的睿智和发展潜力就体现在建构价值体系的方式中。一个民族的价值应该是体系性的组合,而不是处在绝对的两个极端,如认为中国的集体主义就应该只讲社会国家的整体利益而西方的个体主义就应该只强调一切从个体出发。西方的个体主义价值并不是一味强调个体,否定社会和整体的利益,他们也强调公众利益、社团利益和集体利益;中国的集体主义价值观也并非只强调社会集体利益,同时也应该强调个人利益和需要的满足。正是由于人们普遍认为价值体系非此即彼的表征形式,使得中国传统价值观念注重集体、社会的整体利益,而忽视人的个性张扬、自由创造能力的发挥。如果我们以体系性的组合来看待民族价值,从不同的价值组合中我们就可以看到中西方的价值差异以及由此折射出的民族及民族精神的差异,从而能够在差异中正视自己的问题之所在。中国的民族精神中没有自由的因素或少有自由的因素,往往抑制或扼杀了人的创新精神,漠视人的主体性,当下的中国缺乏的也正是对个性自由的重视。自由是理性的内在原则,也是自我责任的承担。因此要关注人的自主性、独立性及选择性,倡导在民族价值体系组合中群体价值共识基础上的个体价值的张扬,尊重人的个性及追求,从而使个性摆脱内在及外在的束缚与压制,个人的智慧与能力得到充分展现,个体自由意识得到普遍认同。

(作者:董慧,华中科技大学马克思主义学院讲师;
夏增民,华中科技大学人文学院历史研究所讲师)

经济全球化对中华民族精神的挑战及对策

金荣学　宋德勇

许多人在密切关注和热烈讨论全球化问题。不同的人从不同的角度观察、描述和评价全球化进程，对于“全球化”有着各种不同的理解和提法。经济领域的全球化是一个具体而现实的进程，对人类社会产生着根本性的影响，绝大多数人对此已达成共识。经济全球化对中华民族精神提出重大挑战，如何应对经济全球化的挑战是一个需要关注的重要课题。

一、经济全球化已成为不可阻挡的历史潮流

经济全球化理论源于20世纪五六十年代的西方，对它有多种不同的解释，其中较为权威的是国际货币基金组织下的定义：“全球化是跨国商品与服务交易及国际资本流动规模和形式的增加，以及技术的广泛迅速传播使世界各国经济的相互依赖性增强。”经济全球化强调世界的整合，其特征是开放、合作、渗透性。① 第二次世界大战后，随着经济交流的扩大，现代科技

① 参见徐文付：《从经济全球化的视角解读现代民族主义浪潮》，《理论探讨》1999年第4期。

特别是网络等信息传媒的迅猛发展,经济全球化出现了增速趋势。

经济全球化是世界经济深入发展的一个新阶段。在经济全球化阶段,世界经济的发展出现了新的特征:以企业内部分工国际化为标志的跨国公司蓬勃发展,各国的经济对外依赖达到了空前的深度,国际资本流动达到了空前规模,经济的国际协调机制进一步加强,国际贸易从内容到运作形式都发生了深刻变化。经济全球化的发展与冷战后世界发生的一系列重大历史性变化密切相关:东欧剧变和苏联解体后,这些国家向市场经济转轨,积极参与国际分工;广大发展中国家新的经济振兴,要求日益广泛的国际合作;一些国际经济协调机构的建立,加强了贸易自由化趋势;环境污染、生态失衡、资源浪费、人口膨胀等全球共同性问题日益突出,制约着世界的可持续发展,而这些问题的解决离不开全球合作。但从根本上来说,推动经济全球化的动力是科学技术的进步和生产力水平的提高,特别是信息技术的发展和互联网的建成,为经济全球化开辟了更加广阔的前景。在科学技术进步和生产力水平提高的基础上,商品生产和市场经济以其固有规律,广泛跨越国界,向全球扩散。这表明,经济全球化是不以人们意志为转移的,它是一种不可逆转的世界潮流。它对世界各种类型的国家都产生了深刻而久远的影响。中国作为一个发展中大国,经济全球化给它带来的影响,包括民族精神方面的影响,也是十分巨大和明显的。

当今世界,民族众多,民族精神千姿百态,但势不可当的全球化和科学技术的空前发展,正在整合、改造、重塑社会的生产、经营、流通、消费方式。伴随着经济发生的变化,民族精神也在发生着深刻的变化,新的形形色色的文化内容和形式、思想观念以不可阻挡的气势,迫使旧的形形色色的文化内容和形式、思想观念像潮水般退去。现代文明的最大特点就是世界的整体性,自从资本主义诞生以来,大工业生产的发展,各种生产工具和交通工具的迅速改进,国际市场的开拓,使世界各民族的空间距离越来越短,经济上联系越来越密切,工业化国家都不得不服从国际大分工,参与到世界经济大循环之中,世界性的交往已成为当今任何试图发展和强盛的民族生存的一个重要条件。

在这种形势下，如何看待中华民族精神，成为一个十分重大的理论问题和现实问题。应该看到，经济的全球化不过是对现代社会发展的一种现象的描述，或者说，是当今全球社会现代化过程的一种表现。历史表明，现代化的过程本身就包括传统和现代、全球化和本土化或民族化的深刻矛盾。如何使这两者形成一种良性互动的张力，始终是各民族和国家所面临的重大问题，因此必须把上述问题摆在这样一个大背景中来求解。为此，弄清全球化、民族精神以及如何弘扬中华民族精神，就显得尤为重要。

二、经济全球化对民族精神产生多方面的挑战

民族精神是一个民族在长期共同生活和实践中形成的思想观念、价值信念与信仰、性格与心理的总和，是这个民族得以生生不息地繁衍和发展的活的灵魂与根本动力，也是该民族所创造的文化和文明的内在核心部分。中华民族精神是中华民族在数千年历史发展中形成的以爱国主义为核心的团结统一、爱好和平、勤劳勇敢、自强不息的伟大精神。仁民爱物、忧乐天下、自强不息、与时偕行是中华民族精神的精髓。在发生亘古未有之巨变的近现代，这个精神一方面经受了巨大的挑战，再次显示出强大的生命力，另一方面也得到了新的磨炼、丰富和扩展。尤其是在经济全球化的浪潮中，中华民族精神受到的挑战更是巨大的。

（一）普遍伦理与民族精神多样性的矛盾

由于全球的交往和经济全球化，使得如何看待全球伦理、普遍伦理与各个民族不同的文化传统和他们的伦理道德之间的关系问题成为近年来世界各国关注的焦点。① 对中国来讲，现在面临的比较尖锐的问题是我们要融

① 参见梅萍:《经济全球化与民族精神的重塑》,《云南社会科学》2003 年第 5 期。

入经济全球化的进程，就必须遵循世界市场所通行的普遍规则和惯例，并且还必须进行广泛的文化交往来学习世界各国的经验，但它又对我们维护文化和生活方式的多样性、维护我们的民族精神和道德传统提出了巨大的挑战。对转型国家和转型经济来说，不能把现代化理解为非西方国家模仿西方社会的市场经济和社会模式，把西方文明的优势看做是文明成就的最高表现，这样的立场是没有前途的。世界发展的经验证明，世界发展是多元文化的发展。

（二）淡化"国家意识"对传统的民族国家主权观念的冲击

经济全球化在推动世界经济发展和文明成果共享的同时，也对传统的民族国家主权观、安全观和民族精神产生前所未有的冲击，不可避免地淡化人们的民族国家意识和爱国主义观念。西方某些"国界的消失"，"国家权威的销蚀"以及"民族国家主权过时论"，"人权高于主权"，"全球民主化论"等言论和观点的流传容易使人们产生错觉，认为国家会随经济全球化的推进而逐渐消亡，经济全球化时代已无须再提民族国家的主权与利益。这种想法无疑对我们弘扬中华民族精神提出了新的要求，使中华民族精神面临新的挑战。

（三）文化霸权主义对民族优秀文化传统侵袭

西方国家加强了对我国思想、文化领域的渗透，其"西化"和"分化"的目的十分明显，西方国家利用经济全球化过程中的优势地位，进一步主张政治制度的单极化，采取各种手段竭力推销以资产阶级自由、人权观点为主的政治观点和以个人主义为核心的价值观念。随着西方发达国家对我国思想、文化渗透的加强，以可口可乐、麦当劳、好莱坞电影、迪斯尼等具有象征意义的美国文化，一方面改变着我们的生活方式、生活观念，另一方面也给传统的中华民族精神带来了巨大的冲击，一些腐朽思想文化如拜金主义、享乐主义、极端个人主义等，也逐渐渗透到人们的思想意识中，不可避免地影响着人们的思想。西方少数国家正是要通过它的文化霸权主义，使得不发达国家不仅在经济、政治、军事上依附于它,而且在精神文化上也完全依附于它,泯灭其他国家尤其是发展中国家人民的民族精神和爱国主义情感。如何坚持马克思主义的主导地位,继承和发扬民族优秀文化传统,宣传有中国特色的社会主义先进文化,加强中华民族的优秀传统文化和社会主义意识形态在人们中的认同感和凝聚力,是我们在新的历史条件下面临的又一重大课题。

(四)西方文化对东方传统道德文化的荡涤

中国传统道德文化的伦理精神,强调以家庭血缘关系为基础的人伦秩序,以及在此基础上建立的道德原则和规范体系,注重自我修身养性,推崇品质和意志的锻炼。然而,在经济全球化和经济市场化进程中,这种以儒家道德价值为核心的中国传统道德文化,因受到西方文化的强烈挑战和否定而出现滑坡。[①] 例如,在道德转型的过渡期,有些人受到双重标准或多元标准的影响,道德评价失去规范;有些人价值取向紊乱,丧失对社会的责任感,功利主义盛行,重利轻义的价值取向有日盛之势;形形色色的非道德主义泛滥,有些人反对任何道德约束,主张放任自流,用虚无主义对待道德理想和行为规范;社会道德控制机制软弱,社会舆论监督混乱,道德良知淡化,面对破坏社会道德的现象甚至明目张胆的犯罪行为,公众缺乏群起而攻之的义愤感;道德教育的理想性与现实生活中非道德性之间的巨大反差,往往使道德教育流于形式,甚至助长受教育者的逆反心理,对道德教育产生排斥和抵触,从而严重降低了道德教育的水准和影响力。

在经济全球化和商品生产大潮中,在某些人的眼里,衡量人的身价、地位的,似乎只剩下了金钱这个唯一的、无所不在的尺度。历史、学术、大学、讲坛似乎不再神圣而令人敬畏。以往,知识分子往往以治愈社会心理疾患为己任,而现在,某些青年人却深陷困惑之中,丧失了在社会中自我定位的勇气。“知天命”、“耳顺”、“随心所欲而不逾矩”的老一代知识分子凭着成

---

① 参见陆仁柱:《经济全球化与中国文化》,《世界经济与政治》1999 年第 11 期。

熟牢固的人生支点,仍在苦读,仍在笔耕,而某些年轻知识分子则用市场经济的单一标准来选择实现自我价值的捷径。随着经济体制的转型,原先那种单一型的价值规范必须向多样化、更具包容力的价值规范转变。

(五)发达国家对发展中国家意识形态上的渗透与控制

在资产阶级经济学者看来,经济全球化,其最终目的就是在全球范围追求资本利益最大化。他们不仅在经济上试图使广大发展中国家继续成为其廉价资源的供应地、高额利润的投资场和剩余产品的接纳处,而且在政治上企图利用其经济优势地位,通过经济制裁或诱导手段,改变社会主义国家的社会制度,以达到利用资本主义体系控制和支配全球的目的。因此,西方资本主义国家为追求更多的经济利益将会更加关注我国的政治前景,以经济打开缺口,利用贸易保护做幌子来施加各种压力,加紧对我国实施"西化"和"分化";西方国家会利用信息全球化的特点,竭力将自己的价值观念强加给发展中国家,否定爱国主义、集体主义,鼓吹资产阶级的极端个人主义,因而价值观念和道德规范等政治意义上的主旋律将受到挑战。经济全球化过程,在一定程度上也是社会主义与资本主义两种制度较量的过程。现实中的社会主义国家都是在生产力水平不高以及生产社会化、市场化程度不充分的基础上建立起来的,因此,在这场与资本主义的竞争中,常常处于不利与被动的地位。

三、弘扬中华民族精神的途径和措施

在经济全球化这一时代背景下,弘扬和发展中华民族精神的途径和主要措施包括:

（一）保持民族精神的时代性与开放性

一个民族从萌芽、成型到发展壮大，总有与其相适应的民族精神相伴随。民族精神与民族一样，有其历史、现实与未来，因此民族精神既有传统性，又有时代特性。传统精神是民族精神中稳定、连贯的东西，是民族精神独立存在的深层依据。民族精神更具有时代性，民族精神的价值就在于它能够随着时代的变化，随着民族实践的发展而发展，能够始终起到增强民族凝聚力、推动民族事业进步的作用。因此，时代精神应是民族文明内在、深层的精髓与内核，是在一个时代起主导作用的精湛思想和最高指导原则，民族精神就是在传统与时代精神的衔接与融通中获得与时俱进的品质，传统精神为民族精神提供了深厚的历史底蕴，时代精神又不断赋予民族精神以发展的活力和动力。弘扬和培育民族精神，必须在传统与时代精神的最佳契合点上进行。

民族精神不仅具有时代性，也具有开放性。在全球化背景下，应保持民族精神的独立性，只有弘扬民族的自主意识和主体精神，才能保持人们对自己民族的认同感；有了民族的认同感，一个民族才可能具有向心力和凝聚力。而民族精神的独立性与开放性又是统一的，中国民族精神的长期发展史表明：在与异族文化的冲突中，它总是能够从自身发展的内在需要出发，选择先进异族文化的成分与之交流、融汇与整合，从而达到改造自身的目的。当然，这种交融过程实质上也是一种中外文化在保留其主体精神基础上双向“扬弃”的过程，不同民族精神之间的相互渗透、交流与融合，不仅不会影响一种民族精神的独立发展，相反会带来新的生机与活力。因此，弘扬民族精神与狭隘民族主义、排外主义有本质区别。中华民族精神必须在开放性文化体系的碰撞、交汇、融合、借鉴中不断注入新的内涵，才能充满朝气与活力。

（二）营造良好的社会环境，形成弘扬中华民族精神的融洽氛围

社会环境对中华民族精神的弘扬有很大影响，从某种意义上来说，中华

民族精神的培育与发展是整个社会环境整合作用的结果。社会环境是一个内涵相当丰富、外延相当广泛的概念，是一个包含着多种性质、多种特征的不同因素组成的大系统。弘扬中华民族精神所需要的环境因素应涉及社会思潮、新闻导向和文化熏陶等几个方面。立足于社会本体，弘扬中华民族精神必须强化阵地意识。我国社会主义制度的性质决定了思想领域中社会主义意识形态的主导地位，同时，我国超大规模的社会结构及民族结构的特点也决定了思想上要有统一的价值导向。

民族精神有影响、感化、塑造人的社会教育功能，是民族精神的载体，中华民族精神给人以积极向上的精神动力。弘扬中华民族精神，我们要注意文化氛围的营造，要高度重视民族精神建设，大力弘扬优秀传统文化，形成全社会都重视民族精神建设的风气。我们要做好方方面面的工作，如：注重文物、博物等文化设施的建设，文物、博物是重要的民族历史遗产和精神财富，从某一方面反映古老中华民族的精神面貌；在旅游文化建设中，要注意充分发挥文物古迹、文化遗产的作用，寓民族历史文化的熏陶于旅游观光之中；要注意弘扬优秀的民间音乐、民族舞蹈、民间曲艺和地方戏剧，用它们充实、丰富文化生活的内容；在城乡建设中，要提倡保持建筑物的民族形式，继承和弘扬建筑文化中的民族风格和民族气派。总之，如果能从社会各个层面重视民族精神建设，必将使民族精神焕发出新的光芒，达到弘扬中华民族精神的目的。我们还要注重精神产品的优化和社会文化生活的正确引导。当前，要通过引导文化消费、提高文化活动的层次来实现这点。

（三）保持自身民族精神的特点，弘扬中国文化的优良传统

有些人认为，现代化从实质上讲是资本主义化。全盘吸收西方文明，摒弃中华民族精神，是中国现代化的捷径，这无疑是从一个极端走到了另一个极端。我们必须看到，西方现代化是在特定背景下形成的，有其独特性。西方文明继承了古代文化遗产、基督教、欧洲语言、法制、社会多元化及个体主义等方面，构成了自身不可替代的特性。这些特性使西方文明成为独一无二的东西，正是在这个意义上，西方文明才是不可照搬的。

在中国现代化过程中，必须大力弘扬中国文化的优良传统。一个民族立足于世界的根本是必须有民族自尊心和自信心，必须有独立的意识，民族自尊和自信的基础是基于对本民族精神的优良传统有着透彻的理解。客观地讲，中华民族在近代落伍了，但中华民族并没有因此沮丧和消沉，反而更加励精图治、奋发图强，这无疑证明中华民族具有努力前进的积极精神，其内容的基础就是中国优秀的文化传统，核心就是自强不息的刚毅精神和以和为贵的兼容精神。① 民族精神往往因为与众不同而得以生存，也会因完全丧失自我而消亡，保持民族精神的特点，是中国文化生存、延续和发展的前提条件。

（四）增强爱国主义精神的时代内涵②

在中华民族长期发展的历史中，爱国主义是中华民族精神的一根主线，为国、为公、为民族、为社会、为整体的献身精神，是中华民族生生不息向前发展的重要思想基础和强大精神动力。现代社会塑造的长征精神、“两弹一星”精神、抗洪精神、艰苦奋斗精神、“五四”精神等都体现了爱国主义的无私奉献的精神。在当前经济全球化背景下，民族国家的界限不是消亡了，而是更加凸显出了民族国家的主导作用。在新形势下弘扬爱国主义精神，应该在已有教育内容的基础上，结合经济全球化的时代背景，注重意识的培养。经济全球化推动了各国政治经济文化领域的交流与融合，也带来威胁人类生存的许多难题，需要全球共同来关注和解决。因此，培养我国公民特别是青少年关心人类和平与发展的意识也是爱国主义精神教育的一个重要内容。主权是一个国家独立自主地处理国内外事务、管理自己国家的最高权力，是国家区别于其他社会集团的最重要属性。爱国，首先就是要维护国家的主权和根本利益。国家安全是国家主权的保证，它历来是我国爱国主义的主题之一。在经济全球化时代，国家安全显然已不仅仅限于国防安全

① 参见高永强：《对经济全球华下中国文化安全的思考》，《理论学习与探索》2002 年第 6 期。

② 参见梅萍：《经济全球化与民族精神的重塑》，《云南社会科学》2003 年第 5 期。

和军事安全，而且还扩展到经济、政治、科技、文化、信息等社会生活的各个方面。

经济体制的改革正深刻地改变着我国的物质基础和社会环境，我们经历着传统农业经济转型为现代工业经济的过程，人们不得不遭遇传统社会向现代社会蜕变中的痛苦和失落；在西方主导的现代化进程中，作为以非西方的本土文化为传统的个人，在面对西方技术、知识体系、权力方式以及随着现代市场经济涌进本土社会的西方因素时，那种“认同危机”及丧失“自我”的心理体验，那种因找不到传统场景而感到痛失家园的茫然等，都是现代中国人要面对的巨大的挑战。因此，在继承优秀传统精神的同时创造新的精神内涵，在吸收西方文化时保留中国特色，是时代赋予我们的神圣使命。

当今世界发达国家下大力气研究本国或本民族的精神，将本国的民族精神以各种生动活泼的方式灌输给青少年，并使其引以为豪。我们这样一个拥有五千年灿烂文化的古老民族，更应该下大力气研究如何将我们民族精神中的精华融注于广大青少年的血脉之中。只有我们对自身的文化有了真正的“自知之明”，我们才能辨清优劣，弄清楚中国民族精神与其他民族精神的关系及在全球的位置，才能取得与世界进行交流、对话的权利。也只有如此，我们的民族精神才能在不断变化的世界中，随着时代的变迁而不断推陈出新，与时俱进。经济全球化使我们正在面临一次前所未有的考验，同时也使我们面临一次绝好的机遇。世界各国的新科技、新文化正在广泛传播，每个中国人都应该树立起民族意识、爱国意识，以中华民族特有的自尊、自信、自强的精神，继往开来，迎接经济全球化的挑战。

（作者：金荣学，华中科技大学经济学院博士研究生；
宋德勇，华中科技大学经济学院教授）

在全球化背景下发扬当今越南民族精神

[越南]范文德

一、民族精神

民族精神是一个民族在其整个生存与发展过程中建立和结晶出来的一种民族意识。它是在民族文化传统的价值中表现出来的民族意志和特征的基础。在一个民族的生存与发展取向中,民族精神起着非常重要的作用,它是一个民族的信念与追求的目标。越南民族精神就是越南人民的民族意识,它是在越南整个历史过程中被创造出来的,并在越南文化传统的价值中得到表现。正是这种精神造就了越南人民在数千年的历史中维持与发展他们国家的意志与力量。换言之,民族精神是一个民族的传统价值的结晶与升华。

近年来,不少学者以研讨会与出版物的形式针对越南人的传统价值做了阐释。爱国主义、热爱独立与自由、勤奋、奋斗意志、好学、谦逊、敬老意识、高度的社区意识等传统价值经常被称为越南人的典型传统价值。[①] 此

① Tran Dai Vinh,"Some thoughts on the employing traditional values, striving for new values as driving forces for the development in present Vietnm";Vu Khieu,"Vietnam in front of the problems of Asian and European values",in *Asian Values and Vietnamese Development*,Hanoi, 2000, p. 208 - 210, p. 24.

外，也提到其他一些价值，如节俭、家庭责任感、极端个人主义意识，等等。①

问题是以上所述的各种价值究竟是典型的越南人价值，还是存在于所有或某些亚洲民族的所有传统文化中的共同价值？我们认为，很难从上述各种价值中明确指出一种典型的越南人价值。实际上，这些价值中的某一些不仅属于越南人，而且也属于其他亚洲国家，甚至某些价值还是人类的共同属性。所以，有说服力地说明越南文化中特定的价值表现是很重要的。换言之，一个民族的传统价值是普遍（属于人类）与特殊（属于特定的民族或民族群体）之间的统一。

例如，在爱国主义的探讨中，我们要具体指出，越南人的爱国主义与韩国、泰国、日本等国家人民的爱国主义差别何在？越南人的社区意识与其他民族相比有何不同？因而，有必要对于不同民族文化中存在的相同传统价值进行比较研究，以找出越南人传统价值的特殊特征。这是一项复杂的工作，需要数代学者和研究者的努力。然而，在此文中，我们想强调以下两点：

首先，上述价值是在建立和捍卫我们国家的数千年历史中被创造和磨炼出来的。在这整个过程中，越南人民遇到了许多问题：我们不仅要与极其严重的自然条件作斗争，同时还要抵抗外国入侵者。它意味着，我们的传统价值是在越南特定的自然、经济、社会、政治与文化条件下形成的。

其次，在生存与发展的过程中，越南人民与众多不同的、在经济与军事潜力方面比他们强大无数倍的外国侵略者作斗争。但是，就是在抵抗外国入侵的过程中，越南人民的传统价值不断地得到加强和磨炼，从而赋予越南人民明显不同于其他民族的特殊同一性。

在这些条件下创造出来的传统价值形成与增强了越南民族在爱国主义、热爱民族独立、团结、社区意识等方面所表现出来的民族意识与精神。问题是，在越南民族的这些传统价值中，民族精神的核心——即决定民族生存与发展的精髓——是什么呢？

---

① Le Huu Tang, "Research on Asian values: problems and issues", in *Asian Values and Vietnamese Development*, Hanoi, 2000, p. 10.

某些学者(如 Tran Van Giau 教授、Phan Huy Le 教授等)表明,爱国主义是形成越南民族精神之精髓的一种基本价值。他们认为,爱国主义是一种高尚的、神圣的价值,是一系列其他文化价值的起源。它是一种由来已久的自然的人类情感。尽管爱国主义的本质是不变的,但它在不同的历史时期有不同的表现。其他有些学者(如 Vu Khieu 教授)认为,独立与自由意识是最崇高、最稳定的价值。这是越南民族一直为之不断奋斗的一种价值。它是整个民族长久的追求,是维护生命的人权中的一个先决条件,是越南实力与自豪的来源。①

我们认为,民族精神是以爱国主义与民族独立意识为主的一系列传统价值的结晶。爱国主义与民族独立意识强烈地相互依赖,从而创造出民族精神的精髓。爱国主义是建立民族独立意识的基础,而民族独立意识反过来加强了爱国主义。由于爱国主义与民族独立意识,我们的民族才能够成功地对抗外国入侵者,并在建国以来的整个历史中捍卫与发展我们的国家。胡志明曾宣告:“我国人民拥有深厚的爱国主义精神。它是我们民族极其宝贵的传统。自古以来,每当我们的祖国被侵略时,这种精神就涌现出来,形成一股强有力的浪潮,跨越所有的艰难险阻,淹埋所有的卖国贼与侵略者。”②他还说:“没有比独立与自由更宝贵的东西”,“(我们)宁可牺牲一切,也不可丧失(我们的)国家,使之沦为奴隶。”胡志明将他全部的革命事业贡献给唯一的追求,即如何使我们的国家完全独立、使同胞丰衣足食、使每个人接受教育。这不仅是胡志明主席本人的愿望,而且是我们民族的长久抱负与梦想。另外还需强调的是,根据胡志明思想,独立与人民的自由和幸福密切相连。独立是为人民带来自由与幸福的一个前提和必要条件。他再三强调,如果不能为人民带来自由与幸福,独立是无意义的。

上述胡志明思想总体上反映了创造我们越南民族的民族精神的基本民族价值。他得出的这些思想,不仅来源于越南文化传统与民族解放事业的

---

① Vu Khieu, in *Asian Values and Vietnamese Development*, Hanoi, 2000, p. 24.

② Ho Chi Minh, *Complete Works*, Vol. 6, The National Political Publishing House, Hanoi, 1995, p. 171.

实践,而且还来源于他为了探寻拯救国家之道路,而在其36年巡回实践中与其他国家文化所做的比较。

在我们为独立与民族解放而奋斗的过程中,民族精神得到了充分的发挥。这就是为何越南民族从未屈服于任何侵略者的原因。每当我们的国家被侵略时,民族精神就风起云涌,形成一股淹埋一切侵略者的浪潮。这种精神在我们抵抗外国入侵者的所有斗争中得到了证明。当前,在每个国家的改革与现代化事业中,民族精神仍然起着至关重要的作用。某些国家改革与现代化事业的实践表明,由于发扬民族精神,他们取得了令人惊奇的成就。相反,某些国家为了匆忙接受西方的价值而拒绝传统标准,改革事业最终遭到了致命的失败。以下实例就说明了这一点。

首先,近年来,许多学者认为,“亚洲四小龙”奇迹般的成功是依靠亚洲价值发扬民族精神的结果。例如,日本的成功原因何在?某些学者认为,尽管日本在第二次世界大战后遭受了严重的破坏,但由于日本精神+西方科技的结合,日本成为经济强国。此外,日本从其成功的经验中得出一条发展的通式,即本土精神+西方科技的结合。这里,我们或许不会赞成以下观点:精神与科技是两个完全对立的面,因此它们应当完全相互分离。归根结底,任何科技总是包含着结晶的精神价值。Kawada正确地指明:“认为科技与精神是两个完全分离的面的观点是错误的……科技是对价值的理解,这些价值表现在人们对自然及人类的认识的一种具体形式中。”①然而,这里需要强调的是,在日本奇迹般的成功中,民族精神是一个不可缺少的成分。

其次,在对俄罗斯20世纪90年代的改革失败进行分析时,有学者认为,俄罗斯的社会经济危机不完全是经济与政治危机,而且还是一种文化危机,是一种精神上的摧毁。俄罗斯学者I. A. Sasilenco认为,危机的原因在于全盘西化的意图及对民族文化与传统标准的否定。所以,帮助俄罗斯摆脱危机的唯一途径是找到新的措施,使其民族精神重获新生,并决定俄罗斯

① Nguyen Van Phuc, "*Cultural projections in front of the challenges of globalization*", in *Traditional Values and Challenges of Globalization*, Edited by Nguyen Trong Chuan and Nguyen Van Huyen, The National Political Publishing House, Hanoi, 2002, p. 254.

文明的同质性(homogeneity)。[1] 同时他认为,俄罗斯近年的复苏是普京为发扬俄罗斯民族精神所作出的努力,以及他为找到发展国家的适当方法而具有的坚定的民族主义立场的结果。

再次,中国和越南在过去二十年中快速而稳定的发展进一步肯定了两个民族在亚洲及世界的地位。发展的成功可以用政治稳定、充沛而开放的对外政策、相对低成本的劳动力等方面来解释。但我们认为,越南成功的主要原因之一在于发扬民族精神,从而为我们国家的全面改革事业创造出了一股聚合性的力量。

现在问题是:在当前全球化背景下,民族精神如何可能被发扬?

二、全球化背景下的民族精神

我们知道,全球化不是一种新的现象。但是当前它表现出了某些新的特点。由于资本主义国家,特别是强大的资本主义国家对于当前全球化的强大控制,因而某些学者将当前的全球化形容为资本主义的全球化。当前的全球化强烈地影响着几乎所有的国家、整个人类社会的社会生活及每个人的生活。世界范围的人民与民族对于发展中的全球化有不同的反应。当发达国家成千上万的人抗议全球化及全球化引起的贫困时,发展中国家的人民却在欢迎全球化的到来,希望全球化能够帮助其民族革新科技,步入现代化社会。

最近,不少学者潜心于分析发展中的全球化的内容及性质。某些学者认为,全球化是一个必然的过程,世界上所有国家——不管愿不愿意——都将卷入其中。同时,全球化能够为发展中国家与世界经济一体化创造机遇,

---

① 参见 Nguyen Van Phuc, "*Cultural projections in front of the challenges of globalization*", in *Traditional Values and Challenges of Globalization*, Edited by Nguyen Trong Chuan and Nguyen Van Huyen, The National Political Publishing House, Hanoi, 2002, p. 253.

从而加速其经济增长与技术革新。然而,需要注意的是,全球化带给不同国家的机遇并非总是相同的。大体而言,经济更为发达的国家会比贫穷的国家得到更多的机遇。此外,全球化还为贫穷及发展中国家的社会生活各方面带来了巨大的挑战,包括经济、政治,尤其是文化挑战。①

例如,在当前的国际背景下,几乎所有的不发达及发展中国家都在竭尽全力赶超经济全球化,以实现跨越式发展。这些国家一方面重视国际一体化,以及所有领域与不同形式中的双边及多边发展;另一方面,他们积极地抵御西方(经济和政治上的)干涉与不合理要求。在经济世界一体化过程中,不发达及发展中国家紧要地提出了民族独立与主权问题。他们面临着一些发展机遇来加强国力、获得在国际劳动力分配体系中的适当位置、经济上逐渐独立、巩固政治独立;同时,也面临着巨大的困难与挑战,甚至面临着科技、资本及其他方面的"重新殖民化"威胁。②

从文化角度来看,全球化给发展中国家——特别是亚洲——带来了巨大的文化挑战。事实上,几乎所有的亚洲国家都经历过西方殖民主义的统治。殖民主义不仅剥削了被殖民化国家的自然资源,而且中断了本土人与其文化、智力、精神遗产(换言之,其民族同一性的所有组成成分)之间的一切联系。因此,在获得政治独立后,尽管遭受物质贫乏,但几乎所有的亚洲国家都以"现代化"思想意识,积极地制订了各自的经济发展计划,这的确是"西化"和"资本主义化"。

苏联和东欧社会主义国家解体后,几个资本主义超级大国没有竞争对手,于是迅速地扩大了他们的全球化战略。许多亚洲国家被诱惑到了这场全球化进程中,西方文化优势强烈地影响了作为人类文化摇篮之一的亚洲的传统文化。因此,对于丧失民族文化同一性的担忧不是没有道理的。亚

---

① The Council for Reseach in Value and Philosophy, *Philosophical Challenges and Opportunities of Globalization*, volumes: Edited by Oliva Blanchette, Tomonobu Imamich, George F. McLean, Washington D. C., 2001.

② National Scientific Theme No. 08. 04, Introductory report of the Seminar "Political face of the World in the first two decades of the 21th Century", Hanoi, April 3 – 4, 2004, p. 13 – 14.

洲国家——特别是发展中国家——在保持自己的民族文化同一性时,面临着如何成功地与世界接轨的问题。这也是越南在其当前经济一体化过程中所面临的大问题。在发展中的全球化背景下,越南人民如何能够发扬其民族精神呢?

首先,发扬民族精神主要表现在保持和发扬创造越南民族文化同一性的那些杰出的文化价值。正如世界上其他发展中国家一样,越南希望利用国际一体化的机遇来逐渐地使其科技与生产走向现代化。然而,在学习西方科学技术及科技成果的过程中,西方的思维方式与生活方式不可避免地会被带入越南。因此,在当前全球化背景下,西方文化价值与越南文化传统之间迟早必然会爆发一场冲突。

然而,我们应当认识到,文化传统本身并非是不变的;相反,它是在不断地变化和发展的。即使基本的民族传统价值也会发生变化,以符合新的历史条件的要求。所以,保持与发扬民族文化同一性不是意味着完全拒绝与否定其他外国文化价值,包括西方的文化价值。相反,只有通过学习人类文化成果,越南文化才能稳定地发展。但是,学习其他文化应当是有选择性的:我们只从其他的文化中接受那些有利于发展我们民族的价值,而对于那些危害我们文化的价值则应当拒绝。在有选择性地学习国外价值后,应当改造这些价值,使之融入民族文化。例如,在我们当前的改革事业中,我们需要鼓励人民的创造性与自主性。但是,个人的自由与创造性精神取向要服务于社会利益,同时不允许个人主义的消极方面破坏我们民族的基本传统价值。民族精神本身是一个过滤器,它帮助我们的民族选择(对我们的文化)有积极作用的价值,摒弃一切有害价值。

越南是一个具有悠久文化传统的国家。这种文化传统与其民族历史共存了几千年。在这整个历史过程中,越南文化不仅保持了其同一性,而且通过学习其他外国文化,例如学习中国、法国、俄罗斯甚至美国的文化,丰富了自己。胡志明明确表达了民族文化传统与人类文化价值相结合的思想,联合国教科文组织赞扬他是民族解放的英雄、伟大的文化思想家。为了探寻拯救我们民族的道路,他在各大洲巡回实践,非常理解西方价值及其他国家文化。他写道:“儒家的优点是个人道德的自我修养。基督教的优点是其崇高的利他主义。马克思主义的优点是辩证法。Ton Dat Tien 学说的优点是其政策适宜于我们的条件。我努力做他们(那些思想家)谦虚的学生。”在反省越南文化及建设越南文化的方式时,胡志明说:“越南文化是东方文化与西方文化相互影响的结果……我们学习东方和西方的精粹来发展我们自己的越南文化。”①

在继承与发展上述胡志明思想时,越南一直力图并且的确是在发扬民族文化传统与学习世界文化精髓基础上,建设具有深刻的民族同一性的先进文化。从许多国家的发展经验以及越南的实践中,我们可以断定,建设具有民族同一性的先进文化的这一思想已被证明是在当前全球化背景下发扬民族精神的一项可靠的方针政策。积极的融合是保持与发扬民族文化同一性的一条有利的途径。民族独立不是意味着关起门来,死抓住自己的遗产不放,相反,它意味着与世界上其他国家加强对话、扩大合作,以学习其精髓,进而发展本民族。如果能够稳定地捍卫本民族的独立,一个民族就可以通过这种做法取得成功。

其次,发扬民族精神反映在我们为越南的社会发展探寻一种合适模式的道路中。选择民族发展的合适模式需要独立与创造性意识。越南民族历史的实践表明,由于独立与创造性意识,越南人民赢得了抵抗侵略者的所有斗争。我们刚刚庆祝了奠边府战役历史性胜利 50 周年。如果没有独立精神与总指挥武元甲大将的创造性,没有发扬我们的民族精神,我们就不可能取得这场战役的胜利。在越南改革以前的时期,机械照搬外国经验而引起的失败对于今天越南国家的发展仍然是一个重大的教训。

令人振奋的是,在我们近年的改革过程中,我们能够制定出适宜的方针政策和措施来发展我们的国家,特别是我们明确了使“我国人民富裕,社会公正、民主、文明”的目标。因而,发扬了越南的民族精神,使我们的国家越

---

① Ho Chi Minh, *On the cultural and artistic activities*, The Truth Publishing House, Hanoi, 1977, p. 89.

来越美丽、越来越昌盛。然而,如何找到适当的方法,采取恰当的步骤来充分利用机遇,克服当前全球化背景下的各种挑战,这个问题对于把我国建设成与世界各国齐头并进的国家有着重大的意义。

如何发展越南?其途径将在越南特定的经济、政治、社会及文化条件下,同时在借鉴亚洲及世界其他国家经验的基础上筹划出来。这需要大量的创造性。在当前背景下发扬民族精神应当服务于这个目标。

三、结 论

由以上所述,我们可以得出如下结论:

民族精神是一个民族的传统文化价值的结晶与升华,是其文化传统中最本质的部分,它在民族生存与发展取向中起着重要的作用。越南民族精神创造于本民族文化传统价值,其中最重要的是爱国主义与民族独立精神。

民族精神对民族生存与发展起着至关重要的作用。由于发扬民族精神,越南民族解放与改革事业以及某些国家的现代化过程取得了重大成就。

在当前全球化背景下,稳定保持与发扬民族精神表现如下:首先,保持与发扬那些创造了民族文化同一性的传统价值;其次,选择适宜于越南条件的模式,以达到使"我国人民富裕,社会公正、民主、文明"的目标。

积极地与世界融合,广泛参与与世界其他民族的对话,学习其精髓以丰富本民族的文化同一性,是达到此目标的一条有效途径。

(作者:范文德,越南社会科学院哲学研究所研究员;

译者:朱玲琳,中共武汉市委党校教师)

以上帝的名义:伊朗文化精神

[伊朗]哥拉瑞扎-阿瓦尼

要一个学者来论述他本国的文化精神,这可有点困难。因为,首先这要求他用一种客观的、所谓科学的方式来看待本国文化的精神,因而存在领会不到所探讨的文化精神的危险,另外一个危险是由于可能受到对那种文化的狂热的陶醉和麻醉,从而陷入对本国文化的一种沙文主义和褊狭爱国之中。但是另一方面,为了正确描述一种文化,有必要在这种文化中生活,去体验它,欣赏它真正的味道,认识它内在的价值,理解构成这种文化精神之基础或其成分之一的固有逻辑。

既然这里谈的是某个文化的"精神",那么为了避免误解,就有必要对"精神"一词做些解释。谈到某个文化或民族的精神,我们立即想到黑格尔的著名学说,即关于"民族精神"以及体现民族精神的"世界历史个体"的学说。当我们谈到某个宗教共同体的精神时,我们也可以找到宗教用法中差不多的同一个术语;这种精神是天堂赐予的馈赠,或者是圣灵(神圣精神)通过神的化身、先知、信使、圣贤、圣徒等中保或中介,赋予一部分人类的那种特殊恩赐。当我们谈到伊朗文化的精神时,我们想到的是"精神"的哪种含义呢?是黑格尔的还是现代西方的对精神的理解,抑或是那种同东方文化如伊朗和中国文化的精神显然更为协调一致的、传统的宗教理解呢?

由于以下将要解释的某些原因,黑格尔的精神概念与我们伊朗文化精神是颇为对抗的。我们伊朗不少的先贤,尽管他们观点各异,但是应该会一致地不赞同黑格尔的世俗的历史观,黑格尔的这种历史观是建立在某些现代主义的、未经证实的、所谓唯心主义的假定基础之上的。伊朗的先贤们绝不会把这些假定看做是理所当然的,他们甚至会基于更坚实的根据来反对黑格尔的假定,他们的那些根据会诉诸更根本、更原始的形而上学原理,来为人的存在理由,为宇宙、历史、存在和生成提出更好的辩护。在我阅读了中国、印度、伊朗及东方其他伟大文明的伟大圣贤们的杰作之后,我再读到黑格尔对中国或波斯文化的诠释时,我感到非常迷惑和吃惊。因此,让我们描述一下个体或文化精神所具有的某些主要特点,特别是波斯最伟大的圣贤(也是东方圣贤)已经理解和阐述了的那些特点。

亚伯拉罕宗教(伊斯兰教、基督教、犹太教)中有关于精神的主要教义之一是,人的精神是吹入人体内的圣灵,“我把我自己的灵(精神)吹入他体内。”在《旧约全书》中关于上帝造人部分,同样可以看到这一主题。这可以说,而且已经被解释为,一个人表现出来的所有积极的品质,例如智慧、知识、力量、言语、意识、精神上的和生理上的视觉和听觉、爱、美等,在本性上都是神性的、天赐的,但是由于人在地上的堕落,并由于他忘记自己来自天国,人就忘记了他的天国寓所、他的个性之源,结果就一头扎进了自我主义的深渊。

在诸多的传统文化中,人都被视为天国与尘世之间的中保,在伊斯兰教灵知(Irfan)中,人被视为上帝在尘世的代理,这种作用无疑在于他的精神,而非身体。精神的这一方面在东方诸文化(包括波斯文化)的核心与本质中是非常明显的。它表现在文化的方方面面,诸如社会生活、国家行政管理、道德、政治、宇宙论、人类学,等等。另一方面,精神与“精神的”联系在一起。对一个传统的伊朗人来说,“精神的”表示什么?精神首先与神圣生命联系在一起,因此对他来说,文化是在宇宙和人那里表现神圣生命的一个显白的例子,明确表现在他的文化中的所有方面,包括艺术、音乐、诗歌、散文、建筑、信仰。

此外,按照伊朗圣贤的说法,精神与意义和富有意义之世界联系在一起。只有我们身上的精神才能理解事物的意义,神圣精神将意义赋予一切事物。在前伊斯兰教和伊斯兰教时期的伊朗文化中,人和宇宙处处充满了意义,它织入每个存在者和存在本身的纹理结构和经纬之中。在传统的话语世界,一切事物都充满、浸透着意义,其真正的源泉就是所有存在者主要的和原始的源泉,就是上帝,也许它就是中国人所说的“天”。正是基于万物的这个精神方面,我们能够为事物命名。人与动物的真正不同的标志之一,就是唯有人能够为事物命名,这无疑是由于他在所有造物中享有高度的精神等级。这种对精神性的反映在波斯文化中最为明显,因为精神的人被称为一个“具有意义的人”。只有能够突破万物外壳的精神的人才能够渗入万物的核心。精神性的这一方面也表现在波斯文化的所有方面中。诸如琐罗亚斯德(Zoroaster)这样的先知,诸如苏拉瓦蒂(Suhrawardi)、阿维森纳(Avicenna)、萨德拉毛拉(Mulla Sadra)这样的圣贤,诸如建造了伊斯法罕的Jame清真寺或阿格拉的泰姬陵的那些伟大的波斯或persianate艺术家们,印度[①]一直是这种精神性的先驱,它使意义表现在文学艺术、建筑、管理科学及文化的其他成分中。

我们能够不伴随带有大写的真理这一要素来谈论一种传统文化中的精神性和精神吗?它们彼此依赖,从不能分离。精神是智力活动的传播手段,渗入到事物的本质之中。精神是以实现自我(在实践的和思辨的领域)为基础的、本真而深奥的形而上学知识的传播手段。与无限丰富浩瀚的真理相比,我们抽象的概念知识实在是不值一提。不像理性,理智(智力)是在人的层次上实现真理的手段,它像是漆黑中的一道光,或像从有限通向无限的道路。真理这种实现,体现在佛陀、圣贤和圣徒身上,而且只是由于这种实现,一个人才配得上圣贤和圣徒的荣耀称号。另外,没有相连的神圣化观念,精神性也是不可能的。如果精神性的获得是与精神的实现之艺术相联系的,那么,如果没有生命的神圣化,这种实现也是不可能的。因为实现就是神圣事物在人类领域内的现实化,或者是天国在世俗秩序中的表现。

没有深邃、伟大、高尚、美德、慈善、美、爱、善、和平,能够设想精神性吗?

---

① 有可能是作者笔误,从上下文看应为“伊朗”。——译者注

在这里，我不具体深入探讨波斯文化的这些内在特点（这些特点类似地可以在东方姐妹文明中找到），只想探讨波斯文化的某些典型特征。

波斯文化的基本特征之一是在内在中表现超验，这一点典型地表现在毛毯编织、卓越的诗歌作品、美妙的艺术品、杰出的形而上学、宗教礼拜活动直至日常事务和日常谈话之中。超验这种不可见的东西，在短暂空幻的状态中象征上帝的体现，在虚空升华物质的沉重与物质的密度时，它像炼金术似的嬗变有形秩序。

波斯文化有史以来对物质秩序中超凡世界的最有代表性的表达就是光的象征。在古老的伊朗琐罗亚斯德主义崇拜中，支撑整个现实的形而上学原则的就是对光的崇拜，它赞颂神性现实在物理秩序中的直接呈现。在《古兰经》的经文和神圣先知的格言中，都有丰富的光的象征。在许多圣贤和圣徒以及《古兰经》的注释者们都评注过的、有关神灵之光的非常著名的一节经文中，上帝被说成是天地之光，此后则有关于作为所有启明之源的、形而上学的光亮的象征随之而来，这些象征极为丰富。先知书、《古兰经》、神的信使、神圣的指导以及至上的知识等，都被指定为光。大量的书籍都以光的各种象征为标题。在伊斯兰教历法的第6个世纪，伟大的穆斯林圣贤已经建立了一种关于光的纯粹形而上学，它最初被阐发在他的《光的形而上学》这部巨著中，他的学派被称为启明学派（Ishrag）。对于光芒象征的运用，在诸如伊斯法罕纪念堂这样的建筑杰作中表现得很明显，在那里，光芒象征反应在光芒的物理显现之中，与色彩的魅力交相辉映，这本身就是以光线的凝聚和稀薄为基础的。

在前伊斯兰教和伊斯兰教时代，直到现代主义的压倒性冲击之前，伊朗文化的另一个方面，就是天使次序与物质次序的关系，或者说是万物低于其天使性和原型这样一种高低关系。当一位波斯圣贤诗人在一句著名的诗行中说到，“每个在上的事物都在下界有一个形象”，这时候他实际上在用半行诗句浓缩波斯文化的核心。在琐罗亚斯德主义里，超凡世界被称为menok（现代波斯语叫 Meenoo，天堂），下界被称为 qitik（现代波斯语叫 qiti，宇宙）。它们分别指的是万物的精神性方面和物质性方面。在前伊斯兰教的和琐罗亚斯德的天使学的基础上,伟大的启明派圣贤苏拉瓦蒂建立了他的宇宙论。直到现在,波斯日历每个月的名字,都是来自琐罗亚斯德教的12个大天使的名字,他们体现支配着宇宙的天使的力量。更无须说,精神与天使对物理次序的统治,说明了一切下界事物的神圣品级。

标划出波斯文化惊人天赋的另一特征,就是它在其整个已知历史过程中为诸多文化与文明间的对话所起到的媒介作用。正是波斯人翻译并传播了佛教经典,使他们把佛教经典从梵语和巴厘语翻译成汉语,从而在前伊斯兰教时代就使佛教在中国然后是在日本广为流传。也有许多苏菲派和智慧(sapiential)哲学著作,至少超过百部,大约在500年前被翻译成汉语。著名的阿拉伯旅行家伊本·白图泰在他的游记里就记载了,他听到中国水手们在中国海域扬帆起锚的时候怎样歌唱有名的波斯诗人的歌谣。著名的非洲历史学家、哲学家伊本·赫勒敦在他写的《史纲》绪论中用了一个章节来描写波斯人在建立和传播伊斯兰文明中的理性与传统科学方面的天赋,他引用了伊斯兰先知书的格言:就算知识在昴宿星上,一些波斯学者也会获得它。

但是,伊朗文化的一个重要方面——也许是它的天赋所独有的并与同一主题相关——在于它作为东西方之间媒介的重要性,这是其他任何文化无法比拟的。在西方,古希腊文化被视为所有西方文化的源头,但最奇怪的是,拉丁西方不是希腊科学与智慧的直接继承者,而是伊斯兰文明继承了希腊遗产,几乎翻译了所有的经典文本,并在很大程度上改造和发展了它。经过6个世纪的艰辛努力,它们在自然科学、文化和哲学领域内所取得的成就传给了拉丁西方,后者几乎不懂得他们的希腊前辈及其伟大的成就,并引起了著名的翻译运动,这在西方具有重大的反响。

再举一个例子,伊朗人首次将梵语文本翻译成阿拉伯语和波斯语是从al-Biruni开始的,他将著名的《五卷书》翻译成阿拉伯语。这在印度殉道王子Dara Shokooh的庞大翻译事业中达到顶点,Dara Shokooh的梵语经典著作翻译包括把《奥义书》翻译成波斯语,称为Sirri Akbar,其后被翻译为拉丁文,然后被翻译成德文、法文、英文,它在叔本华的德国唯心主义哲学和其他领域引起了一场剧变,激发了对印度学和汉学的现代研究。通过杰出的思想家和政治家,从这片光明的文化土地上,文化与文明的及时对话已经适当地在全球范围内展开,这不仅仅是一个偶然。

能够最好地反映波斯文化精神的另外一个重要特征在于波斯文化的宗教虔诚方面。从历史的黎明直至现在,伊朗人一直献身于宗教生活和精神性。有史以来,波斯人的生活与文化的特点就是真正的虔诚与奉献,它表现在生活的一切领域,以至最微小的细节中,并塑造了知识、文化和社会领域。它影响了伊朗社会的个人与集体维度。波斯宗教历史可以分为三个不同的阶段:古代宗教时期,如安哈希塔(Anahita)和密特拉(Mithra)崇拜、琐罗亚斯德的宗教即拜火教,其教义收集合并在一本名为《火教经》(*Avesta*)的宗教经典中,其中包括一些称为《迦泰》(*Gathas*)的宗教赞美诗。琐罗亚斯德的崇拜对于阿黑门尼德和萨珊王朝时期的波斯以及伊斯兰时期具有非常深厚的影响。拜火教是一种土著宗教,仅限于波斯国,不像密特拉教,其影响力逾越了地理边界,影响到西方的欧洲、东方的中亚与中国边界。然而,伊朗宗教生活的顶点无疑是伊斯兰教的传播,直到今天,它在伊斯兰文化舞台上还是一个活生生的现实。伊朗人对于促进和发展穆斯林文化生活发挥了巨大的作用。尽管伊斯兰教传入波斯是通过阿拉伯人,但是主要是在波斯人的努力下,伊斯兰教才更快地从东方传入中亚,波斯语言和文学起了重要的作用。伊朗宗教生活中最重要的是两次秘教运动的出现:苏菲派运动和什叶派运动。此外,伊朗还产生了世界上最杰出的穆斯林学者、神学者、形而上学者、哲学家、苏菲派圣徒和艺术家。

伊朗宗教生活中另外一个值得注意的特征,是表现在它的全部历史之中的宽宏大度精神和宗教宽容。波斯历史的全景显示了一种与热情的宗教生活相结合的显著的宽容意识。伊朗所有历史时期见证了这种宽容的许多光辉例子。我们可以举一个例子:在被暴君尼布甲尼撒(Nebuchednazzar)征服后,犹太人被流放到巴比伦,公元前6世纪,阿黑门尼德帝国创始人居鲁士大帝将犹太人从巴比伦的囚禁中解放出来。

在整个历史过程中,对于所有那些同伊朗居民一起度过最有意义的共同生存的宗教少数派来说,伊朗一直是一个避难所和安全的天国。这些少数派在实践其宗教方面拥有的自由在宗教史上是没有先例的。

伊朗文化的另外一个显著特征是它的统一、完整、综合意识,而没有陷入调和论。波斯艺术和文学表现了一与多之间或统一与多样性之间显著的相互作用。波斯艺术作为一般的伊斯兰艺术,以一种炫目的方式反映了一在多中的表现,以及从多到一的回归。在清真寺里,这种统一意识通过一个圆顶的中心得到象征,这个圆顶的端部是一个半圆环,通过蜂窝状内角拱放在一个八角形上,而这些内角拱反过来融于多样性之中。自古以来,波斯就将统一性加到它从其他文化中接受而来的那些明显不同的思想、形式和主题上面。这种吸收与综合的能力通过伊斯兰教得以加强,伊斯兰教信仰中的第一条就是统一(Tawhid)。以同样的方式,它的圣贤和圣徒们对受造的宇宙所具有的多样性之中的统一与秩序进行了沉思。

此外,波斯人民是一个具有强烈的诗歌天赋的民族。诗歌好似一座桥,沟通感觉与理性、尘世与天国、自然与天使秩序。传统的波斯宇宙观在互补的和谐中看到了前后两者。伊朗产生了一些最伟大的玄学诗人,如 Firdausi、Sa'adi、Nizami、Hafez、Rumi、Jami,以及其他一些像大诗人一样广受欢迎的人物。伟大诗人和科学家的珍贵结合,如莪玛(Omar Khayyam),或者法学家与诗人的结合,或者哲学人圣贤与诗人的结合,这些都为数不少。传统伊朗人对诗文是如此挚爱,甚至某些普通人也能背诵几百甚至几千首诗。

伊朗文化生活领域中还需强调另外一个特征,即波斯人在行政管理、政治、政治才能领域中所表现出来的天赋。前面我们已经提到过黑格尔的思想,在其历史哲学中,他明确地表明,波斯人是第一个能够建立世界帝国的民族。我们可以有把握地说,除了波斯历史中的几个世纪之外,波斯在历史上一直是政治大国之一,与希腊、罗马和后伊斯兰帝国相竞争。此外,波斯也以其行政管理、政治才能、统治艺术方面的睿智而著称。理想的统治者被象征性地视为古代神话中的圣君,他们是伟大的光照派哲学家 Suhrawardi 所曾仿效过的,他不仅钦慕,而且力图复活那些帝王智慧,正如孔子在中国为复活古代太阳般的君主的思想、观念和实践曾经做过的那样。

关于伊朗文化,还有许多方面,我们不能在此一一进行探究,例如伊朗人对于美的爱,它表现在生活的一切方面,从日常生活到对自然的爱,到园艺、建筑、绘画以及对押韵诗与韵律、和谐与对称,对音乐的热爱。波斯音乐不仅对波斯人具有特殊的魅力,而且它还对相邻文化的音乐艺术鉴别力产生了重要影响。

最后,应当讲一下波斯人对于智慧与哲学的热爱。某些希腊哲学家如赫拉克利特,非常钦佩波斯人的智慧。第奥根尼·拉尔修在其著名的《希腊哲学家的生活》一书序言中提出了一个问题:哪一个民族是哲学智慧的创始者? 他首先提到了波斯占星家,并引用可靠的希腊资料,将哲学在波斯的兴起追溯到他自己时代之前的五千年。新柏拉图主义的创始人普罗丁的弟子珀费里说他的老师总是渴望去波斯学哲学,并且为了这个目的他参加了罗马皇帝高尔蒂努斯的军队,不过由于皇帝被谋杀,普罗丁移居到罗马建立了西方哲学最著名的学派之一。自古以来,伊朗拥有活跃的和连续不断的哲学传统,它在形式上通常是口传的,并且作为实现了的智慧从大师传递到门徒。这一哲学传统产生了一些世界上最伟大的哲学家,例如法拉比、阿维森纳、苏拉瓦蒂、图西、密尔达马和萨达拉毛拉。这一传统今天作为生活现实仍回荡在伊朗人们的心灵与灵魂之中。

伊朗文化曾经六次遭到了斯基台人、匈奴人、希腊亚历山大、阿拉伯人、土耳其人、蒙古人猛烈的入侵。每一次入侵,它都能够再次吸收入侵的文化,并产生一种原创性的综合,而不损害其历史和文化的同一性。在过去两个世纪中,它已经遭遇到了世俗的西方文明,希望这次它也能赢得胜利。

(作者:哥拉瑞扎-阿瓦尼,伊朗社会科学院哲学研究所研究员;

译者:刘玉梅,湖北经济学院讲师)

印度同一性和文化延续性

［印度］S. R. 伯哈特

本文试图通过从久远的古代到多事的今天的文化延续性角度，理解“印度性”或者“印度同一性”的概念。理解一种文化，评价其思想、实践以及生活规范，进而为相互理解、认可和互补进行跨文化对话，实在是哲学的任务。如果我们沉浸于自己的文化，同时又能同感地置于其他文化中，这是可能的。

夏威夷大学的东—西中心，宣布致力于促进这种对话，并且在已故教授 Charles A Moore 的带领下作出了很大贡献。下面是他的很有见地的评论，值得一提。他写道：“理解是一个非常复杂的问题。真正的理解必须是全面的理解。这必须包括对所要理解的人们思想的所有的基本方面都有一定的了解。哲学是理解的主要中介。这不仅因为哲学被认为是专门并且或许是唯一地涉及一个民族的基本思想、观念和态度，而且因为哲学试图将一个民族生活的所有主要方面都包括在其范围内以看到完整的描述。”①关于印度哲学，他写道：“……在那里有许多重要的思想和概念——不管他们有多古老——这些使得世界得到新的视野，或许还有更深邃的智慧。”②他还写道，“正如前面所说，在此哲学是我们所关心的。但是哲学不仅仅是一个理

① The Indian Mind, pp. 2 – 3.

② Ibid, p. 8.

解和了解一个民族或文化所不可或缺的中介。哲学还是并且更基本的当然是探求知识、真理和智慧。在这方面,印度提供了潜在的哲学上的'文艺复兴'的基础。只要世界尤其是西方,探寻到新的视域、新的直觉、新的态度和方式,而这些很可能会至少补充(如果不是取代或纠正的话)并扩大西方思想中受局限的观点。"①

一

事实上,Moore 教授是回应 Yajurveda 在很久以前所断言的"Sa prathama samskrti visva vara",意思是,"这个文化尽管原始,但仍是值得世界去关注的,因为它一直都那么中肯恰当。"②

"印度哲学"、"印度文化"等等,究竟意味着什么? 这个问题更多的被印度学者而不是非印度学者提出。他们断言哲学作为一个学科,不允许有地域限制。同样,由于其异族性,不应该有所谓的印度文化。这事实上带来一个特殊的"印度同一"以及一般的"同一"的问题。

二

任何试图理解一个实体或现象,都是根据构成其本质的微分的性质来达到的。但是,由于每个存在物都是动态的并且不断变化的,因此对某一同一性来说,就不可能有绝对的或者静态的确定。同一性的定义,不管是对个

① The Indian Mind, p.9.
② Yajurveda, 7.14.

体还是集合来说,都不会有纯粹的、精确的分类。一个个体的同一性有某些不证自明性,因此它可以在论证中提及,但是一个集合的同一性即使在这种类型的提及都是不被接受的。但是,为了实践的目的,我们的头脑试图寻找并洞悉同一性。尽管同一性被世间的行为所体验并使用,但仍难以在思想和语言中决断。它为所有的经验活动提供了基础,但是其概念的理解或许并不那么充分。因此,对同一性存在一个荒谬认识。我们知道它是什么,但是我们不能通过概念或者词语清晰地定义或者描述它。这是因为事实存在一个天然的方式打破人类思想在概念之间树立起来的任何隔离之墙。

三

关于什么是印度性或什么可以被确认为印度的等问题,有着同样的其他集合的模糊性和相对性。除此之外,由于印度同一性是如此深远并且鲜明的独特存在,以至于对此有一些论述。我们对何以构成“印度的”的理解可能不同,但是我们印度人都无法否认这个同一性的标志,并且在这个逻辑上,其他任何人也不能否认一个印度性的归属。我们对民主、社会主义、世俗主义等的定义或许有不同意见,但是对印度性或许不会有。然而,必须承认,关于印度存在时空的广延性以及多样性,因此不能用严格和固定的术语来描述这种同一性。

从地理上讲,印度在不同的时期边界是不断变化的。最初有固定居住的印度性很快就随着移民潮,大大地超越了地域。这些移民热情的保留、繁衍并且实践着印度所代表的所有东西。结果,印度性成为准地域的,呈现出一种文化的光泽。这看起来似乎很天真,但是必须清楚的是,印度性不应该与印度民族或印度公民甚至印度种族相混淆。尽管在实践中作为概念的演化如此紧密的散布着,以至于它们彼此之间经常混用。因此,印度性是一个心理学概念,是种族和文化的统一,是一种生活的观念和方式的统一。

四

印度同一性植入了多元的印度文化,这是印度辉煌的过去、富有挑战的现在以及美好的将来的永恒基础。为了洞悉印度特性,我们必须仔细观察印度不同的文化和亚文化传统,他们随着时间而演变。在这里,印度民族得以产生,通过他们印度民族的全面的敏感性得以精炼并成型。

印度是多语言、多种族、多宗教、多亚文化的,因此不可能有任何有关印度同一性的固定参数。有许多因素都决定了印度同一性的构成。有类的同一性以及许多具体的亚同一性,而它们每个都有自己的独特本质和特性。因此只有用有机体的方法才能恰当并完全地理解印度性。可能有人质疑,对于同一性来说,必须有共同的生活环境或文化、生活方式、思维方式、语言、种族、宗教,等等。但是任何一个都不是不可被替代的、附属于印度性的。简单的回答是,在实践上,我们的确理解作为一个印度人是什么意思,并且作为常识,应该有某种统一原则的思想,不管多么模糊和多样化,它都会帮助我们将这个富于个性的名称应用于种种思想、实践以及人类。

印度性应该是一个复合,在里面有每个个体或整体的融合。它有一个基本的开放性,既向心又离心。它不是熔炉,而是一个建立在合作和牺牲法则基础上的多样性的统一,这种法则是由责任和义务而不是由需求和权利所调节的。但不幸的是,这个基础在现代很快地萎缩,急需复兴、新生和巩固。

必须提醒的是,印度文化包含固有的活力和弹性,这使得其在岁月和国外入侵的冲击中得以幸存。这是由于它具有开放性和宽容性,适应并吸收差异。这表明,在整体的从属和整体的组成部分、相关性和自我同一之间的两个洞察中有着显著的合作关系。它倡导共产主义社会或者共享式的生活方式,这意味着其成员以及与整体的团结既享受个体的存在,又与整体分享经验。这包含一种社会的多重性,每个个体都成为一个人。

印度有一种完整的精神—物质文化,这种文化非常独特,在已知的历史中已经与外面的世界分享了三百多年。它种类多样,形式不一,目前仍存在并且活力十足。由于其有机本质和特性,它呈现出一种多样性的统一,并且有益于自我同一、自我保存以及群体团结和凝聚。它自身具有激发力,并且不排斥外在资源的营养和补给,而将其合并吸收、为其所用。多样性和持续的同一性是印度文化的资产。这种多样性不能孤立地按照远古、中世纪和现在的来看待,也不能将这种时间碎片与种族或派别的隔离结合起来来看待。这种断裂和分裂导致完整的印度文化不仅是一个叠印被扭曲,也不可避免地成为同一性和持续性的根源。如果印度文化从不同的来源中被脱节成多片,同一性和持续性的思想将非常危险。同样,将印度限制在当前而否定所有过去的遗产将导致自取灭亡。①

在上述分析的背景里,提出一个对印度文化的关键基础的略述是很有意义的。这种文化构成了在印度及国外印度同一性以及文化传承的理由,并且给我们的存在提供意义和价值。由于时间上过了几个世纪,而空间上非常广阔,理解印度文化的来源就很多而且有很大不同。从远古的吠陀梵语和 Sangama 文学开始,它们包括罗摩传和摩呵婆罗多两大史诗,佛经文学及其说明,不同语言的文学作品,圣人的著作,丰富的民间传说,艺术展出及遗迹、建筑、音乐、舞蹈、绘画、雕刻,等等,不胜枚举。除了这种多样化,在这浩瀚时空中它有一个基本的统一。

---

① No grateful nation should disown its past. But it should not carry the deadweight of the outlived traditions. A discriminative awareness of what is living and what is dead is required.

五

自从吠陀时代思想开始萌芽起，印度人就开始寻找生命的真谛。[1] 这构成了认识论与逻辑、形而上学与精神、社会与政治哲学、语言与解释学、科学与技术的精密的体系。这种寻找生命的真谛意味着寻找者们对现存并且一直以来的生活并不满意。这种不满意不仅是因为当前社会的历史和自然环境，更是由于追寻生命更深的意义，而非因为日常生活的经验所引起的。它还和人们对和平、完美、至福的热情和批判的理解有关。人们试图抓住的问题是：什么是人类生活？其意义和目的何在？人类如何计划生活以达到生命的至善？

在吠陀时代人们头脑中的意识形态的观点和目标导向的方法，一直持续着它的影响力，甚至在当今的思想中仍可见到。在古典的印度思想里，生活有四种主要的价值（purusarthas），即美德（dharma）、繁荣（artha）、爱（kama）和从轮回中得到解脱（moksa）[2]。Artha 代表物质繁荣，kama 代表物质满足，二者合在一起称为 preyas（愉悦）；dharma（美德）是二者的调节，并且是 moksa（从轮回中得到解脱）的一个手段；Moksa（从轮回中得到解脱）与 dharma（美德）一起是处于 sreyas（善）之下的，它是精神的实现。尽管生活的意义允许 preyas（愉悦）和 sreyas（善）的区分，但由于物质和精神并无分歧，因此二者之间并非不可调和。Preyas（愉悦）提供物质基础，sreyas（善）在自我实现的相同过程中构成精神的最高层次。既然物质给自我实现提供场所，preyas（愉悦）自然就有权利成为首先要追求的。但是一个人不能永

① "Udvayam tamasaspari svah pasyanta uttaram. Devam devata suryamaganma jyotiruttamam." Yajurveda, 20.2.

② "Dharmam samacaret purvam tato artham dharma samyutam Tatah kamam caret pascat siddharthah sa hi tatparam." Mahabharata, Santiparva, 167.27.

远受到 preyas(愉悦)的纠缠,在 preyas(愉悦)达到必要的满足之后就应该通往 sreyas(善)。另外需要记住,所有物质需要都不构成 preyas,因此是不能完全被满足的。只有这些需要被当做是 sreyas(善)的时候,他们才不会与 sreyas(善)不相容。Preyas(愉悦)是一个最近的价值,而 sreyas(善)是最终的价值。① 古代的思想家为了在 preyas(愉悦)和 sreyas(善)之间寻求一个良好的组织和平衡,建立了轮回修院。修院这个词暗示着起始、出发和中断之点。②

在本文中,我们大量提到 Pancakosas 的有关《奥义书》理论,即个人性格的五个维度:物质的(annamaya)、生命的(pranamya)、智力的(manomaya)、知识的(vijnana-maya)以及精神的(anandamaya)。③ 个人的全面发展意味着在所有这些方面的适度的全方位发展。在现代的语境中,我们通过用一种更有意义的方式重新诠释后,能够理解并认可这种理论。首先最重要的物质是依靠科学技术迎合物质的身体和自然环境。其次是生命的呼吸,卫生和医学以及瑜伽都对此有帮助,社会科学、人文学科、艺术和数学都对接下来的两个有用。而对最后一个,我们需要更高层次的精神追求,需要沉思、冥想,渐渐从狂热的社会活动中退出。

六

从以上对生活的描述中,适当的生活方式也已经提出来了。生活方式是人们为实现一种理想而计划其生活的方式,不管这种理想是什么。这称为瑜伽或解脱道,许多瑜伽或解脱道都已经被过去的思想家所验证了,在此之中,karma,也就是行为方式,jnana,也就是认识方式以及 bhakti,即是信仰

① "Sreyasca preyasca manusyametah, tau samparitya vivinakti dhirah" kathopanisad, 1.2.2.

② Mahabharata, Santiparva, chapter 61; Manusmrti, chapters 2–6.

③ Taittiriya Upanisad, Bhrguvalli, 2–6.

方式，是非常突出的。① 人类是一个认知、意动和情感因素的复合体，因此，一个良好的生活方式必须在这三个方面有一个平衡。为实现理想生活，人们必须起来努力奋斗。② 所以所有这三个方面，虽然有所区别，但应该整体地统一。

七

在探讨了传统的对生活的印度式的观点以及实现方式后，我们简要地阐述一下个人和社会的关系。印度的思想家们总是试图回避绝对的个人主义和极权主义，而强调一个折中的状态。③ 他们认为个人和社会之间并非绝对对立，并倡导二者的和谐关系。社会被认为是一个整体，多样的个体作为其构成部分。社会只能在并且通过个人来表达自身，并且反过来，个人只能在社会中存在和生活。两者被认为具有一种有机的关系并相互认可。

八

维系个人和社会的有机关系也被认为是个人和自然的关系的特点。个人存在于并通过自然存在，自然为其提供所需的养分。自然价值无穷，它无私地、源源不尽地为我们提供仁爱。④ 但是，正因为如此，它也应是尊崇和

① Bhagavadgita, chapters 3,7,12.

② "Uttisthata jagrata prapya varan nibhodata", Kathopanisad, 1.3.14.

③ "Madhyamam abhayam", Satapata Brahmana.

④ "Mata bhumih putro'ham prthivyah", Atharvaveda 12-1-12.

热爱的对象。《水塔刷塔尔·乌帕尼沙德》[①]宣称，Ajamekam lohita sukla krsuam bahavi praja srjamanam namamali，意思是："我们向自然致意，它永远如一，有红、白、黑三色，是万物之父。"自然的有用性不应该被曲解，因为滥用自然会导致环境污染和生态失衡。我们只有帮助自然，自然才会帮助我们。当然，自然允许我们改变它，但是必须遵循自然的规律。这才是接近自然的方法，而这是由吠陀时代的思想家传承下来的。

九

不提到传统的印度教育体系，描述印度文化就不算是完整的。古代的印度教育系统理论上是最紧凑、最合理的，实践上是最可行、最有效的，它的理论价值是由于其关于自然和人类命运、宇宙和它们关系的广泛、全面与健康的视角，它的实践意义在于适合不同年代和社会需求的灵活性。它只提供了一个宽泛的模式，而内容是根据需要来提供的。这里有一个永恒性和永久中肯性。正如吠陀智慧是永恒的一样，吠陀时代探求智慧的方式也是永恒的。遗憾的是，我们不知道吠陀经的意思，不知道什么是吠陀对现实、生活和教育的洞见。这里并不适合深入到细节，只是提供一个大致的脉络。

吠陀的先知们在事实的中心地带发现了一个对于生存价值来说持久的、不朽的地方。对存在、知觉和完美的祝福的描述，意味着所有的存在和知觉在祝福中达到顶点。人类由于自身的局限和不完美，价值只是部分地表现出来。但是每个个体都是潜在地完美的，并且有能力达到完美，因此每个人的终极目标就是应该使其深藏或沉睡于自身的基本价值得到完全的展现。必须清楚，实现完美并不只是一个乌托邦的梦想，吠陀的先知们坚信每

---

① "Samudra vasane devi parvatastava mandale visnu patni namstubhyam padasparsam ksamasva me." Visnu Purana.

个人人都是从完美中涌现出来的。正如一句著名的诗句所说:“上帝是全能的,创造是全能的,上帝的全能带来了人类的丰富等等。”①

价值是可以实现的,通过恰当的努力就可实现,这就是为什么价值实现的过程被称为 purusartha(物质的宗教信仰、经济发展、感官满足,以及最终致力于与至尊融为一体的努力)。但只有成长和完美过程中的所有障碍都被扫除,这才是可能的。这里就说到教育的角色。教育是生活的准备,但是生活不仅仅是谋生。类似的,生活也不仅仅是追求物质或精神的任一一种需要,在一般的和技术的教育中没有排他的“任一”。没有人仅仅是职业的存在,不管是一个工程师或医生、科学家、技术工人,他/她首先是一个社会的和精神的存在。这样,教育的完备性必须包括物质的、生命的、智力的、知识的和精神的所有方面。真正的和恰当的教育系统应该针对一个完备的人,它应该生产人而不是生产机器。②

印度文化是生活方式灵感的来源,是完全完整、综合并适应环境的。这就是为什么它能够经受住时间的考验,超越空间的限制。Pt. Nehru 恰当地评论说,不管这个广阔的世界走向哪里,总会有一个印度人带着些印度的东西。在这个文化多元化的年代,生活在国外的印度人将自己融合到他们的生活中,但会保留并发展他们自己独特的文化特性。持续坚持印度文化绝不会妨碍他们与属于不同文化群体的周围的人的动态联系,事实上,印度文化有一种合适的、具有弹性和接受力的建构机制,可以适应其场所和时间的条件。

正如 Bhisma 在摩呵婆罗多里所说,美德应该根据环境、需要和时间和地点修订。

Dharma bhahuvidha loke sruti bheda mukhodbhavah
Kula jati vayo desa guna kala svabhavatah
Etad dharmasya nanatvam sampad apjad vibhedatah

① First and the last verse of Isopanisad.

② “Manurbhava janaya daivyam janam”, Rgveda, 10.53.6.

（在许多国家里都有宗教信仰和世袭阶级，但是人的价值是由其行为和举止所衡量的。这就是人与人的关系。）

印度文化意识到，人类的境遇使人类有必要寻找一些方式和手段，以回应和调节影响其安宁和幸福的永不终止的系列事件和环境。在任何地区和国家里，一个个体或一组个体内外会不时发生紧张和冲突。因此，为更好地生活、发展和协调人类关系，有必要对负面的力量加以处理。但是，所有的调整都是在维持印度文化完整的范围内进行的。

（作者：S. R. 伯哈特，印度德里大学教授；

译者：刘玉梅，湖北经济学院讲师）

四

中华民族精神探究

中华传统文化精神论纲

何晓明

人类文化是一个生生不息的创造过程，同时也是一个“层累地”的积淀过程。中国是四大文明古国之一，而且是唯一的文明延续未曾中断的“声名文物之邦”。在漫长的历史演进过程中，中华儿女在亚洲东部、太平洋西岸、蒙古草原以南、喜马拉雅山和南海以北的广袤区域内繁衍生息，创造了以自给自足的农耕经济为基础的灿烂文化，并在此基础上形成了特色鲜明的民族文化精神。

一、重农习尚与务实品格

在以农业为生存根基的中国，农事耕作的节奏早已与社会生活的节奏相重合。中国人的传统节日，包括最隆重的春节，都是由农事节气演化而成，而不是像其他许多民族那样，节日多源于宗教。中国人很早就认识到农耕是财富的来源，上古经典《周易》有言：“不耕获，未富也”（《周易·无妄》）。周公旦提醒统治者，必须懂得农耕的重要，体察农人的艰辛，才能得到社会的安定：“君子所其无逸，先知稼穑之艰难，乃逸”（《周易·无逸》）。秦始皇的“上农除末，黔首是富”，更成为历代帝王坚信不疑的基本国策。

一分耕耘、一分收获的农耕生活,产生了中华民族群体心理的务实品格。人们在农事劳作中领悟到一条朴实的真理:利无幸至,力不虚掷。说空话无济于事,实心做必有收获。农人的务实之风也感染了文化专门家,“大人不华,君子务实”(王符:《潜夫论·叙录》)是中国贤哲们一向倡导的精神。“国民常性,所察在政事日用,所务在工商耕稼,志尽于有生,语绝于无验。”①章太炎的这一归纳,清晰地凸显了以农民为主体的中国人“重实际而黜玄想”的务实品格。在这种认识基础上,中国人发展了实用—经验理性,而不注重纯科学性的玄思,这突出表现在他们对宗教的态度上。周秦以后两千余年间,虽有种种土生的或外来的宗教流传,但是中华民族从未陷入全民性的宗教迷狂,世俗的、入世的思想始终压倒神异的、出世的思想。就全体而言,中国人的“终极关怀”即对生命意义的追求,从未导向去彼岸世界寻求解脱,而是在此岸世界学做圣贤,力求人生“三不朽”——立德、立功、立言。这正是中国传统文化的主干儒学不是宗教的根本原因。

二、恒久意识与中庸之道

农耕社会的人们习惯于维持简单再生产,缺乏扩大社会再生产的动力,因而社会运行缓慢迟滞,大体呈相对静态。在这样的生活环境中,极易滋生恒久意识,认为世间万物都是悠久、静定、守常、永恒的,因而在日常生活中表现出习故蹈常的惯性,好常恶变。反映在精英文化中,则是求“久”、求“常”观念十分发达。《易传》所谓“可久可大”,《中庸》所谓“悠久成物”,《老子》所谓“天长地久”、“复命曰常”,《管子》所谓“天不变其常,地不易其则”,都是这种意识的明确表达。反映在民间心态中,便是对器物追求经久耐用,对统治秩序希望稳定守常,对家族祈求延绵永远。如何使自身行为适

① 章太炎:《驳建立孔教议》。

应恒久的自然规律和社会秩序,中华先哲创造性地提出“中庸”之道。孔子说:“中庸之为德也,其至矣乎!”(《论语·雍也》)以中庸为最高美德。汉儒继承和发展了孔子的思想,他们阐发“中庸”的三层相互关联的含义:执两用中;用中为常道;中和可常行。不仅将中庸作为伦理道德的最高境界,而且把它作为日常行为基本准则的哲理化抽象。“中庸”就是用中。为人处世,不偏于极端,而追求一种不偏不倚、无过无不及的“中和”之道。郑玄说:“庸,常也,用中为常道也。”既是“常道”,那么它就一点儿也不神秘,所以宋儒又有“致广大而尽精微,极高明而道中庸”——崇尚调和,不走极端,求同存异,兼容并包,精微的人生哲理就在广大的日常起居之中。

崇尚中庸,不走极端,是安居一方、企求稳定平和的农耕型自然经济造成的民众心态。它集中到政治家、思想家那里,中庸之道就成为调节社会矛盾冲突的高级策略。施之于政治,是裁抑豪强,抑制兼并,均平田产、权利;施之于文化,则是在多种文化相汇时,求同存异,兼容并包;施之于风俗,则是不偏颇,不怨尤,入情尽理,内外兼顾。与此相关,农业社会的理想人格,不是强烈的自我表现,而是温、良、恭、俭、让的君子之风。农业型自然经济对商品交易的排拒,对社会公共关系的疏远、淡漠,导致人们推崇诚信,鄙弃口辩,所谓“君子欲讷于言而敏于行”(《论语·里仁》),这同工商业发达的古希腊社会人们崇拜雄辩家、竞相学习演说术的风尚大为不同。

三、变易观与循环论

农业生产的春耕夏耘、秋收冬藏,向人们反复昭示着事物的变化发展和生生不息。因此,与恒久观念相辅相成,变易观念在中国也源远流长,影响深远。恒久观与大化流行的变易观相结合,便有了寓变易于保守之中的具有鲜明中国特色的改革模式。如汉武帝刘彻的“复古更化”,“复古”是继承尧舜禹三代道统,“更化”则是以儒学改变秦代遗俗。以后的王安石变法、张居正改革、近代康有为的“维新”直至现代“新儒家”呼唤的“返本开新”，时代背景迥异，但都体现出共同的“托古改制”的内涵。

这种独特的“复古以变今”的思路，可以归结为思维方式的循环论所致。中华先民受农事及天象周而复始现象的启示，很早便建立起循环论的思维方式。政治生活中朝代的周期性盛衰更迭、治乱分合，以及人世间“白云苍狗”式的“三十年河东，三十年河西”，进一步强化了人们的循环观念。阴阳五行说之所以长盛不衰，其社会基础和思想基础正在于此。中国历史上最早致力于循环论探讨的，是春秋战国时代的阴阳家。用日照向背的阴阳消长模式来论证社会人事，是阴阳家的一大创造；而把阴阳与金、木、水、火、土“五行”结合起来，用于解释社会人事，则是阴阳家更大的创造。西汉大儒董仲舒大大发展了阴阳五行说。他重新排定五行的顺序以及五行间相生又相胜的关系，认为天正是通过五行相生又相胜的正、反向次序与功能来控制万事万物的运行，这便是“天道”。人类社会也处在天道的制约之下，“五行之随，各如其序，五行之官，各致其能”（《春秋繁露·五行之义》）。

从根本上说，阴阳五行循环论是基于农业社会的一种“推原思维”。这种思维的最大特点是出发点和归宿点的“重合”，而这一点恰恰是农作物从种子到种子周而复始以至无穷所暗示的。在中华文化系统中，这种思维方式的影响极为广泛。例如，将儒、道、佛三教汇合的宋明理学，其史观也是循环论，邵雍的“元、会、运、世”运转模式即为典型。

四、和平主义与大同理想

安土乐天的和平主义生活情趣，是直接从农业文明中生发出来的国民精神。固守家园，起居有定，耕作有时，既是劳动者获得生活资料的要求，也是统治者维系社会秩序的希望。“若使天下兼相爱，国与国不相攻，家与家不相乱，盗贼无有，君臣父子皆能孝慈，若此则天下治”（《墨子·兼爱》），正是农业社会古圣先贤和黎民百姓的共同理想。

农耕经济是一种和平自守的经济,由此派生出的民族心理也是防守自卫型的。这种心态表现在军事上,便是以战略防御为主导。中华先民中虽然不乏卫青、霍去病这样“勤远略”的军事家和汉武帝、唐太宗这样开疆拓土的英主,但是国家和民族一向孜孜以求的基本战略目标却始终是“四夷宾服”式的“协和万邦”。作为中华先民国防观念鲜明象征的万里长城,无论可以赋予它多少含义,它毕竟是一座毫不含糊的防御性军事建筑。农耕人追求安土乐天,不仅要防犯外来的侵扰,更要抗拒或逃避暴政的肆虐。如果说古已有之的“苛政猛于虎”的传说表达了人们对于暴政的极度厌恶和畏惧,那么传颂千古的“世外桃源”则给身陷离乱的农耕人以无尽的遐思与慰藉。

作为农耕民族的中华先民一向和平自守,但是他们的想象力又并非禁锢于狭小的天地。中华先民自古便有“一天下”、“平四海”的理想,这种农耕人的“世界主义”建立在和平主义、伦理主义的基础之上,有着十分悠长的历史。上古《诗经》里,便有反对“素餐”,向往“乐土”、“乐国”的诗句。汉代儒家经典《礼记·礼运》更是描绘出一幅农耕人“天下为公”的“大同”理想的完美蓝图:“大道之行也,天下为公。选贤与能,讲信修睦,故人不独亲其亲,不独子其子,使老有所终,壮有所用,幼有所长,鳏寡孤独废疾者皆有所养。男有分,女有归。……是谓大同。”中华民族的“大同”理想一直延续到近代。维新派思想家康有为以“大同世”作为社会改良的终极目标,专门撰写了《大同书》这一名著。孙中山亲笔题写“天下为公”的横幅,鼓舞革命党人的斗志。20世纪30年代,毛泽东更吟出“太平世界,环球同此凉热”的豪迈诗句,将中华民族古老的“大同”理想,升华到一个崭新的高度。

五、集权主义与民本主义

集权主义与民本主义，既彼此抗颉又互为补充，是中国传统文化在政治意识上富于特色的表现。中华传统社会由千万个彼此雷同的、分散的家族、村落和城镇组成。防御外来侵略和维持内部安定，是这个社会全民性的需求，这就产生了建立统一的集权帝国的必要。然而，农耕型自然经济决定了不能指望以商品交换形式的纽带来维系国家的大一统，而只能依靠政治上和思想上的君主集权主义使国家的大一统成为现实。春秋战国时代的法家，是绝对君权论的始作俑者。韩非子从天下“定于一尊”的构想出发，提出“事在四方，要在中央，圣人执要，四方来效”（《韩非子·扬权》）的政治设计。中华历史上第一个大一统帝国秦，就是以这一思想为指导建立起来的。秦代以后，中央集权政体绵延千载，历代思想家又纷纷为之作出进一步的理论论证。西汉董仲舒提出“天子受命于天”的君权神授论；唐代韩愈从社会分工的角度，规定了君、臣、民的不同职责，君者出令，臣者行令，民者出力以事其上。宋代程颢、程颐、朱熹等理学家更以缜密的逻辑思辨论证了“君为臣纲”是万古不移的“天理”。明代以降，君权扩张到极点，真正达到“朕即国家”的程度。与集权主义相伴生，中国传统社会又培育出另一特别的政治意识“民本主义”。民本主义植根于重农、尚农的普遍社会心理。农人的安居乐业是农业社会存在与发展的前提，如果民众失去基本的生存条件，“揭竿而起”，那么再强有力的专制王权也将陷入崩溃的危险境地。据此，上古时代的圣贤很早就提出“知人”、“安民”（《尚书·皋陶谟》）。春秋战国，民本思想大兴。老子谴责“以百姓为刍狗”的做法“不仁”。孔子倡导“仁政”，统治者应“博施于民而能济众”，孟子更提出“民贵君轻”的辉煌命题。荀子十分形象地论证君民关系：“君者舟也，庶人者水也。水则载舟，水则覆舟”，深刻的比喻给历代君王以震撼与警醒。唐太宗认识到“载舟覆舟,所宜深慎”,因此,“为君之道必须先存百姓”。“存百姓”只是手段,“为君之道”才是目的,这便是民本主义的实质。

民本主义与君主集权主义相反相成。一方面,以“爱民”、“恤民”为标志的民本主义与专制主义的极端形态——“残民”、“虐民”的暴政和绝对君权论是相对立的,因而历来舆论对暴君苛政的抨击无一例外地反复引述老、孔、孟、荀的民本主义精辟词句。另一方面,民本主义又与专制主义的一般形态相互补充,构成所谓“明君论”。圣明之君“重民”、“惜民”,于是“万姓所赖在乎一人,一人所安资乎万姓,则万姓为天下之足,一人为天下之首”(罗隐:《两同书·损益》)。由此可见,中国传统民本主义是从统治者的长治久安出发,注意民众的力量和人心的向背的。它与近代意义的“主权在民”的民主主义不可同日而语。当然,作为一种意识形态,重民心、顺民意的民本主义不仅对统治阶级时时敲响警钟,而且也构成开明士人关心民生疾苦的精神支柱。从屈原的“哀民生之多艰”,到杜甫的“朱门酒肉臭,路有冻死骨”,无不跳跃着民本主义的脉搏,体现了积极的历史进步意义。而黄宗羲的“天下之治乱,不在一姓之兴亡,而在万民之忧乐”(《民夷待访录·原君》),更是将中国传统民本主义推向极致,接近近代民主主义的边缘。

(作者:湖北大学历史文化学院教授)

“内圣外王”与中国古代民族精神的建构

田勤耘

博大精深的中华民族文化是孕育中华民族精神的土壤，而中华民族文化的一个最重要的特点是以人为本位。作为中国几千年封建社会居主导地位的儒家文化就充分体现了这一点，其核心就是关于理想人格的设计与塑造，即所谓的“内圣外王”。这不仅影响着中国古代民族精神的建构，而且对于我们今天重塑新的理想人格以及培育和弘扬当代中华民族精神有着重要的借鉴意义。

“内圣外王”一词，最早见于《庄子·天下篇》：“是故内圣外王之道，暗而不明，郁而不发”。儒家就是以“发明”所谓“内圣外王”之道为宗旨的。孔子所说的“修己以安人”，“修己以安百姓”，就是“内圣外王”之道，其中“修己”是“内圣”，“安百姓”是“外王”。“圣”是理想人格的最高境界，达到这一境界的人格就是“圣人”。而主体一旦达到仁、圣的精神境界，必然要释放出巨大的精神力量，见之于政治实践，成就“外王”事业。“外王”实为“内圣”的延伸和展开，“内圣”与“外王”互为表里，相辅相成，其最高境界是合而为一的。

继孔子之后，孟子、荀子对“内圣外王”的理想做了进一步阐发。就“内圣”而言，孟子明确地提出“性善”论，认为人人生来就具有恻隐之心、羞恶之心、辞让之心、是非之心，四者分别是仁、义、礼、智之端，称为“四端”。人只要扩充“四端”,就能发展原有的善性,完善自己的道德。相比之下,荀子更侧重于“外王”,他主张行“王者之政”,并强调“庶人安政”。荀子虽重“外王”,但并非不讲“内圣”,而是主张以“圣”而“王”,“非圣人莫之能王”(《荀子·正论》)。

秦汉之后,随着君主集权制帝国的建立,君主获得了绝对权力,为了既适应专制“大一统”的时代要求,又能坚持儒家“内圣外王”的价值理想,董仲舒提出了一套“天人相与”的理论。他所主张的“外王”事业,是大一统的王权政治。董仲舒也重视个人的道德修养,不过较之先秦儒家,“内圣”的理想则有所淡化。

到了唐代,尤其是从韩愈开始,又渐渐突出了儒家“内圣”的一面。韩愈倡导以仁义为中心的道德观,他说:“博爱之谓仁,行而宜之之谓义,由是而之焉之谓道,足乎已无待于外之谓德。仁与义为定名,道与德为虚位。”(《韩昌黎文集》卷十一《原道》)在韩愈看来,“内圣”与“外王”是可以“融会无碍”,互相促进的。

儒家在其历史嬗变过程中,虽然不断地更换理论形态,产生过不同的派别,但以“内圣外王”为其共同的理想追求,却是始终如一的。

程朱理学作为中国知识阶层追求道德境界的“心性义理之学”,对儒家理想人格提出了新的标准。程朱理学在排斥佛老的过程中吸收其理论因素和修养方法,丰富了先秦儒学和汉唐经学对理想人格的追求,成为中国传统文化精神在封建时代的最高表现形式。

理学家重“内圣”胜于“外王”,大大地拓展了内圣之学。程颢、程颐在构建自己的理想人格时,以“圣人”、“贤人”和“君子”作为他们的理想人格。从结构上来讲,三者是合一的,圣人必须具备贤人、君子的一切品德,由君子到贤人,再由贤人到圣人,则是理想人格的升华过程。从层次上来讲,三者又有实践主体的区别。统治者是以“圣王”为其目的的,他们的典范是尧、舜、禹、汤、文、武,“圣王”是“内圣外王”人格的最高体现,他能由“内圣”而达到“外王”,安邦兴国,从而实现治国平天下的理想;贤人则是有“王佐”之才的人所奋斗的目标,其典范是颜、孟;君子则是一般知识分子和庶民百姓努力的目标。

二程认为“圣人”是能够“尽仁道者”[1]，达到“仁”的最高道德境界的人就能成圣。他们还认为“圣人”有生知者，也有学知者，无论是生知，还是学知，在道德上都是至善至美的，即“圣人，人伦之至”（《孟子·离娄上》）。由于圣人是伦理道德的完美体现者，因而圣人也就“无过”。二程对“圣人”人格与“贤人”人格还作了严格区分。二程说：“学者必识圣贤之体，圣人犹化工也，贤人犹巧工也，翦綵以为花，设色以画之，非不宛然肖之，而欲观生欲之自然，则无之也”（杨时编：《二程粹言》卷下《人物篇》）。圣人与贤人相比，他们的差别就好比翦綵为花，虽然用鲜艳的色彩描述起来，看上去十分相像好看，但它终究不是真的自然的花。所以二程说：“孔孟之分，只是要别个圣人、贤人”。[2] 圣人必能“仁民爱物”，“开物成务”，成就“博施济众”的“外王”事业。贤人虽不及圣人，但其人格仍很高尚。二程将君子视为其理想人格中最低的一个层次。程颐认为“才德出众，谓之君子”。君子不仅“才”与“德”兼备，而且还必须要有远大的志向、宽阔的胸怀和敏锐的眼光。二程说：“君子之志所虑者，岂直其一身，直虑及天下千万世”。[3] 二程强调君子应“自强不息”，即使处于险恶的环境中，也要乐天安义，不可自弃。如此，才是真君子。实际上，二程认为人的人格修养是由低向高逐渐进行的，也就是由君子逐渐向贤人、圣人迈进，所谓“君子之学必至圣人而后已”（杨时编：《二程粹言》卷上《论学篇》）。

朱熹理学虽集两宋理学之大成，体系庞大，但并未改变其作为儒学的实质，其核心内容仍可归结为“内圣外王”之学。同二程一样，朱熹也赋予圣人以其理想人格的最高层次代表。在道德上，圣人是完美无缺的；在智慧上，“圣人直是聪明”；在能力上，“圣主于德固不在多能，然圣人未有不多能者”（《朱子语类》卷三十六《太宰问于子贡章》），圣人能力无比广大，无所不能；在知识上，圣人有着最为渊博广大的知识，“其语粗说细说，皆著理会

---

① 程颢、程颐：《二程集·河南程氏遗书》卷十八《伊川先生语四》，中华书局1981年版。
② 程颢、程颐：《二程集·河南程氏遗书》卷二（上）《二先生语二（上）》，中华书局1981年版。
③ 程颢、程颐：《二程集·河南程氏遗书》卷十《二先生语十》，中华书局1981年版。

教透彻，盖道体至广至大，故有说得易处，说得难处，说得大处，说得小处”（《朱子语类》卷十九《论语一》）。

在“内圣”功夫上，朱熹强调“持敬”、“去欲”的主体修养论，他说：“圣门之学，别无要妙，彻头彻尾，只是个敬字而已。……若能持敬以穷理，则天理自明，人欲自消。”（《朱文公文集》卷四十一《答程允夫》）在“外王”事业上，朱熹突出义利、王霸之辩，主张重义轻利，尊王贱霸。他说：“古之圣人致诚心以顺天理，而天下自服，王者之道也；后之君子能行其道，则不必有其位，而固已有其德矣。故用之则为王者之佐，伊尹大公是也；不用则为王者之学，孔孟是也。若夫，齐桓、晋文，则假仁义以济私欲而已。设使侥幸于一时，遂得王者之位而居之；然其所由则固霸者之道也。”①认为区别王霸的标准在于讲求“仁义”还是“功利”，王道是“行仁义而顺天理”，霸道则“假仁义以济私欲”。孔孟的“王者之学”是“王者之道”的具体体现，然“自孟子既没，而世不复知有此学”，故朱熹要求学者都来“做儒家事业，圣学功夫”（《朱文公文集》卷三十六《答陈同甫》）。

朱熹也把理想人格分为三个不同的等级，即圣人、君子、贤人。他把君子人格摆在贤人之前，充分说明了他对君子这一人格的重视程度。他说：“须是才节兼全，方谓之君子，若无其才而徒有其节，虽死何益！”②也就是说，君子必须具备“才”和“德”，这二者是不可分割、密切联系的，缺少任何一方都不能成其为君子；反之，“有德而无才，则不能为用，亦何足为君子。”③正因为要德才兼备，因而朱熹在其理想人格体系中赋予君子仅次于圣人的地位，这与二程的圣人、贤人、君子的分法是不尽相同的。

王守仁作为心学集大成者，积极倡导“知行合一”，晚年更揭示“致良知”说。他说：“人胸中各有个圣人”④，“个个心中有仲尼”（《阳明全书》卷二十《咏良知四首示诸生》），认为人人都可以成为圣人，而且人人本来就是

---

① 朱熹：《四书或问·孟子或问》卷一，上海古籍出版社、安徽教育出版社2001年版。
② 《朱子语类》卷三十五《曾子曰可以托六尺之孤章》，中华书局1983年版。
③ 同上。
④ 《王阳明全集》第二册《传习录下》，红旗出版社1996年版。

圣人。人人“成圣”或人人“本圣”的内在根据就是“良知”，他说：“心之良知是谓圣，圣人之学惟是致此良知而已。自然而致之者，圣人也；勉然而致之者，贤人也；自蔽自昧而不肯致之者，愚不肖者也。患不肖者虽蔽昧之极，良知又未偿不存也。苟能致之，即与圣人无异矣。此良知所以为圣愚之同具，而人皆可以为尧舜者，以此也。”（《阳明全书》卷八《书魏师孟卷》）王守仁的“致良知”之学，自可以“圣学”视之。论事功，王守仁胸怀“康济得天下，挽回三代之治”，“方是不负圣明之君，方能不枉此出世一遭也”（《阳明全书》卷三十二《年谱》）的政治抱负，以机智的谋略和卓越的胆识，平定南昌宁王朱宸濠的武装叛乱，又先后平定南赣大规模的农民暴动和广西少数民族的暴动，建立了举世瞩目的奇功大业，被誉为“才兼文武”的“命世人豪”。可以说，在王守仁那里“内圣外王”的理想诉求达到了一个高峰。

到了明末清初，顾炎武、黄宗羲鉴于程朱理学日益空疏，陆王心学流于禅释，终于导致“空谈误国”，于是高擎经世大旗，力倡“明道救世”，由“内圣”转向“外王”。顾炎武力主求知与修养，学与用的统一，亦即“内圣”与“外王”的统一。而黄宗羲则进一步凸显了“外王”理想，他在批判君主制的基础上，主张天下应由一姓一人之私物，变为天下之公物。为了实现“公天下”的理想，他提出了一套治国方略，如学校议政、计口授田、重工商、废科举、奖励科技等，充分体现了“经世致用”的思想。可以说，“外王”理想在黄宗羲那里达到了前所未有的高度。

综上所述，“内圣外王”始终是贯穿于传统儒学理想人格设计的一条主线。儒家所设计的这样一种“君子”型理想人格包含有极为丰富的内容，它至少在以下几个方面对中国古代民族精神的建构产生过重要影响。

首先，“内圣外王”之道关于君子理想人格模式的设计，反映了自古以来中华民族注重内在素质的修养，强调外在美与内在美相辅相成，二者有机结合。“内圣”是人的一种内在的道德素质，而“外王”作为“内圣”的外化，是主观见之于客观的东西，是人的“内圣”的主观精神状态的自然延伸与拓展。儒家提倡“以修身为本”，而修身的目的正在于追求人格的完善。孔子提出了“文质彬彬，然后君子”的命题。他认为君子应当“文质彬彬”，只有同时具有“文”和“质”两个方面,才能成为“君子”。“质”是一个人内在的道德品质、道德信念,即个人心性修养方面的素质;“文”是在具体的社会实践中所表现出来的言行举止和仪态风貌。孔子认为:“质胜文则野,文胜质则史。”(《论语·雍也》)要实现君子型人格,就必须克服文和质任何单方面的偏离,把内在的品德与外在的表现结合起来,使二者相辅相成,达到完美的统一。而后孟子的“性善”论以及唐代韩愈倡导的以仁义为中心的道德观无不是在强调内在素质的修养,尤其是宋明理学更是将“内圣”功夫发挥到了极致。这就使得中华民族文化的主体精神具有一种强烈的崇德重义的价值追求,虽然不可能人人成圣,但“圣”至少是人人可以不断努力和接近的目标。人生在世,要做一个大义凛然的“大丈夫”,就必须能够“富贵不能淫,威武不能屈,贫贱不能移”(《孟子·滕文公下》),“不为五斗米折腰”。儒家经典《大学》标榜的“大学之道”,是“明明德,亲民,止于至善”,这是把对完美道德的追求看做“唯此唯大”。为社会各界普遍认同的“君子爱财,取之有道”、“宁为玉碎,不为瓦全”,等等,都是崇尚道德价值,注重内在修养的表现。

其次,儒家并不仅仅追求心性道德的完美,更重要的是由“内圣”而“外王”的事功致用,由个人的道德修养拓展到治国、平天下的社会领域。正如梁启超所说:“‘内圣外王之道’,包举中国学术之全体,其旨归在于内足以资修养,而外足以经世。”[①]“内圣外王”理想人格模式不是要超越与游乎世俗之外,而是要博施济众,具有经世济民的抱负。孔子曾明确表示:“苟有用我者,期月而已可也,三年有成。”(《论语·子路》)孟子也曾声称:“如欲平治天下,当今之世,舍我其谁也。”(《孟子·公孙丑下》)孟子明确把既有仁爱之心,又有经世济民的志向,能够积极入世、博施济众的人视做理想人格的楷模。后来儒学虽经历不同时代的发展变异,但都未曾动摇过其一以贯之的“内圣外王”的理想追求,而其自身与时俱进的发展演变恰是其经世济民思想核心合乎内在逻辑的发展。秦汉以后,儒学的继承者对“内圣”、

① 梁启超:《论语考释》。

“外王”两方面虽各有侧重，但无论其理论主张或是其自身的实践都体现着一种强烈的社会使命感、义务感和责任感，体现着对自身利害得失的超越以及对整个社会的浓厚关怀。同时，这样一种积极进取的人生态度，为后人树立了良好的榜样，是培育自强自立、勇敢顽强、拼搏进取的中华民族精神的养料。

再次，“内圣外王”这一理想人格模式从来就不是一个封闭的体系，而是一个开放的思想体系。自先秦思想家提出这一理想人格模式，孔、孟将它发展为一种完善的理论体系以来，这一理论体系经历了各个不同时代的发展嬗变，从而使其在不同的时代具有不同的时代精神，这也就是为什么儒学继承者对“内圣”、“外王”两方面在不同的时代各有侧重的原因。董仲舒重“外王”胜于“内圣”，这是与当时专制“大一统”的时代要求相一致的。而后从唐代韩愈等人开始更加注重“内圣”，尤其是宋明理学家敞开胸怀，广泛吸收儒、释、道各家之长，为我所用，如对佛、老思想中有价值的理论精髓、思维方式和逻辑结构图式的利用和改造，表现出极强的兼容性和开放姿态。如果不是这样一种开放的胸怀，“内圣外王”的思想体系也就不可能使明末清初的思想家把批判的矛头直接指向封建君主专制，主张天下应由一姓一人之私物，变为天下之公物。由此观之，中华民族自古就有一种开放思想和理论创新意识，这是中华民族传统文化传承给我们的一笔宝贵的精神财富。

诚然，“内圣外王”的理想人格模式是崇高、完美的，它在理想人格、价值取向、思维方式、伦理观念、审美情趣等精神文化方面使全民族的认识逐渐趋于一致，因而“内圣外王”体现了中华民族文化的主体精神。但就是这样一种理想人格也存在着内在矛盾：在道德理想上要求“内圣”与“外王”的统一，而在现实生活中二者往往又是分离的，即“内圣”未必能够“外王”，“外王”也未必就是“内圣”。从儒家所标榜的圣王先贤不同的个人遭遇来看，这一矛盾表现为“达则兼善天下，穷则独善其身”（《孟子・尽心上》）的文化心态。从总体上看，“内圣外王”的理想人格模式是以“内圣”为基点建构起来的，这就使其在理想人格的设计与塑造上往往过分强调心性修养和道德素质，而忽视人格中的科学文化修养和科技素质。同时，这一理想人格模式忽视或排斥劳动这一人格要素，这就决定了它本身是不健全的。尽管“内圣外王”的理想人格模式有诸多矛盾、缺陷，但作为历史留给我们的一份厚重的文化遗传，其中的注重道德修养、奋发有为、经世济民以及海纳百川的开放意识等合理因素早已深深积淀在中华民族的深层心理结构之中，成为民族精神的一部分。在建立和完善社会主义市场经济的今天，我们对这样一种理想人格模式应加以批判地改造，剔除其糟粕，吸取其精华，使其在培育和弘扬当代中华民族精神的过程中发挥积极作用。

（作者：华中科技大学历史研究所博士研究生）

清朝末季：民族自信的丧失与实用理性的延续

——中华民族精神的现代转型研究之一

黄岭峻

一

“民族精神”是一个相对宽泛的概念。一般而言，它是指一个民族所具有的使自己区别于其他民族的特殊的思维方式与精神气质。具体到中华民族的民族精神而言，它可能是一个聚讼不已的问题，不同的价值取向会导致不同的精神定位。不过，撇开那些相互抵触之处，有一点是学界的共识，即以实用理性为特色的儒家文化是塑造中华民族之民族精神的底蕴。至于何谓“实用理性”，李泽厚先生曾这样解释：“所谓‘实用理性’就是它关注于现实社会生活，不作纯粹抽象的思辨，也不让非理性的情欲横行，事事强调‘实用’、‘实际’和‘实行’，满足于解决问题的经验论的思维水平，主张以理节情的行为模式，对人生世事采取一种既乐观进取又清醒冷静的生活态度。”①

① 李泽厚：《中国现代思想史论》，东方出版社1987年版，第320页。

换言之,从哲学上看,“实用理性”本质上是一种看重此岸世界、轻视彼岸世界的生活态度。在这种生活态度的影响之下,人们会较多地关注人伦日用,较少地耽于冥思玄想。中国人的伦理观、宗教观,乃至政治观事实上都带有较浓的实用理性色彩。譬如在宗教观方面,由于在实用理性的影响之下的中国人极少关注相对于此岸世界的彼岸世界,所以很难产生基于彼岸世界的真正信仰。正因为如此,中国人所说的宗教信仰,大多不是“因‘信’而信”,即因为宗教是真实的而相信;而是“因‘用’而信”,即因为宗教是有用的而相信。[①] 这里所说的“因‘用’而信”,也就是古人经常标榜的“神道设教”。

虽然,自先秦诸子之后,由于道教的崛起与佛教的传入,曾使中华民族的民族精神有所改变,但其实用理性的色彩并未消减。像道教后来衍变为追求长生不老的活命哲学,佛教后来转化为讲究修身养性的中国禅宗,以彼岸为目标的“教”皆变成了以此岸为舞台的“学”,其间都或明或暗地可以发现“实用理性”在作怪。而且,由于1840年鸦片战争前中华文明从未受到外来文明强有力的挑战,所以这种以实用理性为底蕴的传统文化也一直成为中国人引以为荣的精神支柱。明末来华的传教士利玛窦曾对中国人这种良好的自我感觉有十分到位的描述,他说:“因为他们不知道地球的大小而且又夜郎自大,所以中国人认为所有各国中只有中国值得称羡,就国家的伟大、政治制度和学术的名气而论,他们不仅把所有别的民族都看做是野蛮人,而且看成是没有理性的动物。”[②]不过,鸦片战争后西方文明的入侵,却使中国人碰到“数千年未有之强敌”,并由此引发“数千年未有之变局”。随着对外战争的屡次失败,中国人开始逐渐反省以实用理性为底蕴的传统文化的优劣得失,也因此对一向坚信的民族精神开始感到怀疑与不满。

---

① 关于“因‘用’而信”与“因‘信’而信”的定义及影响,参见黄岭峻:《因“用”而信与因“信”而信——以清末士大夫宗教观为例的研究》,《宗教学研究》2003年第3期。

② 利玛窦:《利玛窦中国札记》,中华书局1983年版,第181页。

二

当然,近代中国人对自己文化的自信心的丧失经历了一个较为复杂的过程。自孔子开始,在道德规范上采取的是二重标准,即所谓"君子喻于义,小人喻于利"(《论语·里仁篇》)。既然君子懂得的是义,那么自然可以用圣人之道来开导;而既然小人懂得的是利,那么自然只能用鬼神之说来恐吓。这也就是后来荀子所说的:"其在君子,以为人道也;其在百姓,以为鬼事也。"(《荀子·礼论篇》)在这种道德的二重标准影响之下,中国文化传统中的大传统与小传统呈现出较明显的差异。"大传统"和"小传统"的概念,最初是由美国学者 Robert Redfield 所提出的。根据其在 1956 年出版的一本著作,"大传统是社会精英及其所掌握的文字所记载的文化传统,小传统是乡村社区俗民(folk)或乡民(peasant)生活代表的文化传统。因此,前者体现了社会上层和知识阶层代表的文化,多半是由思想家、宗教家经深入思考所产生的精英文化或精雅文化,而后者则是一般社会大众的下层文化"①。如果将此概念运用于对中国文化传统的分析,不难发现:中国的大传统是以强调道德自觉为特色的上层(君子)文化,而中国的小传统则是以强调神道设教为特色的下层(小人)文化。在面对西方文化的侵蚀时,两种传统的反应有时并不一致,这首先可以从太平天国运动略窥一斑。

鸦片战争之后,西方传教士重新在中国内地活动,由于此时在经济利益上与中国民间的冲突尚不激烈,所以最大阻力主要来自于具有较强意识形态冲动的中国上层,而不是下层。非但如此,由于受神道设教习惯的影响,中国下层百姓往往通过比附与篡改相对较容易地接受西方宗教思想的影响。事实上,在洪秀全创立带有基督教色彩的拜上帝教初期,追随者多是受

① 转引自陈来:《古代宗教与伦理——儒家思想的根源》,三联书店 1996 年版,第 12—13 页。

小传统影响的底层百姓,而非受大传统影响的知识分子。为此,他曾感叹道:“当今士子不能分辨真假与是非。……他们自身既已盲目和颠倒,复以此陈腐之说教人,普天下遂陷入魔鬼之罗网中。他们不能从徒然追逐名利中摆脱出来。他们追求转瞬即逝的快乐,仿佛此为永恒。他们贪恋世间之乐而忘却了天堂之福。但是,就在追逐名利之时,他们将魔鬼引入了心中。他们向往永福却堕入了地狱,欲得平安却不得平安,欲得福祉却不得福祉。这就是自满、自负、虚傲的当今士子。”①

如果我们暂时撇开其他因素不谈,仅从满清政府与太平天国双方“造势”的手法看,曾国藩等人强调太平军“崇天主之教”,实为“开辟以来名教之奇变”②,带有浓厚的大传统色彩;而洪秀全等人将神人同形论引入拜上帝教,将自己打扮成新的人间偶像,实际上带有明显的小传统色彩。因此,在某种程度上,我们可以说,在鸦片战争之后的20年,当以基督教为核心的西方文明再次进入中国时,洪秀全等人依据以神道设教为底蕴的小传统接受并改造了这一文明,而曾国藩等人则凭借以道德自觉为底蕴的大传统予以拒斥与反击。一场太平天国战争,极而言之,也可以说是中国大传统与小传统因西方基督教文明引发的内部冲突。不过,冲突归冲突,太平天国运动所反映的中国两种传统的冲突并不意味着二者之间已经存在质的区别。事实上,不管是大传统,还是小传统,其代言人在当时皆未认识到作为传统底蕴的实用理性的局限性。因此,受大传统影响的人是以此岸世界的人伦否定彼岸世界的上帝,而受小传统影响的人则是将彼岸世界的上帝变为此岸世界的人伦。换言之,不管是曾国藩式的“卫道”,还是洪秀全式的“反孔”,其本质还是传统中国式的,即皆属于实用理性的范畴。真正的变化,是始于19世纪60至70年代的一帮洋务思想家。

---

① 转引自夏春涛:《太平天国宗教》,南京大学出版社1992年版,第211页。

② 曾国藩:《讨粤匪檄》,载《曾文正公全集》卷三,传忠书局1873年版。

三

自19世纪60年代以后，少数中国士大夫在与西方文化的接触中逐渐发现以往的自我中心意识并不正确，西方文化在很多方面都不亚于甚至远优于中国文化。譬如，王韬在游历英国之后，曾称赞道："盖其国（指英国——引者）以礼义为教，而不专恃甲兵；以仁信为基，而不先尚诈力；以教化德泽为本，而不徒讲富强。"①如果说王韬还只是对西方文化做了一些正面评价，那么清政府驻英国第一任公使郭嵩焘则是在西方文化的观照下，深切认识到中国文化已经落伍。郭嵩焘日记中的一段写得颇为沉痛，其中记道："三代以前，独中国有教化耳，故有要服、荒服之名，一皆远之于中国而名曰夷狄。自汉以来，中国教化日益微灭，而政教风俗，欧洲各国乃独擅其胜，其视中国，亦犹三代盛时之夷狄也。中国士大夫知此义者尚无其人，伤哉！"②

当然，作为在中国文化之大传统中浸淫甚久的士大夫，王、郭等人认识到传统之不足，并不等于已经完全摆脱传统之影响。但这种从大传统中逐渐分化出来的怀疑论，则是此后中华民族之民族精神实现转型的先决条件。此后，虽然大传统的主流曾与小传统联合起来，对付对二者都构成威胁与伤害的西文基督教文明（此即义和团运动时期的排外浪潮），但随着这次反抗的失败，从大传统中分化出来的怀疑论更加具备了怀疑既往的理据。因此，在清朝末季，鄙弃儒学、否定传统在士大夫阶层便已蔚然成风。

关于清末党人田桐的一则趣闻颇能说明这种风气。据说，出生于湖北蕲春的田桐少时不喜练习八股文。一次，参加州试后，其父"索观其文，不

---

① 王韬：《漫游随录》，湖南人民出版社1982年版，第135页。

② 郭嵩焘：《郭嵩焘日记》（三），湖南人民出版社1981年版，第439页。

中当时律令”,于是大为恼怒,并施以体罚,殊不知田桐的这篇不合律令的文章“揭晓竟列榜首,亲友咸为称异”[①]。田桐的“歪打正着”,只能有两种解释。其一,阅卷者也不懂八股文的基本律令;其二,阅卷者也反感八股文的言不及义。按说八股文的写作格式是当时读书人的常识,如同当今小学生要掌握的乘法口诀表,所以第二种原因的可能性要大于第一种原因。

类似的故事还能讲出很多。总之,由洋务思想家发其端的这种怀疑既往传统的思想,在1895年中日战争之后便逐渐弥漫于士大夫阶层。除了上述下层知识分子的“离经叛道”外,上层知识分子事实上走得更远。从清末的几次思想论争看,不管政见有何分歧,反孔疑孔皆成了那些思想界领风骚者的时髦。譬如,梁启超曾宣称孟子所说的“天听自我民听,天视自我民视”,究其实质不过是“保民”或“牧民”,“比之于暴民者,其手段与用心虽不同,然其为侵民自由权则一也”。[②] 而精通国学的章太炎对传统也无好感,他认为作为传统核心的孔子学说,其“最大污点,是使人不脱富贵利禄的思想”。[③] 即使是相对平和中庸的严复,亦曾将一些士大夫的“顽固褊狭”归因于“孔子之鄙夫”。[④]

事实上,在清朝末季,这种怀疑传统、迷信将来的思想一点不弱于五四时期。如果略去时代背景,我们会发现清末思想界的一些言论与五四思想界并无二致。请看下面一段引自《湖北学生界》的文字:“吾中国人服从之劣根性,于学术上尤为深固,一言一事,辄引数千年之古人为印证,甘以其极灵活之脑筋,为古人纳糟粕之筐箧。岂知我有脑筋,即为我制造新理想之机器乎?吾闻欧西名哲大贤著书立论,必求合天演界之公理,不惜与古人挑战,故论理愈演愈复杂,愈复杂愈归于得当,不至以褊言狭义,播毒种于后人。”[⑤]从这段文字中不难看出,清朝末季士大夫趋新而鄙旧的热情,一点不

---

① 冯自由:《革命逸史》(第二集),中华书局1981年版,第151页。
② 梁启超:《自由书·保全支那》,载《饮冰室全集》(专集之二),上海文化书局1935年版。
③ 章太炎:《演说录》,《民报》1906年第6期。
④ 严复:《论教育书》,《外交报》1902年第9期。
⑤ 丁守和:《辛亥革命时期期刊介绍》(第一集),人民出版社1982年版,第252—253页。

逊于五四时期。甚至可以说,五四时期的反孔与清朝末季的趋新是一脉相承的。

四

随着从大传统中分裂且滋生出来的趋新意识的汇集,作为传统核心的儒学之定于一尊的地位,不能不出现松动且倾覆的危险。中华民族精神的现代转型,实际上也是发轫于这种趋新意识。从理论上看,中华民族精神的转型在当时不脱两条路径,其一是强化;其二是转化。事实上,这两条路径在当时皆有人提及和尝试。

首先,让我们来看"强化"的路子。

这里所谓"强化",即是重新树立传统儒学的权威性,从而为人们提供必要的道德规范。事实上,在清朝末年,几乎与道德滑坡出现同时,即有人提出重振儒学以规范人心。其中,甚至有人认识到"一善制之立,一美俗之成,动千百年而后有",不是一朝一夕所能获得的,所以不能"弃其所故有,而昧昧于来者之不可知"。[①] 鉴于儒学思想受到专制政治的牵连,这一派中的人士非常谨慎地将"国学"与"君学"作了区分,认为国学"不以人君之是非为是非",所以推翻君学不应拖累国学。[②] 然而,由于实用理性所构建的中国传统过分关注此岸世界而漠视彼岸世界,所以"国学"与"君学"往往互为表里,胶着在一起。也正因为如此,对于现实中国日益衰颓的国运,中国传统也就难辞其咎。这也正像后来有人批评这种"强化"论时所说的:"海禁开放前旧中国的经济是发展得那末好,政治是那末好,风气伦理是那末好,一切都几乎是全世界第一。可怪的,既然是一切都那末好,为什么打不

① 王栻主编:《严复集》(第二册),中华书局1986年版,第246页。

② 参见邓实:《国学无用辨》,《国粹学报》1907年第30期。

过外国侵略者,而且时常要与当时的敌人作城下之盟,订立那么多不平等条约呢?"[①]事实上,后世那些继续"强化"路径的新儒家之所以只能孤芳自赏而回应寥寥,其症结即在于它很难摆脱中国已经落后这个事实对它的质疑。

其次,我们再看一下"转化"的路子。"转化"也可分为两种办法:一种是向着宗教型道德过渡的转化,另一种则是继续世俗型道德模式的转化。应该说,中华民族精神若要摆脱实用理性的桎梏,第一种转化办法是相对简单的选择。像李佳白曾经梦想的中国泛基督教化与康有为努力提倡的定孔教为国教,皆有这方面的考虑。然而,在清末思想界更为流行的是进化论,进化论之所以在中国大受欢迎,一方面固然是在实用理性的影响下,中国士大夫与这种强调此岸进化而非彼岸神创的思想有更大的亲和性;另一方面,进化论思想反过来也强化了中国士大夫脑海中固有的实用理性倾向。因此,尽管当时有人在表象上认识到宗教的作用,但他们所追求的是一种与进化论不相悖离的宗教。这正如当时有人提出的"新中国宗教者以国家为至尊无对,以代上帝,一切教义,务归简单,……既经群认为教义,则背之者为叛国家,由众罚之,以代地狱。有功于国家者,若发明家,侵略家,教育家,由众赏之,以代天堂"。[②] 这实质上是对没有宗教的宗教精神的憧憬。由于实用理性与进化思想的双重影响,"转化"的第一种路子根本无从实施,所以此后中华民族精神的现代转型基本上走的是第二条路子。然而,这种转化所无法克服的实用理性的弊端,则是预先即已注定的了。

五

综上所述,清末,随着对外战争的屡次失败,中国思想界逐渐丧失了往

① 陈伯达:《评〈中国之命运〉》,《解放日报》1943年7月21日。

② 无畏:《醒后之中国》,《醒狮》1905年第1期。

日那种带有浓厚自我中心色彩的民族自信,由此也引发了对中国文化传统的质疑。在这个转变过程之中,虽然强调道德自觉的大传统与强调神道设教的小传统的反应有时并不完全一致,甚至会相互冲突,但由于实用理性的根深蒂固与进化思想的外在影响,两者都没有突破传统的深层心理结构——由此岸世界推演出彼岸世界。即使是提倡鬼神之说的小传统,因其看重的是鬼神等物的教化作用,而非未知领域的客观存在,最后也往往衍变成对人间凡人的偶像崇拜,从而将对彼岸世界的憧憬彻底消解。当然,对作为中华民族精神底蕴的实用理性究竟应作何评价,现在很难一言以蔽之。不过,由于很难在现实生活之外开拓出一个未知世界,所以近代以来文学上的现实主义泛滥与政治中的唯理智论猖獗,应该说都与它有一定的关系。实用理性的优点是讲究致用而务实,缺点则是讲究致用而短视。事实上,在实用理性的影响之下,中国传统的学术思想是道统与政统的合一。清朝末季,中国思想界尽管已经认识到传统的缺陷,但因没有完全摆脱实用理性,这种将道统与政统混淆不分的做法并没有丝毫改变。20 世纪 30 年代张君劢先生曾经回忆他在清末的心路历程,说:“前清末年,……大部分东京留学生都是热心政治,所谓求学不过在政治运动中以求学帮助自己智识之一种手段,很少有人以学问为目的,以努力学问为终身事业。这个时期大家只知有政治,有救国。在东西洋求学的人们,关于宇宙间何以有智识有学术,学术何以有许多门类,何以有所谓方法,这种种问题,大家偶尔在书本上翻到,至于真正研究纯粹学术的人,可以说是绝无仅有。”①

事实上,直到今天,能够认识到这一点的中国人,也可谓凤毛麟角。

(作者:武汉理工大学政治与行政学院教授)

① 张君劢:《我从社会科学跳到哲学之经过》,《再生》第 3 卷第 8 期,1935 年 10 月。

楚民族精神略议

刘玉堂

民族精神是一个民族在长期共同生活和实践中形成的思想观念、价值理念与信仰、性格及心理的总和，是这个民族得以生生不息地繁衍和发展的活的灵魂与根本动力，也是该民族所创造的文化的内在核心部分。楚民族是中国先秦时期长江中游地区的一个勤劳、睿智、勇敢的民族，在长期的生存与发展中，形成了自己特征鲜明的民族精神，这些精神主要包括“筚路蓝缕”的进取精神、“抚夷属夏”的开放精神、“鸣将惊人”的创造精神和“深固难徙”的爱国精神。系统而深入地研究楚民族精神，对于我们弘扬和培育民族精神，加强“三个文明”建设，乃至实现中华民族的伟大复兴，都具有重要的历史价值和现实意义。

一、“筚路蓝缕”的进取精神

楚民族是一个充满进取精神的民族。《左传·昭公十二年》记楚右尹子革回答楚灵王的询问时说：“昔我先王熊绎，辟在荆山；筚路蓝缕，以处草莽”。《左传·宣公十二年》记晋大夫栾武子说：“若敖、蚡冒筚路蓝缕，以启山林”。筚路，就是简陋的柴车；蓝缕，是指破烂的衣裳，它是楚人艰苦创业、奋发图强精神的生动写照。熊绎约公元前1000年,从熊绎至蚡冒,前后共200多年,“筚路蓝缕”的精神一直贯穿其间;从熊绎到灵王,前后近500年,“筚路篮缕”的精神始终感奋着楚人。

楚国历史上第一个正式受封的是熊绎。《史记·楚世家》记载:“当周成王之时,举文、武勤劳之后嗣,而封熊绎于楚蛮,封以子男之田,姓芈氏,居丹阳。”熊绎虽受封为楚君,但名卑号微,按《史记·孔子世家》的说法是“楚之祖封于周,号为子男五十里。”所幸的是,熊绎并没有因领土狭小而怨天尤人、自暴自弃,而是以“筚路蓝缕”的精神率领臣民克艰历险、励精图治。

从熊绎到熊渠,楚人经过一个半世纪的惨淡经营,显示了转弱为强的势头。熊渠整军经武,远交近攻,飞取“江上楚蛮之地”。据《史记·楚世家》记载,熊渠一度封三子为王,公然宣称“不与中国之号谥”,与周室分庭抗礼,可谓锋芒初露。

楚武王熊通才称得上是楚国历史上第一位真正的国王。《史记·楚世家》说他放言“欲以观中国之政”,灭权降随,伐邓击郧,得志汉东,兼顾侧背,终因心力交瘁死于出征途中。熊通还自行称王,怒言:“王不加位,我自尊耳!”开诸侯僭号称王的先河。在武王的遗产中,尤为珍贵的是发奋图强的锐志。假如以为武王时楚人的发奋图强,只是一味地攻城掠地,杀人越货,那就大错特错了。楚人的发奋图强,表现为继承和发扬先人“筚路蓝缕”的精神,创业兴国。

楚文王熊赀继承武王遗志,所做的第一件大事就是将国都由丹阳迁往郢。此地处在南来北往、东去西还的枢纽上,楚国以郢为首都,无论制驭蛮、越、巴、濮,抚绥汉阳诸国,乃至窥伺中原诸夏,都便于策应。楚文王越汉水,出方城,逐鹿中原,威震诸夏。

楚成王“布德施惠,结旧好于诸侯”。据《史记·楚世家》的记载,周天子希望楚国“镇尔南方夷越之乱,无侵中国”。对于前者,正合楚人心意;对于后者,楚人则反其道而行之。楚成王的战略方针是出方城而北上与沿淮水而东下并举,灭国拓疆,“楚地千里”。楚成王虽无霸主之名,却有霸主之实。其所以如此,是因为其孙楚庄王的形象更加高大,人们便舍其祖而取其孙了。

楚国历史上声名最为显赫、以文韬武略著称的楚庄王熊旅，堪称春秋时期叱咤风云的一代雄主，他问鼎周室，饮马黄河，跻身春秋五霸之一。

楚威王在位时，楚国已积蓄了足以与任何强敌争胜的实力。公元前333年，楚国歼灭越师主力，杀死越王无强，尽取越人所占吴地。不旋踵间，又大败齐师于徐州。威王后期楚国的版图，西起大巴山、巫山、武陵山，东至大海，南起五岭，北至汝、颍、沂、泗。用《史记·苏秦列传》所记苏秦的话说："楚，天下之强国也；王，天下之贤王也。……地方五千里，车千乘，骑万匹，粟支十年。"

公元前323年——楚怀王六年，西方和东方各发生了一件石破天惊的大事：在西方是亚历山大大帝去世，他用武力拼凑起来的庞大帝国旋即瓦解；在东方是楚军在襄陵之战中大败魏军，楚国声威大震。在此后的一段时间，楚国就不仅是东方第一大国，而且是世界第一大国了。从睢山到荆山，从丹阳到郢都，从"土不过同"到"地方五千里"，足可想见楚人坚忍不拔的意志和发愤图强的雄心。

楚人"筚路蓝缕"的进取精神，不仅显示在变弱为强上，而且显示在转败为胜上。公元前223年，秦国攻灭了楚国，以为"天下莫予毒也"。然而，曾几何时，楚人陈胜、吴广首义，楚人刘邦、项羽起兵，势如风起云涌，所向披靡，瞬息之间就推翻了秦王朝。汉朝是楚人建立的，汉族的主源是楚人。可以这么认为，"筚路蓝缕"作为一种传统，已经融入楚民族乃至而后的汉民族的血液之中；作为一种精神象征，激励着一代又一代的楚人乃至而后的汉人。

二、"抚夷属夏"的开放精神

楚民族是一个颇具开放精神的民族，楚人的先民生息在中原，与夏族、商族、周族都有着密切的关系,从来都不是封闭的。楚国的君臣奉行的方针,按《左传·襄公十三年》的说法,叫做“抚有蛮夷”、“以属诸夏”。可见,楚人的民族偏见相当淡薄,民族政策较为开明。因此,尽管楚国灭掉了60多个中小诸侯国家,但在它辽阔的疆域内部很少有民族性或地方性的叛乱发生。长沙近郊发现许多同期的楚墓和越墓彼比相邻或相错,墓主是成年男子的大抵有兵器随葬,可见当地楚人和越人的关系是相当和睦的。楚国有不少名人出身于当时所谓的少数民族,或者是同少数民族沾亲带故。先说政治名人,楚国先后有四位“名相”:第一位斗谷於菟有大半少数民族血统,第二位孙叔敖算是正宗的楚人,第三位沈诸梁是越裔的番人,第四位黄歇的祖先是夷裔的黄人。再说文化名人,也是族类纷繁:老聃是陈裔人,庄周和宋玉都是宋裔人,唐昧是周裔人,荀卿是赵裔人,算来只有屈原是正宗的楚人。对于其他民族的文化,楚人乐于择善而从。楚人的文字,其实就是由商族创造、经周族发展文字。北方的典籍,楚国几乎应有尽有。巴人和越人的民歌,都很受楚人的喜爱。

楚民族的开放精神,在考古文化上也表现得十分突出。这从当阳赵家塝、金家山、郑家凹等地有关墓葬出土铜器之鼎簋组合即可看出。从春秋中晚期始,楚文化自身特点日益明显,但仍具有中原文化的因素,如乐器中的编钟,兵器中的戈、矛、剑、戟,车马器中的马衔等。河南淅川下寺1号楚墓出土的方壶和带盖圆鼎,形制接近河南新郑春秋墓出土铜器;下寺7号楚墓出土的铜于鼎、铜盘与洛阳中州路第二期墓所出同类器形接近。陶器也是如此,整个春秋时期鬲、盂、豆、罐的组合,实际上是中原周式组合的承袭;从楚典型器物陶鬲的形制来看,不少是从中原西周鬲变化而来,如淅川毛坪楚墓山土陶鬲即是。楚国的青铜铸造技术更是师法中原。

楚人对巴蜀文化也是主动吸收,这类例证在考古发现中比比皆是:荆门发现的巴式铜戈;淅川下寺墓中的巴式柳叶形剑;宜昌南津关以西的峡江地带,往往是柳叶形剑、空首铜钺、巴式矛与虎钮錞于等巴式文物与楚文物共存;益阳和古丈白鹤湾楚墓中有巴式肖形虎印、多耳矛、虎纹铭文戈等。

楚国南部的湘东赣西和东部江浙一带,分别分布有扬越和吴越,连同两广地区的南越、瓯越和骆越，统称为“百越”。楚国的青铜开采和冶炼技术师承扬越，通过对大冶铜绿山楚、越矿井开采和冶炼技术的比较即可发现这一点。解放前长沙出土楚俑中，有所谓“黥面”女俑，此即百越民族的文身之习；信阳长台关楚墓出土女俑和长沙陈家大山楚墓出土人物龙凤帛画上妇女的发式，颇似越人“椎髻”。至于楚国陶器和铜器中的越文化因素，更是俯拾即是：分别出土于湖北黄冈、武汉、鄂州和湖南长沙、岳阳、湘乡、资兴、衡山等地的原始青瓷罐、盘口鼎、靴形铜钺等，与江浙地区、广东清远和四会、广西宾阳等地出土的同类越器大致相同。尤其是在湖南资兴旧市战国墓中，越文化对楚文化的影响特别突出。虽说越王勾践剑出土于楚国腹心江陵的原因尚待探究，但它毕竟是越楚文化交流的物证。

对来自南亚乃至西方的文化因素，楚人也一律择善而从。突出的例子是号为“蜻蜓眼”的玻璃珠。这种玻璃珠源于地中海东部，其纹饰似乎凝聚了地中海区域的蓝天白云、青山白石、绿波白帆和绿窗白墙。“蜻蜓眼”和淡绿色玻璃一起，经由南亚传到了楚地，成为迄今已知先秦仅有的中西文化交流的实证。只要我们将湖南、湖北战国楚墓和曾墓中出土的“蜻蜓眼”玻璃珠、河南固始侯古堆出土的玻璃珠与西亚、南亚的同类玻璃珠进行比较，就不难得出这一结论。

楚人在吸收其他国家和民族文化的同时，其文化也深深地影响了其他国家和民族的文化。

大约从春秋中晚期开始，随着楚人北上武力扩张，楚文化也开始向中原地区辐射。一些被楚所灭或已依附于楚的江淮地区的小国文化，逐渐从中原文化系统转而属于楚文化系统，如蔡昭侯墓和曾侯乙墓即表现出明显的楚文化特征。楚文化的强劲辐射甚至远达齐鲁，在山东曲阜发现的鲁国公室成员墓葬中，如曲阜 3 号墓、54 号墓、58 号墓，楚文化的因素就相当突出。

楚文化对巴蜀地区的影响也是显而易见的，在四川成都、青川、忠县和重庆涪陵等地发掘的一些墓葬，反映了楚文化对巴蜀文化的影响，如新都战国木椁墓和成都羊子山 172 号墓铜器的组合及形制与楚墓基本相同；新都大墓用楠木构筑的椁室，其结构与江陵天星观、信阳长台关两座楚墓接近。

重庆,这个中国最年轻的直辖市,古代曾是巴国的都城——江州。从公元前369年至公元前316年,楚人控制江州及其东南部达53年之久。楚人庄蹻率军由黔入滇,楚文化也渗透到云贵高原。

随着楚人向东拓进,楚文化对吴越文化的影响也逐渐加强。陕西凤翔高王寺出土的“吴王孙无土之鼎”和敦,其形制和纹饰有明显楚风。江苏虎丘墓出土的铜鼎,也属楚式风格。江苏清江高庄墓有木椁且内分四室,也是楚墓的形制。楚文化对吴越的浸润,还可从南京和上海这两座著名都市的别名得到印证。南京又名金陵,源于楚威王灭越尽取吴国故地以后,“以其地有王气,埋金以镇之,故名”。又据唐人李吉甫《元和郡县图志》记载,金陵城为楚人所建。上海简称沪,又别称申;上海市境内的黄浦江,又称黄歇浦、春申江,简称申江,凡此数称,都因楚国令尹黄歇号春申君而得名。在上海嘉定外岗和青浦重固镇,都发现了楚国墓葬和文物。

五岭以南的两广地区,是古代百越聚居之地,随着楚共王“抚征南海”和楚悼王“南平百越”,楚国的政治势力和文化影响已越过五岭。在广东始兴白坪、德庆落雁山、四会鸟旦山、肇庆松山、广宁铜鼓岗、罗定南门洞等地都发现有楚国风格的青铜器。广州,别称五羊城,其得名与两则传说有关,而两则传说又都认为“羊”与广州的起源有着极其神秘的联系。而楚姓“芈”恰是羊鸣之声,因楚人祖先季连的母亲本是以羊为图腾的羌人。所以,在异族人眼中,芈即羊,是楚民族的代称。由南方越人创作进而由后世文人加工的“五羊衔谷至于楚庭”的传说,就是楚文化向以广州为中心的南越传播的历史印记。在广西平乐银山岭和灌阳、兴安发掘的战国墓,其墓葬形制和随葬品也都具有明显的楚风。

人们几乎都知道,西汉时期,我国西北部的茫茫戈壁有了一条横亘中西的丝绸之路。但很少有人知道,早在此前200多年的战国时期,我国西南部已出现一条穿越横断山脉的“南方丝绸之路”。这是中外交通史上的第一条丝绸之路,它的东段的起点正是楚国,终点是南亚。20世纪50年代,在前苏联乌拉干河流域巴泽雷克相当于战国时代的游牧民族墓葬中,出土丝织物的图案与江陵、长沙楚墓同类实物如出一辙,同出的器物还有楚式四山镜。由此,不难想象楚文化强大的穿透力。

三、"鸣将惊人"的创造精神

楚民族是一个极富创新精神的民族。楚人从来不拒绝模仿,可也从来不满足于跟在别人后面亦步亦趋。对于其他民族的文化成果,他们总是始则仿造,继而改作,终于别创。用《史记·楚世家》所记楚庄王的名言来说,就是"三年不飞,飞将冲天;三年不鸣,鸣将惊人。"

在政治制度方面,楚人敢于突破陈规,独辟蹊径。熊通在周代诸侯国中第一个僭号称王,并采取了一系列强化王权的措施。公元前 689 年,楚国在行政体制上最先建立直属国君的行政区域——县,这是与分封制相对立的巨大变革,是我国历史上的一大创举。我国至今仍沿用"县"的名称,把它作为地方一级行政单位。针对楚国政治制度的弊端,吴起在楚国厉行变法,成效卓著。然而,吴起却为此付出了生命的代价,成为我国历史上为改革献身的第一人。

在经济体制方面,楚人的创造才能也得到了充分展现,公元前 548 年,楚国司马蒍掩大胆改革赋税制度,"量入修赋",就是依据土地的收入确定赋税标准,可说是最早的"一条鞭法"。人们常将"一条鞭法"的发明权归功于另一位楚地政治家张居正,未免委屈了司马蒍掩。这一改革比秦国在公元前 348 年所进行的"初为赋"的改革要早 200 年。此外,楚国还是战国时东方唯一用黄金作为货币的国度。

在科学技术方面,楚国也是走在时代的前列。先秦时代向来被称为"青铜时代",青铜文化的成就最能反映一国的科技文化水平。楚人吸收并改进了百越民族的冶炼工艺和中原诸夏的铸造技术,发明了熔模法这种真正精密的铸造专利,湖北随州等地出土的有关青铜器就是熔模铸造的实物。春秋晚期以后,楚国已陆续推出可锻铸铁和块炼渗碳钢这些尖端技术,长沙楚墓出土的有关器物提供了实物证明，而当时的西方，对这些还闻所未闻，西方推广可锻铸铁是1700年以后的事。楚人学来了吴越和齐鲁的丝织、刺绣技术，从而摘取了上古丝织、刺绣的皇冠，出土大量丝织刺绣品的江陵马山1号楚墓，就被学术界誉为中国先秦时代的“丝绣宝库”。春秋中期以前，楚国的漆器还是比较稚拙的，器胎厚，纹饰粗。春秋晚期以后，由于工艺的革新、需求的增长和审美意向的变化，楚国的漆器生产突飞猛进，器胎薄了，纹饰细了，这还尚在其次；器胎的多样化和纹饰的多变性令人眼花缭乱，这才是楚式漆器得以专美约300年之久的根本缘由。房屋，北方流行土筑，南方流行木构。楚人兼收并蓄，融会贯通，发明了层台累榭的营造法式。春秋晚期以后，楚国的宫殿园林建筑尤为出色。

在文学艺术方面，楚人也创获颇丰。如诗歌，春秋时代只有北方各国的能登大雅之堂，楚人在外交场合中“赋诗断章”只是学舌；战国时代却是楚国的诗苑奇葩怒放，北方各国的诗苑已是落叶飘零了。北方的《诗经》以四字句占压倒优势，未免单调；南方《楚辞》则句式参差繁富，韵律摇曳多姿。在艺术方面，楚人的创造性也是十分突出的。《招魂》和《大招》说到的“越箫”、“郑舞”、“蔡讴”和“代、秦、郑、卫”等，都是楚人引进并加以改造的异族、异国的乐舞。与此同时，楚人还创作了描摹楚乡风情、显示南国风韵的乐舞，即《涉江》、《采菱》、《扬荷》、《劳商》、《激楚》等。总之，假如楚民族没有“鸣将惊人”的创新精神，也就不会有楚文化震古烁今的巨大成就。

四、“深固难徙”的爱国精神

“受命不迁，生南国兮；深固难徙，更壹志兮。”这是爱国诗人屈原《桔颂》中的佳句，也是楚民族爱国精神的浓缩。楚人的先民在强邻的夹缝中艰难地求生存，时间之长以数千年计；楚人在穷乡僻壤中顽强地求发展，时间之长以数百年计。由此，养成了楚人以民族利益为至重至上的心理，孕育了楚人炽烈而坚贞的爱国精神。

楚人爱国，普及君臣上下。以楚君而言，不少是血洒疆场，马革裹尸。楚武王死于攻打随国途中，楚文王死于征伐黄国之役。即使是比较平庸的楚王，也不做丧权辱国之事。楚怀王被扣于秦国，秦国提出释放他的条件是楚国割让巫郡和黔中郡。值此生死攸关之际，怀王宁愿作异乡之鬼，也不肯以捐弃国土为代价来换取个人的生命安全。

楚国的统帅，如有覆军之败，往往自尽以谢君王和国人。虽贵为公子王孙，位至令尹、司马，也很少诿过偷生。楚武王的儿子屈瑕伐罗败绩，遂自缢身亡。司马子反因醉酒贻误军机，当场自尽。

楚乐尹钟仪沦落晋国，晋君要他当众操琴，他当即用晋琴演奏了一首如诉如泣的楚曲，以表达他对祖国的思念之情，这便是“楚囚对泣”典故的由来。王子无亏入秦作人质，常忧愤于只身异域，有家难归。在一个月白风清的秋夜，无亏想起了自己寄人篱下的处境，便轻抚木琴，弹唱了一首催人泪下的歌曲：“洞庭啊秋风萧瑟，涔阳啊草木萋萋，我寄身在千里之外，不如咸阳一名布衣。”悒郁的琴曲，凄切的歌声，寄托了一个漂泊异国的游子眷念故土的赤诚之心。

楚国士兵和普通百姓的爱国义行，更加感人至深。公元前506年，吴国军队攻入楚国郢都，守城士兵和市民自发组成“敢死队”，同吴兵展开巷战，最后终于同秦国援军一道击退了吴军。当时有个叫屠羊说的小商人，拼死护卫着楚昭王，事后昭王要给他高官厚禄，他坚辞不受，还是去干他的老本行——屠羊生意。公元前278年，秦人白起拔郢，在这场空前惨烈的屠城之役中，楚人有逃亡和战死的，但没有一个投敌献媚，受伤被俘的两名士兵因不肯泄露楚国钟鼎的埋藏地点，分别选择了自焚和咬断舌根。在楚国人民看来，保家、卫国、护王是他们的义务和职责。直到最后楚被秦亡，楚人还发出了“楚虽三户，亡秦必楚”的悲壮誓言，表明了他们强烈的爱国热忱和复仇意识。果然，秦人天下甫定，楚人便揭竿而起，以摧枯拉朽之势，推翻了短命的秦王朝。

作为楚国爱国者典范的屈原，既是古代爱国者的圭臬，也是后世爱国者的楷模。屈原的爱国思想,贯彻在他一生的行状之中,熔铸在他的全部作品之内。以屈原为表率的楚人的爱国精神,对我们中华民族气节的铸造产生着强劲的驱动力。一代楚辞学宗师姜亮夫说得好:“我们历史上著名人物表现的民族气节与屈原的作品有很大的关系。文天祥并不是抱着宋儒的话来讲,倒是抱了屈原的东西,他的《正气歌》几乎是屈原的‘正义’这两个字的发挥”。正因为屈原在人民心目中有着崇高的地位,所以,端午节、包粽子、赛龙舟这些本来与屈原无关的民俗,都成了纪念伟大爱国诗人屈原的流行方式。

楚人“深固难徙”的爱国精神,积淀为中华民族的心理晶体。每当中华民族面临生死存亡的关头,《国殇》就成为一首悲壮的战歌,屈原的名字就变成一面火红的战旗,激励着众多志士仁人,感召着无数平民大众。

(作者:湖北省社会科学院副院长,研究员)

少数民族文化中的伦理资源与民族精神的培育

朱为鸿

江泽民同志在十六大报告中明确指出,“民族精神是一个民族赖以生存和发展的精神支撑。一个民族,没有振奋的精神和高尚的品格,不可能自立于世界民族之林”,“中国在自己发展的长河中,形成了优良的历史文化传统。这些传统随着时代变迁和社会进步获得扬弃和发展,对于中国人的价值观念、生活方式和中国的发展道路,具有深刻的影响”,所以,弘扬和培育民族精神是社会主义文化建设极为重要的任务。中华民族精神作为五千年华夏文化的精粹,是中国历经沧桑而不衰、抵御外侵、奋发图强的精神支柱。在社会主义发展的新时期,弘扬和发展民族精神,有助于促进精神文明建设,培养大学生高尚的道德品质和情操,激发他们吃苦耐劳、艰苦奋斗、奋发图强、知难而进的精神,进而促使大学生把个人的发展同民族的命运、国家的前途紧密地联系在一起,实现人生价值的超越。中华民族是在多民族融合和相互借鉴的过程中形成的,各少数民族逐步融入中华大家庭,在接受中原文化的同时,也为中华文化的发展增添文化资源,注入活力,促进了中华文化的发展创新。因此,很有必要重新认识少数民族文化资源的当代价值,挖掘各少数民族文化中的宝贵精神财富,丰富民族精神的内涵,以此培养大学生自尊、自信、自立、自强的民族精神,强化大学生的民族忧患意识、社会责任心、历史使命感,增强大学生对中华民族的认同感和自豪感,坚定爱国主义信念,满怀信心地迎接未来的挑战。

一、民族精神的时代内涵

民族精神,指一个民族一贯表现出来的精神活力和个性特征,普遍遵守和奉行有利于社会进步和民族利益的社会信念、价值追求和道德风尚。[①]关于民族精神表述不同、争议颇多,但对民族精神的内涵的认识,大家的理解却基本是相似的,即:爱国主义是核心;积极健康的民族心理、价值取向和良好的道德风尚是衡量民族精神的重要尺度;健康的民族意识是民族精神的支撑;个性鲜明的民族性格规定着民族精神的方向;特定的文化、历史、人物和历史事件是民族精神的表现。[②] 一个民族如果没有振奋的民族精神、高尚的民族品格、坚定的民族志向、远大的民族理想,就不可能成就伟业,自立于世界民族之林。由于民族精神具有历史延续性、时代创新性,中华民族精神随时代不断充实和发展,不同时代的民族精神既有一脉相承的基本内核,又有与时俱进的创新和发展。因此,准确把握民族精神的时代内涵,是培育大学生民族精神的必要前提。党的十六大在“三个代表”重要思想的指导下,对中华民族精神作了与时俱进的概括和提炼,新时期大力弘扬和培育的民族精神是:“以爱国主义为核心的团结统一、爱好和平、勤奋勇敢、自强不息的伟大民族精神。”

爱国主义是民族精神的核心,它是一种体现人民群众对自己祖国浓厚感情的崇高精神,是一个国家、一个民族凝聚人民的重要思想基础和不断追求进步的强大精神动力。在中华民族发展复兴的历程中,爱国主义始终是动员和鼓舞中国人民团结奋斗的一面旗帜,是我们民族生生不息和发展繁

① 参见王希恩:《关于民族精神的几点分析》,人大复印报刊资料《民族问题研究》2003 年第 10 期。
② 参见顾海良、沈壮海:《高度重视民族精神的弘扬和培育》,人大复印报刊资料《思想政治教育》2003 年第 6 期。

荣的重要精神支柱。爱国主义已成为中华儿女崇高的精神追求,成为我们民族最优秀的品格。围绕爱国主义这一核心,民族精神还具体从团结统一、爱好和平、勤劳勇敢和自强不息四个维度加以延伸。“团结统一”强调的是中华民族内部的团结和祖国的统一,伟大的革命先行者孙中山先生毕生致力于民族统一,他认为国家之本在于民族之统一,这是对团结统一思想的最好概括。中华民族的形成就是民族融合的历程,历史上的民族冲突、民族分裂最终为民族团结的大势所代替,形成了中华民族坚持统一、反对分裂的优秀文化传统。“爱好和平”是中华民族在国家、民族交往中信守的基本准则和共识,中国历来崇尚平等相待、和平共处、求同存异、共同发展,同各国各民族人民友好相处,这是中华民族的优秀品质。“勤劳勇敢”是中华儿女在艰苦的自然环境中、在严酷的社会斗争中为发展磨炼出来的精神品格,艰苦奋斗、不畏艰辛、奋力拼搏、开拓创新的精神是中华民族生存和发展的重要精神动力。“自强不息”则是中华民族在长期奋斗中形成的意志品质。“天行健,君子以自强不息;地势坤,君子以厚德载物”,自立、自强、不轻言放弃,这是一种为达到既定目标百折不挠、顽强拼搏、知难而进、“排除万难去争取胜利”的民族气节。

二、少数民族传统文化中的伦理资源

以汉族为主体的中原文化是民族精神形成的渊源。各少数民族文化作为中华民族传统文化的组成部分,存在着各种各样的优秀文化资源,特别是在伦理方面,如我国信仰伊斯兰教的民族认为“伊斯兰的首要使命是在人间栽培道德美行”①。伊斯兰文化中包含着大量的道德修养方面的规范,这

① 穆罕默德·安萨里:《道德是伊斯兰对人类的首要使命》,埃及《伊斯兰旗帜报》1992 年 1 月 2 日。

些规范有些来自于宗教信仰,有些来自于人们长期的生产实践,表现在民间故事、格言箴言、习俗礼仪、宗教禁忌等方面。其他少数民族同样有自己的文化传统和道德规范,一些道德规范和今天的道德建设要求没有根本上的区别。因此,大力挖掘和弘扬少数民族优秀文化的合理成分,无疑对今天的思想道德建设是重要的补充,有利于民族精神的培育。

(一)各少数民族传统文化中的伦理资源

在各民族传统伦理中均存在着崇尚自然、热爱劳动、以勤劳为荣的社会价值取向,认为劳动是幸福之源,以懒惰为耻。如:《古兰经》第 10 章第 14 节指出,“我以你们成为大地上的代治者,以便我看你们怎样工作”,强调通过辛勤的劳动来获取幸福的生活;彝族把吃苦耐劳作为最高道德要求:“种田的农夫,耕作要劳苦,晚睡要早起,干活要出力,穷富由天定,饥饱随自己”;[①]蒙古族的谚语:“花枝子从土壤中长,好日子从劳动中得”,这些表述都对勤劳给予了充分的肯定,而贬斥懒惰。

少数民族传统文化中,社会伦理和道德规范主要表现为如何调节个人与社会、人与人、人与自然之间的关系。概括而言,在个人与社会的关系方面,强调集体主义、团结协作、遵守公共秩序、爱护公共财物等,如我国苗、侗、瑶、彝等民族中存在的石牌制、款规、瑶老制、家支制等社会制度,强调个人服从集体和组织,要求个人必须服从集体乃至整个民族群体;在人际方面,主张惩恶扬善、诚实宽容、慷慨仗义、重义轻利等,在各民族的传说、谚语、诗歌等文化遗产中,人伦方面有价值的伦理和道德规范是非常多的;在人与自然的关系上,提倡人道主义,体现了保护动物、爱护环境等倾向。当然,这些伦理资源与各民族的社会生活实践是分不开的,如因感于耕牛的辛苦,苗族有牛王节,要求善待耕牛;而伊斯兰文化的饮食禁忌和人道精神则要求在吃的问题上有所选择,对野生的动物几乎不猎不食,还要善待一切为人类劳作、对人类有用的家畜和家禽。这些伦理规范在今天仍有借鉴价值,

---

① 《尼苏夺节》,云南民族出版社 1985 年版,第 119 页。

特别是人与自然和谐相处的观念，印证了生态伦理的基本观点，符合科学发展观的基本精神。

爱国主义是民族传统文化中集体主义思想的升华，也是社会伦理的最高层次的体现。如回族文化中就明确认为“爱国是信仰的一部分”①，回族一直在按这一准则实践着，伴随着中国历史的发展，涌现了许多对中华民族作出重要贡献的杰出人物；其他少数民族虽没有关于爱国主义的明确主张，但在一些历史关头，也出现了爱国护族、维护祖国领土完整和主权、抵抗外辱的行为，如历史上的达斡尔、蒙古、哈萨克、藏、壮、佤等民族都曾以各种各样的形式反抗沙皇俄国、英、法等帝国主义对我国的侵略。随着民族融合进程加深，保家护族的观念不断升华，体现出对中华民族的深沉热爱。

少数民族文化中的伦理道德在塑造社会成员和维护社会秩序上发挥了重要的作用，使我国各民族人民普遍表现出勤劳、勇敢的民族性格；婚姻家庭关系和谐有序，夫妻和睦、老有所依、幼有所养。民族地区多民风淳朴，邻里友爱、互相照应，人们团结协作、互帮互助、很少发生冲突，甚至夜不闭户，路不拾遗。集体主义及爱国主义传统使我国少数民族集中分布的陆路边疆地区在历史上大多数时候保持了基本的统一和稳定，维护了祖国的安全和统一。

（二）如何发扬民族传统文化中的伦理资源

各民族都有自己的伦理规范，体现了各民族不同的文化传承和社会实践，成为民族发展的有力保障。当然，民族文化也有局限性，少数民族传统文化中伦理规范有积极的成分，也有一些消极的内容。我们应继承那些有生命力的、促进各民族物质文明、精神文明和制度文明不断向前发展的积极成分，即我们通常所说的民族文化传统的优质资源。那么，如何认识并继承民族文化中的优质伦理资源呢？

首先，各民族以人为本、崇尚自然、强调和谐的伦理传统，与今天提倡的

---

① 马中平：《爱国爱教与回族文化心理》，《中国穆斯林》1999 年第 2 期。

思想道德教育的根本要求是一致的，应大力发扬。关注人的全面发展是当代思想道德教育的时代主题，个体的发展离不开他人和环境，科学的发展观强调发展的可持续性，最终实现人的自由全面发展。马克思主义认为，人的全面发展的最基本要求就是将个人塑造成有各方面能力的人，尽可能丰富人的属性。虽然各少数民族在伦理和思想道德教育方面没有形成什么系统的理论，但它一直都是将人的自由发展和培育一个合格的社会公民作为教育和教化的目的。这些伦理价值观避免了强制和非人格化的倾向，有利于人的全面自由发展。将少数民族中的优质伦理资源与现代化进程中的道德要求相调适，将促进民族文化和民族精神建设。

其次，去糟取精、综合创新，不断发展少数民族传统文化中的优质资源。中华民族是历史上多民族聚合和演变的结果，各少数民族文化和道德观念中的优秀成分自然也就是中华民族精神的重要组成部分。世界四大文明古国中只有中华文明延续发展，没有间断和被别的文明所取代，其中很重要的原因就在于民族的融合、文化的交融。中华文明是一个不断有周边民族文化因子向内输入的内在动态发展过程，恰似不断有新鲜血液输入的肌体一样保持了旺盛的生命力和蓬勃的生机。从这个意义上说，历史上少数民族文化丰富了中华文化和民族精神，各少数民族文化既是中华民族精神的组成部分，又是这种精神在各民族族体中的具体体现。中华民族勤劳、勇敢、宽容等民族性格，在各少数民族民族性格的形成中都有体现；各少数民族人民的护家爱国、慷慨豪爽、重义轻利是中华民族价值观念的重要构成；各少数民族的对内认同、对外团结、互相尊重、互相学习是中华民族胸怀博大、宽容接纳的精神资源。所以，必须重视民族文化中优质资源的继承，同时做到与时俱进，赋予其时代特征，更好地发挥其培养人的作用。

再次，各少数民族传统道德的优质资源与我们社会主义道德建设的内容有着承继性和一致性。各少数民族传统道德中的热爱劳动、婚姻家庭中的慈养孝敬、社会道德方面的维护公益、爱护公物等观念与社会主义道德建设中的职业道德、家庭美德和社会公德方面的基本要求是一致的。以重家、护族、爱国等形式表现出来的集体主义、爱国主义思想则是我们社会主义道德建设大力提倡的。尤其今天特别强调的公民道德建设中的诚信问题，各少数民族都有着悠久的道德传统，诚信是少数民族的人生信条和价值观念的一贯表现。民族伦理优质资源的继承和弘扬对民族精神的培育意义重大。

三、弘扬民族文化优质资源，培育大学生的民族精神

民族精神的培育离不开各民族文化的滋润，而民族优秀文化的传承离不开人，因此，用什么样的文化培养人，培养的人才有什么样的文化精神，就显得十分重要。当然，培育和弘扬民族精神不是一时一事的权宜之计，而是国家大计、人生的课题，是教育特别是高等教育一项长远而持久的任务。当前，应充分弘扬各民族传统文化中的优质文化资源，丰富道德教育的内容和方法，调动教育对象的主体积极性，提高大学生民族精神培育的针对性、实效性与感召力，用时代的民族精神造就合格的接班人。

（一）深入学习和理解优秀传统文化和民族精神

认知对实践具有先导作用。所以，正确认识民族优秀文化，准确把握民族精神的时代内涵，是大学生培育民族精神的前提。对于高等教育来说，要加大素质教育的力度，充分发挥人文学科、社科课程培养学生综合素质的功能及“两课”的思想政治教育主渠道作用。通过这些课程的学习，让大学生自觉进行国情、民情、民族历史的教育，认识中华各民族的优良文化传统，学习党的民族政策、宗教政策，了解中华民族上下五千年的文明史和民族奋斗史，了解中国社会主义市场经济建设的进程和全面建设小康社会的伟大目标，认清自己所承担的民族复兴的伟大历史使命。通过认知教育，使学生深刻理解和把握民族文化和民族精神的内涵和精髓，培养深厚的民族感情和自尊、自信、自立、自强的民族精神。

（二）弘扬民族文化的独特魅力，提升大学文化

大学文化是大学的灵魂。一所大学没有独特的精神和文化，如同国无国魂、民无人格，不是真正意义的大学，不可能有所成就。较高文化品位和底蕴的大学文化潜移默化地影响着学生的成长和发展，涵育着大学生的民族精神和高尚人格。因此，高校必须重视文化建设，用民族优秀文化促进校园文化建设，同时，以大学文化建设成果丰富民族文化。应该在校园内修建有文化意义的人文景观，如名人塑像、名言灯箱标牌等；利用校史馆、博物馆、纪念馆、庆典等场所和事件举办民族创业史、民族文化方面的展览和教育，通过多民族文化的渲染，唤起大学生的民族自尊心和自豪感，激励他们继承优秀民族文化传统，培养为祖国的繁荣富强而自强不息的民族精神；还要充分利用网络等现代化手段，拓展各民族文化交流的空间，开辟师生双向沟通的新渠道，让学生在主动参与活动中领略民族文化的魅力，培育民族情感，弘扬民族精神。

（三）弘扬优秀民族文化和培育民族精神任重道远

经济全球化、市场化的趋势导致了文化全球化的潮流，如何对待民族文化成为备受关注的问题。我们认为，文化多元化是文化发展的条件，文化失去民族性意味着文化的自杀。当然，民族文化和民族精神的培育是一个长期反复的过程，大学在其中充当着重要的角色。学校应该抓住一切有利机会加强对学生的民族精神教育，运用各种有效的手段，创造有利的氛围，与家庭、社区、城市、农村开展的群众性精神文明创建活动相结合，整合校内外教育资源，丰富学生的课余文化生活，使学生在各发展阶段都受到民族文化的熏陶与感染，激发和培育学生的民族精神；使民族精神融入各专业课程和教学活动中，增强高等教育的人文内涵和民族性。此外，还要鼓励学生主动参与社会调查、青年志愿者等活动，广泛接触社会，在实践中感受各民族奋斗的成就和各民族人民艰苦创业的感人事迹，将民族感情升华为民族精神，将民族情感转化为爱国行为，弘扬民族精神，使民族精神成为合格人才的重要品质。

（作者：西北第二民族学院社会科学部副教授）

论《儿女英雄传》中的族群意识

李 婷

恩格斯曾经指出，语言、地域、经济生活及其共同的心理素质是一个民族的特征。民族的区分界线是“由语言和共同感情来确定的”①。民族“共同感情”来自于民族心理素质，同一个民族所表现出的共同的心理素质，我们通称为族群意识。与族群意识相类似的概念还有族属意识、民族意识、民族认同感、民族自识性，等等。民族心理特质是民族共同体的最基本构成要素，民族心理特质包括民族认同意识、民族性格等内容，建立在民族心理特质上的族群意识成为区分不同民族的重要依据。这种在民族共同心理素质上所表现出的族群意识，在构成一个民族的诸种因素中，是最稳定、最持久的因素。

到清后期，满族入关后经过200来年的发展，其“国语骑射”的文化，与汉文化相互吸收、整合调适，发生了巨大的变化。满族入关，八旗驻防全国，共同的地域发生了变化；满汉杂居，语言随着民族同化社会成员生活中汉语逐渐取代了满语；原有的奴隶制经济也快速地发展成封建制经济。但是，作为伴随一个民族始终的民族心理特质，却牢固地存在着。

下文以清后期旗人文康的作品——《儿女英雄传》为文本，以族群意识为题，阐述这部著作所透射出的因旗人独特的社会地位和经济生活而引发

① 《马克思恩格斯全集》第13卷，人民出版社1976年版，第293页。

出的、不同于其他民族的心理意识和特有的情感。

一、汉军旗的族属

旗人主要包括满洲八旗、蒙古八旗和汉军八旗三部分。除一部分留在东北地区外，其余皆分布在关内一些重要的大城市。京旗，指的是北京的八旗。居于清朝统治中心——北京的旗人群体，他们构成了旗人的主体（以下“旗人”一词专指北京旗人），形成了清代的京旗文化。《儿女英雄传》中的安家，是京旗中的一个世职家庭。安学海祖上“从龙入关”后，定居北京，安家世代为京旗家庭。作为京旗家庭的一个典型例证，它代表着京城中层旗人家庭。安家既属八旗汉军，安学海的先人当然是汉人。那么，安家何为满族家庭？这里有一个对汉军族属的认识，我们可以从几个方面来论述这个问题。

（一）文化是族群区分的标志

我们讨论安家属于哪个民族，牵涉历史上民族的划分。对这个问题，应当以历史的眼光来加以考察，也就是要以历史上实际存在的民族状况以及当时人们的民族意识来看等待这个问题。

文化人类学家查尔斯·凯斯（Charles F. Keyes）①认为，“族籍”是人们对于世系所做的一种文化解释。他的意思是说：人们的世系事实上是由他们的文化，而不是由他们之间生物特性来定义的。社会意义上的世系并不等于遗传意义上的世系，人们既可以根据父母双方的世系，也可以根据其中任何一方的世系来追溯起源，通过追溯世系来构建群体。用一句话概括，即族群“是人们在交往互动中和参照对比过程中自认为和被认为具有共同的

---

① 参见庄孔韶主编：《人类学通论》，山西教育出版社2002年版，第352页。

起源或世系，从而具有某些共同文化特征的人群范畴。”①由于共同的起源或世系是一种文化的认定，所以，文化被当做是族群的区分标志，“族籍”无须有共同的地域和共同的经济生活。这一理论，比恩格斯的“民族论”更强调民族成分中的文化意义；从民族的发展来看，也是符合历史上民族族籍划分状况的。

同一族籍的人群就是族群，同一族群的人们有强烈的族群意识。在任何族群中，族群自我意识都特别关注族群的共同起源，并把同源共祖作为族群认同最重要的因素。因此，那些能反映其世系和起源的文化、传统和历史便被认为是族群的标志。所反映的民族传统、历史也是文化，文化是维系群体的纽带，每个族群都有其相应的文化，每一个人都有确定的民族属性。不同群体之间存在着文化的差异，这种文化差异是区别不同群体的重要标志。“这种文化差别可以渗透在整个社会生活中，也可以仅仅与社会生活的某个方面有关，只要保持认同，就能维系族群的存在。”②这种认同，包括自我认定的归属和被别人认定的归属。

族群意识的演进是随着族群共同体形态的演进而发展的，有什么样的民族共同体，就有与之相应的族群意识。八旗是一种地缘性军事同盟，其产生发展的原因在于共生共存的共同需要。八旗军政一体，有很强的政治概念。由于它不再是单纯的血缘组织，而是一种地缘性的社会组织，故建立在政治、经济与文化上的共识取代了血缘认同。这种超越血缘认同的政治、经济认同与文化认同，在历史上表现出强烈的旗族意识。

笔者曾查阅一些满族族谱，发现很多汉军家谱③有一个共同的现象：这些不同于满族血缘或来自于不同地域的汉人，将自己的祖先发源之地仿效爱新觉罗家族记做长白山，将他们的出生地认定为长白山。按照文化人类学通行的观点④，即民族是由世系构成，而共同的世系又往往宣称具有共同

---

① 庄孔韶主编：《人类学通论》，山西教育出版社2002年版，第339页。

② 同上书，第344页。

③ 参见定宜庄、胡鸿保：《从族谱编纂看满族的民族认同》，《民族研究》2001年第6期。

④ Charles F. Keyes, *Towards a New Formulation of the Concept of Ethnic Group Ethnicity*, 1976, p. 302.

的出生地，这个现象正是汉军旗人认同满族的突出表现。

实际上，在满族形成的历史过程中，吸收了蒙古族、汉族、朝鲜族和其他民族的成分，最清楚地说明了不能以血统论民族。清朝文献中满蒙通婚、满汉通婚的例子比比皆是：明朝将领李如柏娶努尔哈赤的孙女为妻，努尔哈赤娶辽东汉人佟氏之女为妻；清朝皇室汉军之女是极多的，康熙玄烨的生母孝康皇后佟佳氏的先世是汉人，孝懿仁皇后及悫惠皇贵妃是汉军佟国纲的女儿等，数不胜数。他们的子女应属于哪个民族，不是清清楚楚吗？难道我们可以据此认为他们是汉族吗？显然不对，那不是历史地看问题。因此，对于《儿女英雄传》的汉军安家，应结合清代满族发展的实际情况和安学海的文化认同来确定安学海的族别，而不应把他是汉人作为划分其族别的依据。

（二）安家处在满洲共同体中

马克思主义认为，民族属于历史范畴。满族，是一个用行政命令宣布成立的民族共同体。满族是在女真各部的基础上形成的，努尔哈赤统一了女真人，天聪九年（1635 年）皇太极改“诸申”名称，定族名为满洲，满洲成为原女真共同体的新族名。满洲既是原女真人的延续，又是一个新的民族共同体，因为满洲既有女真人，也有蒙古人、汉人、高丽人等。安家虽原为汉族，但早已投靠满洲人，入关以后并隶属于镶黄旗汉军。换句话说，安家在文化上已是满人而不是汉人了。这种情况很多，像曹雪芹的家世，祖先原居辽东，汉人，入旗后隶属于内务府正白旗。

费雷德里克·巴特（Fredrik Barth）在其主编的《族群与族界：文化教育和差别的社会组织》中提出：族群并不是一种文化承载和区分单位，而是一种社会组织。八旗作为一个族群，正是这样一个社会组织。从安家的住宅地点来看，属于京八旗驻地范围。清代京城满汉分居，满族人住内城，汉族人住外城。按《八旗通志》（初集）记载，自清顺治元年（1644 年）定鼎燕京，分列八旗，置在内城，拱卫皇居。正黄旗居德胜门内，镶黄旗居安定门内并在北方，正白旗居东直门内，镶白旗居朝阳门内，正红旗居西直门内，镶红旗居阜成门内，正蓝旗居崇文门内，镶蓝旗居宣武门内。安家属镶黄旗，按规定其应居安定门内。书中提到安家旧宅子(城内住址)“在后门东不压桥地方,原是祖上蒙恩赏的赐第,内外也有百十间房子。”“东不压桥”的具体位置,笔者未能查到,但从安家活动的区域看,它在内城则是没有疑问的。到安太爷时,安家在老圈地上“盖了阴阳两宅,又在东南上盖了一座小小庄子东面”。安家庄园处在“西山”名叫“双凤村”的地方,属八旗圈地。安家邸舍,盖在安家的老圈地上。满族有披甲旗兵的“驻”地和闲散余丁的“住”房,清朝满汉分居,指的是当差的披甲人,没有当上披甲的居住地就没那么严格了。① 所以,安家到清朝后期已没有在内城居住,住在老圈地也是情理之中的事。书上讲“这安老爷家,通共算起来,内外上下也有三二十口”,可见邸舍之大。到安太爷这一代,没有了官袭。安太爷生下两个儿子,长子早逝,老二就是安学海。安学海娶汉军旗女佟氏为妇,生子安骥。家事对外由安老爷主持,对内则由总管家奴张进宝管理。安家族人一般不常往来,安家有大事差人去请。

汉军旗人从血缘上讲是汉人,从民族上讲是满族。身隶旗籍、效忠清廷的汉人在归附“后金”后,均被按照满洲八旗的组织形式编入汉军旗。为了笼络这些汉族的降官降将,后金统治者不但大量地赏赐他们奴仆、牲畜、田地、钱财和衣服等,而且还对他们授以高官,委以重权。同时还使他们与满洲联姻,进一步增进了满汉之间休戚与共的关系。在后金统治者的强权下,满汉自接触起,汉军八旗就快速满化。据史书记载,在入关前他们就不但衣冠服饰、发式已随满俗,而且在祭葬仪式中已是“从满礼者十居一二”了。同时,汉人因与满人朝夕相处、耳濡目染,久而久之,语言文字亦能相通,使得汉军旗人不仅对满洲社会的历史文化、风土人情熟能生详,而且还自觉不自觉地浸染了满洲社会的一些习俗。汉军旗人不仅在生计来源、家族形态、衣冠服饰、礼节家规、宗教思想方面与满族十分接近,而且在心理状态上也与满族日趋一致。

我们看到:《儿女英雄传》中的汉军旗人安家,享有比普通汉人较高的

---

① 参见赵书:《满族习俗与蒜市口曹雪芹故居》,《满族研究》1999 年第 4 期。

经济特权和社会地位。被纳入八旗管辖的汉人，在与满洲共同的政治、军事和经济生活中相互影响，其思想文化相互濡染渗透，八旗的整体意识逐渐产生和增强，民族心理和民族认同感日益接近，以至成为“满洲”人。汉军八旗安家就是这样一个典型，安家在长期的民族共同体中生活，逐渐认同满族历史，认同八旗“生计方式”、“旗俗”、“旗礼”，过着不同于汉民的生活方式。他们与满人结兄弟、通婚媾、同呼吸、共俯仰，成为满族社会中不可分割的一部分。到清朝末年，旗内外满汉民族差别越来越小，“旗”成为满族人与一般汉人相区别的主要标志，所谓“只问旗人，不问满汉”正是对汉人“满化”实际生活状况的反映，“在旗不在旗”成为满族人与一般汉人相区别的主要标志。

到清朝中期，旗人已广泛地成为满族人的代称。安家始终在满洲八旗之内，属汉军八旗，当然是满族人。

（三）旗人即满族人

八旗制度，是努尔哈赤和皇太极逐步建立起来的。1616年，努尔哈赤创建满洲八旗。满洲有“新满洲”与“老满洲”之分，新满洲亦称“伊彻（满语 ice）满洲”，老满洲亦称“佛（满语 fe）满洲”。清入关时，将皇太极时期编入八旗的东北边区女真余部及其他族人称为新满洲，而将此前努尔哈赤时期被编入的称为“陈满洲”，即“老满洲”。到皇太极，为了加强对蒙古人和汉人的统治，分别在1634年和1642年增编八旗蒙古和八旗汉军。八旗是个融会了多个民族成分和部落的人们共同体，其中的八旗汉军，仅表示这部分旗人主要来源于明代辽东汉人。史载：“以本部所属者为满洲，蒙古部落而迁入者为蒙古，明人为汉军”。① 清雍正十三年（1735年），敕纂《八旗满洲氏族通谱》，包括满洲姓氏、蒙古姓氏、高丽姓氏、尼堪（汉军）姓氏张、李等一百六十余姓。② “尼堪”即汉人之意，《通谱》是将汉军姓氏列入满族姓

---

① 昭梿：《啸亭杂录》卷十，《八旗之制》，中华书局1980年版，第336页。
② 参见吴振棫：《养吉斋丛录》卷一，北京古籍出版社1983年版，第3页。

氏之内的。

从后金延续至清的“以旗统族”的政策，使旗籍内形成了一个多民族融合的文化圈。“凡是被编制在八旗之下的人们，不管满洲也好，蒙古也好，汉军也好，都可以自称或被称为‘旗人’即满族了。”①著名的清史专家王钟翰认为，不但满族人可以自称为“旗人”，而且蒙古和汉人之被编在八旗下的也同样可以自称为“旗人”。② 这一论断，是符合历史情况的。《儿女英雄传》中的安家本是汉人，是入了旗的汉人，即汉军旗人。在该书第一回中文康毫不回避地写道：“单讲那正黄旗汉军有一家人，这家姓安，是汉军世族旧家。”“汉军世族旧家”就是辽东汉人。辽东汉人，在天命、天聪年间归附后金且被编入旗，生活在满洲人之中，到入关时他们已在满洲社会中度过了十几个春秋。

汉军作为旗人的一部分，享有旗人所特有的待遇，满汉虽一体，却不平等。如仕宦方面，汉军就有别于满洲，在法律上也不是一视同仁的，亲疏分明。但是满汉之差别，不能作为满汉民族之界线。经过长期共同的生活，满汉有共同的文化及文化认同，汉人礼制习俗也与满族人趋同，这种文化认同是他们划分民族属性最重要的因素。事实上，在京城和其他各省的清代八旗驻防地区，如今很多汉军旗人后人自愿加入满族，这种意愿也是认同满族意识的表现。

对于安家来说，其祖宗是满族有功之臣，并因此而入旗。他们究竟有怎样的“大功”？在《儿女英雄传》第一回里就说明了：“论他的祖上，也曾跟着太汗老佛爷征过高丽，平过察哈尔，仗着汗马功劳上头挣了一个世职，进关以后，累代相传，京官、外任都做过。”在清朝的惯例中，一般的世袭爵位都是降一等承袭，如亲王之子袭郡王、郡王子之子袭贝勒。如果从他们这一家的祖上算起，传到如今，安家作为贵族之家，已经有两百年上下的历史了。所以，从他们这一家的“老太爷”到安学海“世职袭次完结”，也有三四代

---

① 王钟翰：《关于满族形成中的几个问题》，载《满族史研究集》，中国社会科学出版社 1988 年版，第 211 页。

② 参见《满族简史》编写组：《满族简史》，中华书局 1979 年版，第 95 页。

人了。

到安学海这一代,安家在满洲共同体生活长达两百年,这是概括的说法,还有一个具体的事实,就是长姐儿的父母作为战俘被赐给安家终身为奴。安家如果不是战争中的功臣,怎么会得到皇上赏赐的奴隶呢?《儿女英雄传》写于清嘉庆道光年间,清朝统治已经过强大的“康乾盛世”,正从嘉庆时期开始走下坡路。什么是“征高丽、平察哈尔”?我们不妨以清代的社会情况为背景,作如下的推想:满族统治者进关,统一全国,满族统治者为了扫除南下中原的威胁,对左面,皇太极两次征服高丽;右面则有来自蒙古的威慑,“三藩”未起,察哈尔趁机南下,而有“平察哈尔”之战。所以,在那个时候,必定出现很多像安氏“祖上”立下战功的功臣,这些功臣被皇帝赐地封爵,世代相传,成为贵族之家。安家的富贵荣华,正是其祖宗凭军功而享有。

安家是把自己看成满人的,他们有满族意识和满民族感情。从《儿女英雄传》中可以看出,安家父子及其亲戚那样诚挚地“认兄弟、叙骨肉”,表明了他们自识为满族,表明他们已将自己置于满族共同体之中,与满族成员融为一体了。

二、族群意识的内涵

既然族群是一种在文化认同基础上的人们共同体,那么族群最基本的构成是什么呢?是族群意识。[①] 人类学家格尔兹认为:“在血缘、语言、习俗等方面的一致性中,蕴涵着一种自在自束、难以名状,有时甚至是难以抗拒的强制力。把一个人与他的亲戚、近邻、宗教同伴绑在一起的原因,并不仅仅是由个人的情感、实践中的必要性、共同的利益或由此招致的义务决定

① 参见庄孔韶主编:《人类学通论》,山西教育出版社2002年版,第339页。

的，至少在很大程度上，这是由那种起因于原生纽带本身，但难以解释的绝对意义决定的。当然，这些原生纽带的强度及类别可能会因人、因社会性和因时代而异。"①这里，格尔兹不但把族群问题看成一种情感，同时认为存在激发这种情感——族群意识的具体社会历史条件。

族群是一种社会存在，也是一种社会现象。那么，对于满族来说，什么是激发其族群意识的条件呢？换言之，旗人族群观到底包括哪些具体内涵呢？

（一）政治地位

旗人的地位是与满族的全民族历史地位分不开的。在16世纪下半叶到17世纪的半个多世纪中，满族由一个被明代统治的女真族，迅速崛起，夺取辽东，入主中原，居于统治民族的地位，由客变主，由弱变大，建立清国，使八旗子弟产生精神上的极大优越感。清军入关后统一全国，在征服战争、封爵、圈地、逼民投充、追捕逃人，以及强制易服、剃发等诸种历史事件的演变中，满族作为统治民族的历史地位，在全体中华民族面前，逐渐而牢固地确立起来，进一步增强了八旗子弟的政治优越感。在随后两百多年与汉民族的交流中，由于清廷实施重视教育的国策，八旗出现一大批兼通满汉文化的优秀人才，八旗子弟则由对自己武力征服中原的骄傲转为拥有高文化素质的骄傲，在和平时期这种武力和文化优势则转变为权势、地位以及建立在此基础上的巨大的优越感。

把清朝推上统治者宝座的是八旗，保护清朝统治地位的也是八旗，所以说，八旗在清代有很高的地位。为了保证八旗的地位，清廷推行了一系列政策，保证八旗权威，而这种权威又转化为权势和地位。所以，八旗的地位优于汉民，形成清朝"汉人见了旗人，总要让三分"的现状，这是不争的事实。

八旗中不仅包括不同民族成分，而且存在满洲皇族、旗人军士、旗人包衣（奴仆）等这一等级森严的社会阶层结构。旗人中的将领和战士，依照自

---

① Ceifford Geertz, *The Interpretation of Cultures*, London: Fontana press, 1993, p. 132.

己不同的地位可以获得数目不等的奴仆,首领或佐领是八旗上层集团,八旗上层中的另外一部分是那些获得公侯伯子男爵位的人。这些爵位通常被赐予那些在政治或军事方面的功绩卓著者,取得了这些爵位的人就会有较高的社会地位,他们的后代就可以从皇帝那里得到官职和等级相当的薪俸、土地以及物品,《儿女英雄传》中的安家就是一个世代袭职的八旗世职家庭。

在《儿女英雄传》中,交代了安家的世职来源:“论他的祖上,也曾跟着太汗老佛爷征过高丽,平过察哈尔,仗着汗马功劳上头挣了一个世职,进关以后累代相传,京官、外任都做过。”安家是汉军,凭武功获取封爵或世袭。汉人入旗,是属于“新满洲”。当一个族群在政治上利用族籍来改变自己的政治、经济地位和受教育机会的时候,它也就成了一种政治利益群体,这种政治就成为一种维护族群组织的法定规则。所以,族群认同在本质上是一种政治认同。

旗人所恃的是“天恩祖德”,京旗士大夫安家所恃的正是祖上“武功”。旗人有着共同的仕途,《儿女英雄传》中交代了旗人“可以吃钱粮,可以考翻译,可以挑侍卫”。做官乃是旗人本分,如同安学海所说:“只是生为国家的旗人,不做官又去做什么?”这反映了清代旗人除“当差”之外,没有更理想的求生之路,这一点具有普遍性。祖上的“武功”,就是安家的政治地位,也是安家认同八旗文化的政治基础。

(二)生计方式

京旗是八旗的主体,人口约占八旗人数的一半左右。八旗中的满化是政治上的满化,也是经济上的满化,满化的基础是他们具有共同的生计方式。满洲八旗、蒙古八旗、汉军八旗,均被外界视为以吃粮领饷为生。

只有在人们对于生产资料、产品的占有或交换是根据他们的族籍身份来确定的时候,族群认同才会显现出来。旗人的经济不同于汉民,旗人具有与汉民不同的生活来源。清军入关后,上自皇帝下至八旗兵丁曾以圈占无主荒地为名,野蛮地掠夺汉人的土地,旗人无论贵贱,都不耕种,而招汉人代佃,收取地租,这是所有旗人共同的经济生活基础。旗人吃粮领饷,一旦失去土地，势必出现贫困。正因为安家受祖上的功业庇荫，所以其后代生计没有大问题，更没有“出旗为民”。皇上“天恩”让安家公子点了进士，做了大官，到底是“天宠不衰”。安学海父子“不农、不工、不商”，衣来伸手，饭来张口，这种养尊处优、不劳而获的寄生生活，是典型的旗人士大夫生活。

八旗共同的生计方式与社会生活紧密相连，成为旗人具有共同族群意识的经济基础。

（三）文化传统

民族的区分最重要的因素是文化，这些相对稳定且具有特点的文化，毫无例外地都会体现在民族这个人们共同体每个成员的实际生活中，体现在他们的思维和行为方式上。与此同时，这些具有特点的文化，还会以各种方式在某个民族中流传下去，世代相继地产生影响，从而形成本民族的文化传统。

满族是骑射民族，尚武在其风俗文化的各个方面均有十分突出的体现，如满族先世信奉的萨满教祭祀马神，服饰上的衣袍开衩、窄袖、马褂及剃发为辫的发式等特点，均是为了骑马与射猎的方便。其他如科举中考骑射、迎娶新娘须射箭、抓周摆设弓箭、娱乐中较射等，不胜枚举。族群意识反映在民族生活的各个方面，民族的宗教信仰、共同习俗往往表达着这个社会的共同意识，其成员对习俗的认同就是对社会群体的认同。在同一文化体系中，说同一种语言或方言，遵守同一套风俗习惯，过着同样的生活方式，甚至对事物的看法都有着共同的反应。这种对族群共同利益的自觉维护，集中体现了族群意识，同时也强化了族群意识。

那些标志族群的文化特征可能发生变化，那些被族群成员所具有的文化特点也可能被改变，甚至一个族群的组织形式也可能发生变化。但是，只要对于族内与族外的划分没有改变，族界依然存在，一个族群就仍然延续。这样我们就能理解，由努尔哈赤创立、经皇太极完善的八旗制度，使汉军八旗子弟的衣冠服饰与满洲早已统一，清统治者又要求汉军“导率以矩范，一如满洲也”。八旗是由满洲、蒙古和汉军共同组成的，当然，八旗汉军与上三旗相比,所染满洲习俗的程度不尽一致,汉军旗人与满洲旗人的政治地位有差异,但一个族群内部成员之间实际存在的外在行为并不妨碍他们属于同一个族群,也并不影响民族认同。因为其文化的内在价值是一致的,而族群意识也正是在这种条件下产生的。

族群的认同最重要是文化的认同,民族意识源自于同一民族成员对族体文化达到高度一致的认同。满族不仅具有共同的基本文化价值观念,在文化形式的外在统一性上也是可以认辨的。满族人以八旗组织作为民族的象征,关心祖先隶属的旗籍。在《儿女英雄传》中,我们可以看到旗人自我认同与被别人认定的情形。全书贯以一个"旗"字,到处充满了"咱们旗人"、"咱们八旗"、"旗人"、"国家的旗人"、"旗人子弟"、"在旗的"、"旗下的"等字眼,视旗人为一整体,它们表明的是旗与汉的区别,而不是汉旗与满旗或蒙旗的区别。所以,旗人的族群意识是族群共同体形态的观念反映,是八旗内部长期民族融合的结果。

综上所述,八旗作为一个民族共同体,八旗制度就是与民族共同体相适应的族群意识形成的根基。所以,八旗既是一个由多民族组成的政治—军事共同体,又是一种经济生活方式,同时也是一种文化。

三、族群意识的表现

族群意识,主要是指族群的自我意识,其次是对族群共同体及其行为规范、价值标准的认同和评价。

首先,民族意识中的自我意识以"自我"为中心和本位,以"他者"为参照系。如前所述,意识是人在特定的社会交往关系之中产生的。由于"凡是有某种关系存在的地方,这种关系都是为我而存在的"[1],所以自我意识

① 费孝通:《关于民族识别问题》,《中国社会科学》1980年第5期。

常用的、最为典型的表达方式“我—非我”，实际上很直观地表现了意识的这一本质特征，“即同一个民族的人，感觉到大家是属于一个人们共同体中的自己人这种心理。”①它表现出了自己归属于哪一个民族的认识，以及由此而产生的民族自尊心、自豪感、自信心等。显然，这种族体认同心理，是一个民族与其他民族之间最为深刻、最为核心的区别。对内表现为一种强大的凝聚力，对外则表现出强烈的排他性。

其次，对族群共同体及其行为规范、价值标准的认同和评价。这种认同和评价在很大程度上，总是表现为强调“自我”与“他者”之间的差异和对立。与差异性意识相伴的是一系列伦理范畴和价值评判或者说是本民族特殊的、理解事物的方式，民族共同体借此肯定“自我”，并且在必要时否定“他者”。在“自我中心”意识的作用下，它逐渐演化成为主客两分的世界观，并在民族文化中沉淀下来，作为一种认同和评价，这种认同和评价本身也就是族际识别。

笔者认为，《儿女英雄传》主线是旗人，强烈的族群观念，表现了满民族特殊的对于满文化的认同感和向心力，洋溢着满族所特有的民族自豪感。下面，分别从民族感情、忆旧思想、忧患心态等方面对旗人普遍具有的族群意识加以分析。

（一）旗人共有的民族感情

通常所用的民族“自识性”、“自我或自觉意识”、“属性觉悟”、“认同”或“归属感”，都指的是民族意识。近代学者梁启超曾说：“何谓民族意识？谓对他而自觉为我。”其意是在异族面前自己的族属便会油然而生，这一界定可谓言简意赅。再具体一点，则表现为认识自己民族生存的环境及对民族、历史、地理、风俗习惯的文化认同。

这种认同，表现出一种对民族深厚的感情。这种深厚的民族感情，其产生和形成有一个历史过程，它可以追溯到原始社会对氏族、部落共同体的依

① 费孝通：《关于民族识别问题》，《中国社会科学》1980年第5期。

赖和眷恋。人们都是生活在某一共同的疆域内,使用共同的语言,有着共同的历史文化,因而便在某些方面和一定程度上具有某些共同的心理素质和共同的感情。在长期的历史发展中,这种本能的民族感情逐步变成同族同属的民族意识,它的突出特点是拒斥他族成员,自然地扩展为对本民族的疆土、语言、风俗习惯及历史传统的热爱。人们对民族的这种深厚感情,世代相承,并通过各种方式加以提炼和升华,形成维系一个民族生生不息、向前发展的巨大精神力量。`

《儿女英雄传》表现出文康怀有对旗人的深厚感情,这不仅由于他从小就对北京旗人的生活比较熟悉,还在于他对满民族存在着某种发自内心的亲和感。所以,在他笔下,旗人之间就是"异姓骨肉"、"非亲即友"。请看:安学海讲"我和你父亲又多了一层香火因缘,算得个异姓骨肉"。(第十九回)又讲"咱们八旗,论起来非亲即友,那么论你就叫她大娘;论我这头儿呢,屈尊姑娘点儿,就也叫她声舅母"。(第二十二回)这是把旗人作为一个整体,认为八旗就是一家,流露着对本民族的眷念之情。又如第三十四回写安公子进贡院考试,一位大臣让值班的叫答哈苏的官员送他进号舍。描写的文字虽长点,但很能说明问题,不妨引用如下:"又见安公子是个旗人,一时气谊相感,便也动了个卫顾同乡的意思,欣然答应了一声,便接过公子的考具,送出东栅栏。又说道:'大兄弟,你瞧,起脚底下到北边,不差什么一里多地呢。我瞧你走不了,这儿现成的水火夫,咱们破俩钱儿雇个人就行了。'一面说着,招手从那边叫了个人夫来,一面就把脚一抬,又把手往衣襟底下一绰,摸着裤带上那个钱褡裢儿,掏出一把钱来要给那个人。公子忙拦道:'不劳破费,这考篮里有钱,等我取来。'他便一手拦着公子的胳膊,说道:'好兄弟咧,咱们八旗那不是骨肉?没讲。'说着,早把他手里的钱递给那人。公子没法,只得谢过了他,他便把考具一切都交那个人拿上。"作者只通过这样一件小事,就把旗人之间的关系、旗人的性格表现得淋漓尽致。一个民族的自我意识一旦形成,维系与发展本民族的感情欲望便随之产生,形成一种巨大的凝聚力和原动力。"咱们八旗"表明了旗人之间的关系在心理感情上是非常相近的,其中所流露出的民族感情,是十分真实和合理的。

族群意识是民族成员对于自己从属于这一民族的意识，是对本民族的特点以及本民族与其他民族区别的意识，通常是个体在与其他民族接触时产生我是某某民族的意识，形成了个人的民族归属感。八旗作为政治规范和文化秩序，它所确定的价值准则与文化标准，不仅成为满民族文化认同之基本核心，也成为族类识别即“旗民之分”的根本尺度。虽然入旗时民族成分不同，但经过长期民族共同体的生活，族群意识作为民族共同体的共同意识，最终成为文化认同与政治认同相整合的民族意识。

作为族群自我意识的反映，“我群”与“他群”的区分具有首要的意义。民族感情的表现，就是这种民族成员觉得自己是属于特定集团的感觉，是指“对他而觉为我”的感觉，是本民族共同具备而为其他民族成员所没有的心理特征。旗人在与汉人长期交往中，“旗”——这个在书中具有象征性的语词，成为一种八旗组织在思想观念上的反映，时时提醒着我们，以“旗”作为一个族群的客观特征是明显的。如下几段文字，最集中表达出旗人共同的思想感情。

“生为旗人不做官又做甚么?”(第十三回)做官是旗人共同的最好归宿，旗人的这种归属感，使其产生为民族的发展奋发努力的责任感和坚定的信念。旗人，意味着一种身份，一种职业。

“聚集了许多八旗子弟，逐日讲书论文。”(第十九回)清朝采用旗民分居、分治办法，八旗有着共同的经济和文化生活，又不种地，在和平的年代，八旗子弟聚在一起“讲书论文”理所当然。

“旗人的习气，喊两句高腔，不就对面墙上贴几个灯虎儿等人来打。”(第三十四)八旗子弟的骄纵性格，并非无所由来，显然是出自于一种对自身优越地位或民族优越地位的自觉意识。在清代，整个满民族的地位上升了，清政府也相应制定了一些“首崇满洲”的政策。这种社会现实，也使满族滋生了一种民族优越心态，这种优越意识表现在旗人社会的各个方面，渗入满族的日常生活之中。

(二)对清前期盛世气象的追忆

生活在嘉道时期的文康目睹现实,不由自主地从心底企盼贤明君主,追忆大清盛世的辉煌,从而在小说中凝结了一种浓郁的怀旧心态,对清初及一些久远情形的怀念就是这种心态的集中表现。他说自己所讲的"就是我朝康熙末年、雍正初年的一桩公案"。实际上,《儿女英雄传》写于19世纪中叶,正处在清朝后期道光年间。清代的康熙、雍正、乾隆三朝,被人称为是中国清朝封建统治的全盛期,文康把背景选在雍正年间,假托雍正朝故事,实际上就是为清朝高唱赞歌。所以文康在作品中对清朝政权歌功颂德,左一个"大清",右一个"圣人"。他高歌皇朝盛世的气象,具体的描写、动人的颂扬、赞美的态度弥漫着全书,表露了作者深厚的民族感情和忠君思想。这种民族感情和忠君思想,作为一种民族意识,是根深蒂固、深入骨血的。这种民族自尊心、自信心和自豪感,既是每一个民族应当具有的自我意识,也是这种该民族赖以维系的根本。

满族人在民族顽强的生存与发展历史过程中,与所居地域结成了密切的关系,由于民族成员对于民族自身的尊崇与肯定,使得满族祖祖辈辈对这块土地及自己的民族蓄藏着深厚的感情。作为京旗士大夫的文康,他的思想是时代使然。旗人汉化的潮流猛烈地冲醒了他的满族意识,他在书中冷静、痛彻地反思本民族兴衰之历程,赞叹先祖创业之精神,表现民族亢奋之气概,在《儿女英雄传》"缘起首回"他这样写道:"这部书不说残唐五代,远不讲汉魏六朝,……我们清朝的制度不比前代,龙飞东海,建都燕京,万水朝宗,一统天下。"什么是"龙飞东海,建都燕京"?何等自豪!再看看对京城的描写:"就这座京城地面,聚汇着天下无数的人才。真是个冠盖飞扬,车马辐辏。"再对八旗,汉官的称赞:"与国同休的先数近支远派的宗室觉罗,再说是随龙进关的满洲、蒙古、汉军八旗,内务府三旗,连上那十七省的文武大小汉官,何止千门万户!说不尽的'九天阊阖开宫殿,万国衣冠拜冕旒'!"这是对清初入关、威镇四海的描写,对于生活在内忧外患的清末旗人来说,清初的气概真是令人神往。在语言中,倾泻出的是旗人对于地域家园及民族自身的赞叹，表露出那种对世居之地的感念及对民族生存的赞美与欣慰，字里行间灌注了一种浓厚的民族自我意识。

满族有着悠久的历史、艰险的创业历程和祖先建立的丰功伟绩，它们是旗人长期萦绕在心的荣誉。满族人把这些业绩看成是民族的光荣和骄傲，满族人对自己祖先的功业，世世传颂、代代追念。他们希望自己的民族繁荣、兴旺，把它当做激励本民族成员奋发图强的积极力量。文康在八旗没落之时缅怀昔日的强盛，通过追念祖上的功业，寄予自己无限的钦羡之情，表达对“大清”的认同感和建功立业的豪迈感。书中充溢着对清王朝的感情，对于康熙这样一位为民族的发展起过重大贡献的统治者，他无比追念：“却说我大清圣祖康熙佛爷在位，临御六十一年，厚泽深仁，普被寰宇，真个是万民有福，四海同春。”（第四十回）；对雍正这样一位不畏手握重兵、骄奢淫逸的重臣纪晓唐，而主持正义、处罚分明的明君，他笔端蕴情地写道：“雍正皇帝龙飞在位，这代圣人正是唐虞再见，圣圣相传。”（第四十四）在满族人心目中，皇帝是天神、圣人、佛爷，是民族崛起与强盛的象征。在对皇帝的敬仰和称颂中，实际也就深刻地潜藏与交织着满族对本民族的自识、自爱和强烈的民族自尊心及自信心。总之，整部小说从头至尾充满对民族历史、清初国泰民安的盛世景象及先祖功业的追怀与崇敬，突出地表现了满民族崇拜英雄业绩和赞美民族精神的心理状态和思想意识，表现了满民族对于民族文化的认同感、向心力，表达了一种民族自豪感。

旗人这种热爱民族的情感，还表现在旗人对本民族语言的执著中。随着满族历史的发展，满语被汉语所取代，但满语作为民族特征之一，在《儿女英雄传》中亦有所表现。全书虽然基本使用的是汉语，但文康在书中还是多次使用了满语，尤其是对满语的使用及使用场合的描述表达了旗人对本族语言文字的热爱，如安家父子那段满语说得很完整，因保密不便虽用汉语说出内容，但是父子俩用满语对话的场面，却表现得很生动，表现出皇帝对安公子的器重以及安氏父子对皇帝的感戴之情，表现出旗人在使用满语时的那种民族尊严感。因为，不同的民族语言，不仅在语音、语法、词汇上有独特的表达方式，而且每种语言都是特定民族生活和文化结构的产物，都与特定的文化传统和思想模式相联系，起着继承文化的作用。一般来说，本民族的语言最能生动有力地刻画本民族的社会生活、人物性格和民情风俗，也最能为本民族成员所接受和了解。有的东西或有的事情用满语表达，比用汉语更能加重人物的感情色彩。语言与民族情感有着密切的关系，这种民族感情是民族成员所共有的，旗人对本民族语赋予的情感正是民族意识的具体表现。

（三）旗人老规矩贯穿全书

满族民族意识的另一突出表现则是对独特民族风格的追求，在《儿女英雄传》中，经常出现一些旗人生活场景，包括满族各种古老的风俗习惯。在长期的发展中，满族形成了自己独特的民族生活和风俗习惯，这些满族生活习俗，常常引起旗人不由自主的温馨回忆。文康对这些的着意描写本身即渗入了满族人对其民族的肯定、赞赏和褒扬及浓厚的民族意识，这是满族心理状态的另一特点。

在第三十五回，长姐儿给安公子倒茶，文康借说书人的口说："想来还是那时候的世家子弟、家生女儿的排场，今则不然。今则不然，又是怎的个情形呢？不消提起。"类似此种对从前生活旧事的回顾，表达了对民族传统习惯的留恋。谈起旗籍诸老辈的彼此称谓，文康写道："如称台阁大老，张则'张中堂'、李则'李大人'；遇着旗人，则称他上一个字，也有称姓氏的，如'章佳相国'、'富察中丞'之类。但是个大父行辈则称为'某几太爷'，父执则称为'某几老爷'，平辈相交则称为'某几爷'。……从不曾听得动辄称别号的，旧风之淳朴如此。"（第二十九回）针对旗人沾染汉俗过重的状况，文康大发议论，表现出相当强的民族"自识性"。对旧俗的肯定，实际上是表达民族成员有意识地维护、遵守本民族共同的物质和文化生活习俗。文化人类学认为"每一个民族成员对自己属于什么民族，自己民族的传统文化、风俗习惯、民族形式、语言文字等的自识性非常强烈和亲切，它是作为民族的精神财富传给后代，认为这些表示着一个民族的内在力量。"①

---

① 刘伯鉴：《关于建立中国民族科学体系的探讨》，《民族研究》1981 年第 3 期。

正因为有强烈的民族意识,所以,安学海反复地讲解旗人的老规矩、做法及旗人在清初的种种风气。他说:“国初官员乘马的多,坐轿的少,那班世家子弟有的是骑马,还有骑着骆驼上衙门的呢;讲究坐轿车;讲究跑快车;讲究雇驴车;渐渐的连雇驴车也不能了,没法,虽从大夫之后,也只得徒行起来了哇!”当安公子要去乌里雅苏台,并向皇上谢恩时,安老爷专门强调:“我大清的制度却是朔望只穿补褂的。”(第四十回)

满族是一个尚武的民族,特定的自然地理环境与独特的民族生活,培养出满族崇尚力量、勇气的精神。八旗制度建立后,清朝皇帝更是将军事生活变成民族生活的一部分,八旗凭借武力在马背上终于夺得了天下。满族这种崇勇尚武的精神风范,也清晰地表现在《儿女英雄传》之中。“那时国初,大凡旗人家里都还有几名家将,与如今使雇工家人的不同。那些家将也会些撂跤打拳、马枪步箭、杆子单刀、跳高爬绳的本领。所以从前征噶尔丹的时候,就是调过八旗家将作战。”(第十八回)旗人尚武,连家奴也尚武,饱含着对于满族传统狩猎生活的深挚情感及对民族尚武精神的颂扬。我们从书中塑造的何玉凤这位弓马娴熟、精于骑射的满族女姓的英武气派中,不难体识出满民族以勇武为荣的风采面貌。

在大量反映民族风俗习惯的同时,《儿女英雄传》也往往表现出本民族的审美意识及对传统的偏爱态度。如第二十七回写求亲下定的情形,作者转述“咱们旗人家……”,“再讲到旗人的老规矩……”,“咱们的老规矩儿……”,多次通过他人口述或虚写旗人的结亲过程,生动地表达出对满族订婚风俗的称许,流溢着对自己民族习俗优越性的钦赏和赞叹。这其中显然有一种民族的自维与归属心理,同时也包含着一种民族排他心理。

何玉凤在没嫁给安公子之前不愿安公子、张金凤夫妻替其母戴孝,安学海不厌其烦地讲解道:“你道这事礼过于情,按古礼讲,古人的朋友就是有个袒免之服。怎的叫做‘袒免’?就如同今男去冠缨,女去首饰,再系条孝带儿,戴个孝髻儿一般,按今理讲,你只看到内三旗的那些人家,遇见父母大事,无论亲戚、朋友跟前都有个递孝,接孝礼的。”(第二十回)这表现出他们一方面要求本民族的成员遵循相应的伦理规范以维护民族的尊严,不能越规而有损民族尊严;另一方面则要求其他民族尊重这一民族的习俗。张金凤虽是汉民,但嫁到安家须遵旗规,所以按满族风俗应给玉凤之母戴孝。书中还描述"张姑娘举手加额的念了一声佛"(第三十回),这"举手加额"就是金凤嫁到安家所行旗妇之礼。

满族作为统治民族,经过与汉族长期的融合,到清后期已经全面接受了以儒家学说为主体的汉文化。满族以少数人口统治广大的汉族,汉族的历史悠久、文化精深,满族在精神与物质文化方面更深一层地被改变、被汉化是不可避免的,因而在命名、婚姻、饮食、服饰、制度等很多方面都逐渐地违反其传统,仿行汉制。在这种满汉融合的大环境中和整个旗人社会处在一种颓废、没落的境况下,为了保持民族的自尊心、自信心,清朝政府着意保存民族文化,文康这样的有识人士产生一种保存民族传统文化的反省自觉意识是必然的。

文康身处清朝后期,旧的东西在一点点消逝,新的东西在迅速滋长中,人们有一种被抛弃的感觉。在这种情形下,由于对现实的失望、对未来的不可知,所以有时沉醉于往事,对先辈辉煌历史的缅怀更使人感到满足。文康回忆这些往事,是希望八旗子弟保持民族古风、鼓励八旗子弟积极进取。赵苕狂在《〈儿女英雄传〉考》中说:"他所以写是书,还有一个绝大的目的,那就是欲为一般旗人吐气。"①这种说法是有道理的。

(四)强烈的民族忧患心态

对旗人命运强烈的忧患意识,始终贯穿于《儿女英雄传》整部作品。作为从清中叶向晚清过渡特定历史时期里的京旗士大夫文康,流露出的情感既包含有对国势江河日下的哀婉和惆怅,又包含有无法实现自身价值的失意和苦闷。很明显,入关之初在旗人身上表现出的那种一统江山的民族自豪感和康乾盛世中歌舞升平、富贵安闲的优越感,已被对前程的忧患意识所代替。

① 太田辰夫认为:主要是当时《红楼梦》正在风行,一般人都认为这书是在指斥旗人,大有不平愤懑之感,这在一般旗人是不堪忍受的。参见太田辰夫:《满洲族文学考》,中国满族文学史编委会油印,1980 年,第 54 页。

这种忧患意识是怎样产生的呢？它有必然的社会根源和深刻的思想文化原因。八旗入关至康乾时期达到极盛，用文康的话来说是“我们清朝的制度不比前代，龙飞东海，建都燕京，万水朝宗，一统天下。”（第一回）清朝经历“康乾盛世”，而到了文康生活的时代——嘉道年间，这种繁华的局面已经一去不复返，开始走上了国运衰退的道路。嘉庆、道光两朝，这是清王朝步入衰微的时代，尤其是第一次鸦片战争爆发以后，帝国主义列强加紧侵略掠夺，国家已无宁日。列强入侵，皇权可危，朝纲混乱，天灾人祸，加上吏治败坏，陋规盛行，民不聊生，往昔的盛世如滚滚东流之水，一去不返。腐朽透顶的官僚统治已无力解救面临的忧患与危机，清朝已危若累卵，已到了风雨飘摇、大厦将倾的时代。

文康目睹深重的民族灾难，以敏锐的眼光洞察到清朝“日之将夕，悲风骤至”、“四海变秋气，一室难为春”的衰世的到来。处在这种社会背景之下，对向往民族兴盛时期的文康来说，不能不深受触动。他的灵魂被染上了几许忧患的色彩，心理上很自然地产生一种忧患意识。他感时伤事，为国担忧，把自己强烈的民族忧患意识和深厚的民族感情融化于具体描写之中，揭露晚清的腐败世相，倾诉自身的忧愤和对民族的关切之情。文康所具有的忧患意识，正是一个典型的旗人士大夫所具有的文化心态。他在作品中表现出的忧患意识，实际上是作家对实现人生理想的深邃思考，是作家对民族兴亡、人民苦难深切关怀的表现，是积极地参与世事、关注民族命运的具体体现。

到了清朝后期，八旗精神日渐消逝，旗人失去本来朴实刚健的风气。民族文化的衰退，八旗子弟的颓废，使得文康深怀忧虑，文康一方面追念清王朝以往的兴盛；另一方面又表现出对旗人习气的不满，比如第二十九回，作者有一段关于“别号”的议论，表现了文康对此的极度反感。他说：“到了如今，距国初进关时节不曾百年，风气为之一变。旗人彼此相见，不问氏族，先问台甫，怪，及至问了，是个人他就有个号。但问过他，就会记得，更怪；一记得了，久而久之，不论尊卑长幼远近亲疏，一股脑子把称谓搁起来，都叫别号，尤其怪。照这样从流忘反，流到我大清两百年后，只怕就会有‘甲斋父亲'、'乙亭儿子'的通称了，且将奈何！"到了嘉道时期，这个社会，从总体上看，已日趋衰亡。社会中的某一群体，或某一家庭，或某一个人，处在这种大变化的社会环境中，其生活也就充满了这种变化的影响。"别号"一事在文康看来是很不以为然的，但面对着这个变化的、日益走向没落的社会，他只能是惶恐而又悲哀，无可奈何而已。他对于旗人因特殊地位丧失引起的颓丧所表现出的伤感，反映出一个有社会责任感和良知的旗人内心深处的民族意识的觉醒。

文康是以满族作家特有的心理视觉来看待社会、历史以及民族生活的，是通过对满族文化和民族习俗的表现及评述而表露民族思想感情的。《儿女英雄传》全书渗透着满族作为统治民族的优越感、民族生存的危机感及对民族的忧患意识。他在书中塑造了旗人安骥、何玉凤等形象，把振兴民族的希望寄托在年轻的八旗一代上。但是，八旗制度已不能解决八旗子弟"生齿日繁、旗产渐失、不事生产、坐食饷租、两极分化"的重重矛盾，清政府更无力扭转八旗子弟骄奢淫逸、鲜衣美食、挥霍无度的堕落态势。文康作为一个具有高度民族意识的旗人作家，一方面已经看到了八旗的腐朽本质和没落命运；另一方面却仍对清最高统治者、对"末世"心存幻想，幻想"补天"。实际上，文康所构筑旗人英雄儿女的理想蓝图，只是在编织梦幻的呓语中，唱了一曲清王朝"大厦将倾"的挽歌。

虽然我们从这部旗人作品中看到满族经与汉族频繁接触后，从食俗、服饰、甚至语言等方面发生了一系列汉化现象，但习俗的汉化并不等同民族同化，语言转用与其他民族特征的变化也不是同步进行的。最重要的是，发生习俗改变并转用汉语的满族还存在民族自我意识这个民族最本质的特征。这部作品再一次说明了"族群意识，在构成一个民族的诸种因素中，是最稳定、最持久的因素"这个恒久的道理。

的确，曾经是剽悍矫健的民族，在民族的进步历程中，发生了民族文化的衍变；在处境优越的条件下，丧失了开拓进取精神，《儿女英雄传》真实地反映了这种进步和变化。

（作者：中央民族大学图书馆副馆员）

五

文化视域中的民族精神

文化类型理论与我国文化类型研究及其反思

孙秋云

一、文化类型理论的相关回顾

什么是文化类型？划分文化类型的标准是什么？学术界至今尚无统一的定论。德国学者斯宾格勒(Oswald Spengler)是以文化类型理论研究世界文化现象的著名学者。他在《西方的没落》一书中认为历史不是研究连续的进步,而应是对文化的比较研究。他把世界各民族分为文化民族(或称文明民族)与原始民族两大类,认定世界历史是文明民族创造的,而世界历史可分为八个独立的文化形态:埃及文化、印度文化、巴比伦文化、中国文化、古典文化、阿拉伯文化、西方文化(浮士德文化)和墨西哥文化,每个伟大文化都来源于一个民族最深层次的民族精神,都有自己的表现于文化各个方面的基本象征。他认为文化是历史研究的单位,是具有生、长、盛、衰等阶段的有机体,有自己的观念、生活、愿望、感情等,但每一文化间彼此是分隔的。他从精神、文化、政治等方面对印度、埃及、古典、阿拉伯、西方等文化类型进行了阶段划分,认为除了西方文化以外,其他七种文化已经名存实亡了。[①] 斯宾格勒的学说对我国学者有一定的影响，如费孝通教授在20世纪40年代曾用斯宾格勒的文化类型理论分析过中国的乡土社会和现代社会：

斯宾格勒在《西方陆沈论》里说西洋曾有两种文化模式：一种称做阿波罗式的 Apollonian；一种称做浮士德式的 Faustian。阿波罗式的文化认定宇宙的安排有一完善的秩序，这个秩序超于人力的创造，人只能去接受它，维持它；但是其实人连维持它的力量都没有，天堂遗失了，黄金时代过去了。这是西方古典的精神。现代的文化却是浮士德式的。他们把冲突看成存在的基础，生命是阻碍的克服；没有了阻碍，生命也就失去了意义。他们把前途看成无尽的创造过程，不断的变化过程。这两种文化观很可以用来了解乡土社会和现代社会在感情定向上的差别。乡土社会是阿波罗式的，而现代社会是浮士德式的。这两套精神的差别也表现在两种社会最基本的社会生活里。[②]

英国历史学家汤因比（Arnold Joseph Toynbee）也是一位以文化类型理论反映人类文明历史而闻名的学者。他认为历史研究的最小单位不是民族国家，而是一个个的社会。他从宏观角度将人类社会的发展史划分为20多个具有文明发展过程的代表性社会：西方社会、东正教社会、伊朗社会、阿拉伯社会、印度社会、中国社会、朝鲜与日本社会、古希腊社会、叙利亚社会、古代印度社会、古代中国社会、米诺斯社会、苏末社会、赫梯社会、巴比伦社会、埃及社会、安第斯社会、墨西哥社会、尤卡坦社会、玛雅社会等，认为这些文明之间存在着某种历史的继承性。与斯宾格勒一样，他也认为每个文明都有起源、生长、衰落、解体、灭亡五个阶段，但否认文明或文化是一个有机体组织，认为文明的起源和生长的法则是人类对各种挑战的成功应战。一个文明如果能成功地应对来自环境的挑战，那么它就可能走向繁荣和发展，反之，则会导致衰落和灭亡。他认为最适度的挑战不仅能刺激它的对象产生一次成功的应战，而且能刺激它积聚更大的力量去应付新的挑战，从一次成

① 参见奥斯瓦尔德·斯宾格勒：《西方的没落》（上册），商务印书馆1991年版，第18—19、305—309页。

② 参见费孝通：《乡土中国 生育制度》，北京大学出版社1998年版，第44页。

功走向另一次新的应战,以至无穷。[①] 他的这种"文化(明)挑战应战理论"对后世的影响很大,美国学者费正清(John King Fairbank)对中国历史与文化的研究和亨廷顿(Samuel P. Huntington)的"文明冲突论"都有汤因比理论的影子。如亨廷顿认为当代世界主要有8种文明:西方文明、中华文明、日本文明、印度文明、东正教文明、伊斯兰文明、拉丁美洲文明和非洲文明,当代人在文明的作用下组成文化共同体,不同文化的国家间最有可能的是文明间的竞争性共处——冷战和和平,也可能是高度敌视的关系。[②]

斯宾格勒、汤因比和亨廷顿的文化(明)类型理论是前后划分标准并不统一的、粗放的、宏观性的历史文化分析理论。系统的具有文化学意义的文化类型理论,是由美国人类学家斯图尔德(Julian. H. Steward)于1955年提出来的。他认为文化类型是"基于共时的、功能的、生态的因素以及为一个特定的历时的或发展水平所代表的文化特征",它"由核心特征组成,首先,这些特征为文化生态适应的跨文化规律所决定,其次,它们体现社会文化整合的相似水平",核心特征相同的文化可划归同一类型。[③] 这样,斯图尔德把文化类型的研究由对它们的时空追溯,转到文化事相本身,使这一概念上升为理论,成为文化学研究的一个重要范畴,并逐渐为学术界的不同学派所接受。如《简明不列颠百科全书》就把"文化类型"(culture type)定义为:"在文化分类中,一种以经过选择并互相起作用的各特征或各组特征为主要内容的结构。"[④]

1949年以前我国学者梁启超、陈嘉异、张君劢、梁漱溟、吴宓、梅光迪、胡先骕、刘伯明、柳诒征、章士钊、陈序经、黄文山等也对文化类型作过一些探讨。如梁漱溟1921年在其《东西文化及其哲学》一书中借用叔本华的

---

① 参见(英)汤因比:《历史研究》(上册),上海人民出版社1986年版。

② 参见塞缪尔·亨廷顿:《文明的冲突与世界秩序的重塑》,新华出版社2002年版,第29—32页。

③ J. H. Steward, *Theory of Culture Change*, University of Illinois Press, Urbana, 1979, p. 5, p. 89, 转引自黄淑娉、龚佩华:《文化人类学理论方法研究》,广东高等教育出版社1998年版,第305页。

④《简明不列颠百科全书》(第8册),中国大百科全书出版社1986年版,第260页。

"意欲"概念，将中国、西方、印度文化视为代表人类文化三种"路向"的文化类型，认为西方文化是以意欲向前为根本精神，中国文化是以意欲自为调和、持中为其根本精神，印度文化是以意欲反身向后要求为其根本精神。[①]在"五四"时期中外文化的比较研究中，《中西文化及其哲学》可以说是第一部系统比较世界文化特点的著作。与梁漱溟相类似，梁启超、陈嘉异、张君劢、吴宓、梅光迪、胡先骕、刘伯明、柳诒征、章士钊等被称为"东方文化派"的著名学者们，也多将人类生活理解为物质和精神两大类。在他们看来，对待物质和精神两种生活的态度似乎只有三种：极端偏重精神生活；以精神生活为主体调节物质生活；极端偏重物质生活。这三种态度在梁漱溟那里成为人生三大路向；在吴宓那里则被解释为人们立身行事的"三界"：上者为天界，以宗教为本，脱离尘世；中者为人界，以道德精神为本，准酌人情，中庸忠恕；下者为物界，只见物象，以为世界乃一机械，讲求竞争。[②] 他们认为东西方是两大不同类型的人类文化，其所以不同是由于其文化精神有异，而文化精神之所以有异，又是因为东西方人生观或人生态度有别的结果。东方文化采取的是第二种人生态度，而西方则误入了第三种人生态度。陈序经则在 1934 年出版的《中国文化的出路》一书中以"文化圈围"来表示由地理、生物、心理及文化各要素的影响而形成的某一社会的文化，认为文化圈围是指某一种文化的整个方面的表示，与其他的文化圈围相区别，因此是研究文化的单位。[③] 但在 1949 年以前，文化研究主要是为了解决半殖民地中国的政治出路，救亡图存的任务压倒了一切，心平气和的纯学术研究并不多见。

1949 年中华人民共和国成立后，率先启动文化类型研究的是大陆民族学界。由于意识形态方面的原因，大陆民族学界率先对前苏联的经济文化

---

① 参见梁漱溟：《东西文化及其哲学》，商务印书馆 1999 年版，第 60—63 页。

② 参见吴宓：《论新文化运动》，载孙尚扬、郭兰芳编：《国故新知论——学衡派文化论著辑要》，中国广播电视出版社 1995 年版，第 93—94 页。

③ 参见杨深编：《走出东方——陈序经文化论著辑要》，中国广播电视出版社 1995 年版，第 68 页。

类型理论给予了充分的重视。经济文化类型理论是前苏联民族学家托尔斯托夫、列文和切博克萨罗夫在20世纪50年代提出的民族学科学概念之一，其基本定义为：居住在相似的自然地理条件之下，并有近似的社会发展水平的各民族在历史上形成的经济和文化特点的综合体。① 后来切博克萨罗夫到我国讲学，我国著名的民族学家林耀华同他进行了直接探讨和交流，共同发表了《中国的经济文化类型》一文。在该文中，两位学者全面运用经济文化类型理论，从纵横两个方面对中国乃至东亚的经济文化类型进行了详细的划分，并周密地阐述了各个类型的特征和它们的地理及生态基础②，开创了运用经济文化类型理论研究中国民族文化的先河。

20世纪80年代，东西文化差异的比较和研究又得到大陆学术界的重视，出版了一些有影响的成果，其中最具代表性的是金克木。金氏在1987年谈文化分类问题时，认为世界文化可大体概括为三大类型：希伯来—阿拉伯型；希腊—印度型；中国—日本型。希伯来—阿拉伯型可说是有上帝和一元的文化；希腊—印度型是无上帝和多元的文化；中国—日本型同希伯来—阿拉伯型对立，又与希腊—印度型不同。中国文化是无上帝而又有上帝，一而又多，多而归一，没有创世兼主宰的上帝，但又有不固定的上帝；乐园和地狱都在现世，可以“现世现报”，改变了印度的报应说；重现世，重人，但中国传统中说的“人”不等于前两种类型文化所认为的人。他认为第一种文化类型的人是归属上帝的灵魂，大家都有原罪；第二种文化类型的人是无拘无束各自独立或则各自困在“业报”中一切注定的人；中国—日本文化类型中的人是另一种“人”。③

90年代以后，随着我国文化史、文化学研究的不断发展和深入，文化类型的研究也取得了新的成果。如郭齐勇在其《文化学概论》中认为，“文化类型是不同人种或种族生活在不同的地理生态环境（空间）之中，并在长时

---

① 参见林耀华主编：《民族学通论》，中央民族学院出版社1990年版，第80—81页。

② 参见林耀华、切博克萨罗夫：《中国的经济文化类型》，载林耀华：《民族学研究》，中国社会科学出版社1985年版，第104—142页。

③ 参见金克木：《文化危言》，上海文艺出版社1996年版，第67—69页。

期历史(时间)上形成的不同文化体系的生活、行为、思维方式的形态特征"①,并对"文化类型"和"文化模式"理论进行了梳理。田惠刚则将世界文化按类型分为四个大区:欧美基督教文化大区、阿拉伯伊斯兰教文化大区、印度佛教文化大区、中国儒教文化大区。每一大区中又包含若干中区,如"中国儒教文化大区"就包含有 5 个文化中区:中国文化中区(含大陆、港、澳、台)、朝鲜文化中区、日本文化中区、越南文化中区、新加坡文化中区。每一文化中区内又包含若干文化小区,如"中国文化中区"包含有 6 个文化小区:中原文化小区、楚文化小区、吴越文化小区、巴蜀文化小区、岭南文化小区、东北文化小区。每一文化小区又可细分为若干文化社区(点),如"中原文化小区"又可分为河南登封的少林寺(武术文化)、山西汾阳县的杏花村(酒文化)、陕西安塞县(腰鼓文化)等。② 方汉文则对世界文化作了另一种四个类型的划分:上古文化类型、经典文化类型、近现代文化交流与转型类型、全球化时代文化交流类型。上古文化类型以上古时代文明与文化的出现为起点,止于公元前 10 世纪,是世界主要史前文明与早期文明的滥觞期;经典文化类型起于公元前 10 世纪,止于公元 1600 年,是发达文明出现的时期;近现代文化交流与转型始于 17 世纪终于 20 世纪;全球化时代文化交流是从 20 世纪末到 21 世纪,随科学技术的高度发展推动了世界一体化进程,在后工业化社会中,人类共同的环境、和平、经济利益进一步关联,全球化的发展进入了高潮,从而也推动了世界文化的发展。③

从以上对文化类型理论及有代表性的世界文化类型划分的爬梳情形看,学术界对文化类型的理解和划分并没有一个统一的量度和标准。有的是从历史出发,有的是从区域着眼,有的是立足于生计和经济方式,有的则是以宗教和最高价值观为标准。这些理论和学说都各有所精,各有所长,但亦有各自难以克服的局限性或缺陷。

---

① 郭齐勇:《文化学概论》,湖北人民出版社 1990 年版,第 129 页。

② 参见田惠刚:《世界文化区的形成与分类刍议——兼评〈内核与外缘——中日文化论〉》,《中国文化研究》1995 年冬之卷(总第 10 期)。

③ 参见方汉文:《比较文化学》,广西师范大学出版社 2003 年版,第 198—199 页。

二、关于中国文化类型的划分与研究

我国是最早以文化来分辨人类群体的国家之一。从先秦直到清末，以华夏—汉族为主体的国人用以区分族类的主要标准不是血统或种族，而是文化。《礼记·王制第五》曾说："中国戎夷五方之民，皆有其性也，不可推移。东方曰夷，被发文身，有不火食者矣。南方曰蛮，雕题交跂，有不火食者矣。西方曰戎，被发衣皮，有不粒食者矣。北方曰狄，衣羽毛穴居，有不粒食者矣。中国、夷、蛮、戎、狄，皆有安居、和味、宜服、利用、备器。五方之民，言语不通，嗜饮不同。"这是春秋战国时期以华夏为中心的国人对当时中原及周围地区不同族体的人群及其文化的初步认识。随着国家的政治一统和儒家学说在中原王朝取得统治地位，这种华夏—汉族普遍接受的以文化取人的族体观，又成为历代统治者（包括入主中原的非汉族统治者）处理境内各族体关系的准则。任何民族，不管其肤色、相貌、血统，只要改用汉服，习汉语、汉文，采纳汉人的生活方式，就被当做汉族的一员，成为理所当然的中国人。反之，若原是文教渊薮的汉族人，一旦丧失了汉文化，接受了周边少数民族的习俗，也就无可避免地成为"蛮夷"了。明清之际著名思想家王夫之就曾很有代表性地说过："吴、楚、闽、越、汉，以前夷也，而今为文教之薮。""齐、晋、燕、赵、唐、隋，以前之中夏也，而今之椎钝駤戾者，十九而抱禽心矣。"（《思问录·外篇》）不过，华夷之辨多是我国古代政治家、思想家在封闭的"中国——天下"观念支配下对境内中心地区与边鄙地区如何统治所做的政治考虑，并不是严格意义上对中国境内各民族文化的学术研究。

真正的中国文化类型研究是从东西方文化的接触开始的。18 世纪以来不少来自英国、德国、美国、印度、日本的著名学者和文学家，都曾以自己的研究或体会描绘过中国文化或一部分中国人的性格。对中国文化有切身体会的在华传教士和旅行家，也在自己的作品中品评过中国文化和中国人，其中最有成就的要算美国人明恩溥(Arthur Henderson Smith)。他在山东农村从事布道、医药、慈善、教育等事业达25年,于1892年出版《中国人的特性》(Chinese Characteristics)一书,把中国人的特点概括为15点:活易死难、没有“神经”、耐性太好、不求准确、“寸阴是竞”、勤劳、撙节、知足常乐、有私无公、无恻隐之心、言而无信、尔虞我诈、爱脸皮、婉转、客气。他的观点在旧中国的知识阶层中很有影响,李景汉、潘光旦等著名社会学家都曾作过评述,潘光旦还将《中国人的特性》择译后编进1937年他所撰的《民族特性与民族卫生》之中。①

与外国人从表层现象和文化自我中心观的角度去理解中国文化和中国人不同,被迫打开国门后的中国知识分子,尤其是那些留洋的知识分子在经受了欧风美雨的洗礼后对本国文化和国人的民族性格进行了较深刻的检视和反省。如辜鸿铭在1915年比较了德、英、法、美各民族的性格后,认为典型的中国人性格和中国文明的特征是:深沉、博大、纯朴、灵敏。② 梁漱溟则认为“中国文化是以意欲自为调和、持中为其根本精神”,“遇到问题不去要求解决,改造局面,就在这种境地上求我自己的满足”,中国人“缺乏集团生活”,是伦理本位、以道德代宗教的社会。③ 鲁迅在其一系列著述中曾以犀利的笔法通过小说、杂文等艺术形式淋漓透剔地刻画过国人的文化特性与民族精神,剖析了国人自私、狭隘、守旧、愚昧、迷信、散漫、浮夸、自欺、奴性、崇洋等诸种心态,批判和揭露了国人中落后的国民性和劣根性,认为欧美列强之所以强盛,关键在于整体的国民素质高,“其首在立人,人立而后凡事举”,“人既发扬踔厉矣,则邦国亦以兴起”④。

不过,1949年以前能以较平和心态去观察和描绘中国文化或国民性的首推林语堂。他于1934年用英文写的《吾土吾民》,以中国文化为出发点,

---

① 参见潘乃谷、张海焘主编:《寻求中国人位育之道——潘光旦文选》(上),国际文化出版公司1997年版,第239—309、195—211页。

② 参见辜鸿铭:《中国人的精神》“序言”,海南出版社1996年版。

③ 参见梁漱溟:《东西文化及其哲学》,商务印书馆1999年版,第61、63页;《中国文化要义》,第4—6章,上海世纪出版集团、上海人民出版社2003年版。

④ 鲁迅:《鲁迅文集全编》(一),国际文化出版公司1995年版,第299页。

对中西文化进行了较广泛深入的比较，认为中国人的性格老成温厚、遇事忍耐、消极避世、超脱老猾、和平主义、知足常乐、幽默滑稽、因循守旧，中国人的心灵有女性化心态、不讲科学、不讲逻辑论证、凭直觉感悟等特点。① 当然，此时期有系统地对中国国民性进行科学探讨的是人类学家、心理学家和社会学家，其代表人物当推费孝通和许烺光（Francis L. K. Hsu）。费孝通在1943—1944年赴美访学期间，不断撰写访美随感，此即后来成书的《初访美国》。他在该书中以中国文化立场上去观察美国文化及其国民性，认为“中国和西方文化上的基本判别在于西方不断追求，中国满足现状”。② 回国后他完成了理论性的著作《乡土中国》，认为“从基层上看去，中国社会是乡土性的”，要了解这社会，应首先把注意力放到乡下人身上，因为“他们才是中国社会的基层”③。许烺光则是一位对中国、美国、印度、日本等国国民性深有研究的世界性学者，他对中国国民性的研究主要体现在20世纪40年代初出版的《祖荫下：中国的文化与人格》和50年代初推出的《美国人与中国人：两种生活方式比较》两本力作上。在分析了中美两国艺术、两性、婚姻、儿童养育、英雄崇拜、宗教、政治和经济等领域的生活方式后，他认为：“中国人和美国人的生活方式大约可以被简化为两个相对的系列：首先是，美国方式强调个人，即一种我们称之为个人中心的特征，这与中国强调个人在其同伴中的恰当地位及行为的情境中心适成对照。第二种基本对比是美国生活方式中的情绪重心与中国深思熟虑的趋向适成对照。”④

20世纪80年代以前，大陆地区的中国文化研究时断时续，且都被严格掌控在政治权术和意识形态需求的范围之内，鲜有真正的科学研究成果。港台地区的研究则没有中断，较有代表性的成果有项退结的《中国民族性研究》以及柏杨以愤激之言表述的“酱缸文化”和“丑陋的中国人”系列。

80年代以后，随着大陆地区改革开放的进程，中国文化类型及国民性

---

① 参见林语堂：《中国人》，浙江人民出版社1988年版，第27—80页。
② 参见戴维·阿古什：《费孝通传》，时事出版社1985年版，第92页。
③ 参见费孝通：《乡土中国》，三联书店1985年版，第1页。
④ 许烺光：《美国人与中国人：两种生活方式比较》，华夏出版社1989年版，第12—13页。

的研究也日益深入,出现了一些有代表性的成果。如,民俗学家刘守华等人认为中华文化的总体特征是:以小家经济和小手工业为主体的经济结构,以封建大一统政权和宗法等级制度为支柱的社会结构,以勤劳勇敢、俭朴淳厚、崇尚礼义为主要特征的民族精神,以重视传统、追求和平安定、人寿年丰、人与自然和谐统一为主要内容的价值取向。[①] 史学家戴逸认为中国传统文化中比较大的影响因素有:(1)中国是农业社会,自给自足的小农经济长期占统治地位,民族性格既有勤劳朴实的一面,也造成了稳定、保守、散漫的一面;(2)中国几千年的政治结构是封建专制主义,专制主义、官僚结构对中国的传统文化打下了很深的烙印;(3)中国是个宗法、家族制度普遍盛行的国家,宗法、家族意识非常强烈;(4)中国位于亚洲东部大陆,在地理上形成一个相对封闭的环境,交流少,形成一种独立的文化体系;(5)中国传统文化的主干、核心是以孔子为代表的儒家文化。[②] 哲学家李泽厚则认为用"乐感文化"概括中国文化十分恰当:孔子说过的"发奋忘食,乐以忘忧,不知老之将至云耳","饭蔬食饮水,曲肱而枕之,乐亦在其中矣","学而时习之不亦悦乎,有朋自远方来不亦乐乎",这种精神不只是儒家的教义,更重要的是它已经成为中国人的普遍意识或潜意识,成为一种文化—心理结构或民族性格,是中华文化的基本精神,它培养了一种人格、操守、感情、人生理想、生活态度。[③] 葛兆光则认为在汉族为主体的中国古代历史和传统中,足以表现出与其他类型文化不同的特质有:(1)作为古代中国社会的基础,家庭、家族或宗族的亲族关系,在古代中国文化中拥有非同寻常的意义,其影响延续到现在;(2)在"天"与"人"之间的关系上,"阴阳五行"的观念对于古代中国汉族人思维上的影响很大;(3)通常使用的汉字及其对古代思想方式的影响深远,汉族没分裂成不同的民族,汉字居功至伟。[④] 冯天瑜

---

① 参见刘守华主编:《文化学通论》,高等教育出版社1992年版,第77页。

② 参见戴逸:《代序:关于中国传统文化的几个问题》,载沙莲香主编:《中国民族性》(一),中国人民大学出版社1989年版。

③ 参见李泽厚:《探寻语碎》,上海文艺出版社2000年版,第241、260—261页。

④ 参见葛兆光:《古代中国社会与文化十讲》,清华大学出版社2002年版,第193—202页。

则认为作为中国文化主体的汉文化所表现出来的特征:一是以父家长为中心,以嫡长子继承为基本原则的宗法制度和宗法制家庭根深蒂固;二是以维系血缘纽带为职志的伦理观念构成汉族文化的中心环节。① 这些都是从历史文化或哲学的角度对中国文化类型所作的概括。

民族学家林耀华及其弟子则另辟蹊径,在综合了国内外民族学研究新成果和本国少数民族地区的情况后,对经济文化类型理论作了一定的修正,并将结构层次分析方法引入经济文化类型理论之中,提出了体系、类型组、亚型、分支等不同层次的概念。他们以我国20世纪50年代境内各民族的经济文化状况为基础,勾勒了我国经济文化类型的大致框架:(1)采集渔猎经济文化类型组;(2)畜牧经济文化类型组;(3)农耕经济文化类型组,其下又可分为6个经济文化类型:(1)山林刀耕火种型;(2)山地耕牧型;(3)山地耕猎型;(4)丘陵稻作型;(5)绿洲耕牧型;(6)平原集约农耕型。② 这是笔者所见到的包含国内各民族和地区的、最全面的当代中国文化类型的划分。

三、几点反思

通过对上述较有代表性的理论和研究的回顾,笔者以为文化类型理论的研究及其在我国的实践有这样几个问题值得我们深入反思:

(一)文化类型与文明类型两个概念有没有差异

科学意义上的文化(culture)和文明(civilization)两个概念,都是从西方引入的,是西方学术界重要的学术话语之一。西方的人类学家、社会学家和

① 参见冯天瑜:《中国文化史断想》,华中理工大学出版社1998年版,第37—54页。
② 林耀华主编:《民族学通论》,中央民族学院出版社1990年版,第85—98页。

史学家对这两个概念的看法也不完全相同。在早期的人类学家中,一般常把文化与文明看做是同一个概念,如被称为英国人类学之父的爱德华·泰勒(Edward Burnett Tylor)为文化所下的定义,就是把文化与文明连起来说的:“文化或文明是一个复杂的整体,它包括知识、信仰、艺术、道德、法律、风俗等等,以及人作为社会成员可以习得的任何其他能力和习惯。”①这种观点也得到一部分心理学家的认同,如弗洛伊德也认为:“所谓人类文明,对我来说意味着,人类生命是从其他动物状态发展而来,而且不同于野兽生命的所有那些方面——我不屑于对文化和文明加以区分——如我们所知,人类文明常常向观察者展示两个方面。一方面,它包括人类为了控制自然的力量和汲取它的宝藏以满足人类需要而获得的所有知识和能力;另一方面还包括人类为了调节那些可资利用的财富分配所必需的各种规章制度。”②当文化与文明用作同义语时,他们认为所有的文明,包括古代的和今日的,都是文化的一种特例,尽管它们在文化内容的数量和模式的复杂性上有自身的特色,但本质上与那些所谓的未开化民族的文化并无二致。有些人类学家和人文社会科学家在西方文化中心论的思想支配下,把文明视做文化发展到较高阶段的一种类型,用文明一词来指称文化上与西方社会比较接近或所谓开化了的非西方社会及其人民,而将使用文字以前的社会称为野蛮社会。这样,文字、技术和科学成为人们用来划分是否处于文明阶段的重要标志。一些当代思想家和学者也秉承文化即文明的传统,如亨廷顿在其《文明的冲突与世界秩序的重建》中就把“文明”视为一个民族全面的生活方式,是放大了的文化,是包括了价值、规则、体制和在一个既定社会中历代人赋予了头等重要性的思维模式。③

也有学者认为文化和文明是所有人类社会都具有的两样东西:文化是“生活的表现”,是包括宗教、美术、文学及最高的道德目的等在内的东西;

---

① E. B. Tylor, *The Origins of Culture*, Harper and Brothers Publisher, New York, 1958, p. 1.

② 车文博主编:《弗洛伊德文集》(第五卷),长春出版社1998年版,第156—157页。

③ 参见塞缪尔·亨廷顿:《文明的冲突与世界秩序的重塑》,新华出版社2002年版,第24—25页。

而文明则是包括“人类所设计用来控制生活环境的整个机械作用和组织，它不仅包括社会组织的体系，同时也包括技术及物质工具等。”[①]据我国史学家朱寰的考证，英文中的“文化”(culture)，源自农业生产，注重人的内在修炼，较为侧重精神品位；“文明”(civilization)则源自城市生活，与都市的开化有关，较为侧重外在的物质品位，两者侧重点不同。[②] 梁漱溟也认为文化与文明是有区别的，他把文化归因为“人类生活的样法”，而把文明视做人们在生活中的成绩品——譬如中国所制造的器皿和政治制度等，即生活中呆实的制作品算是文明，生活上抽象的样法是文化。文化的不同就是抽象样法的不同，即生活中解决问题的方法之不同。[③] 我国当代一些知名学者对文化与文明的区别也曾作过一些思考，如葛兆光采用伊里亚斯(Norbert Elias)的说法，把文化看成是使民族之间表现出差异性的东西，它时时表现着一个民族的自我和特色，是一种不必特意传授就会获得的精神气质；而文明是使各个民族差异性逐渐减少的那些东西，表现着人类的普遍的行为和成就，是一种需要学习才能获得的东西，因而它总是和“有教养”、“有知识”等词语相连。[④] 还有学者套用张之洞“中学为体，西学为用”的名言，认为一个社会往往是“文化为体，文明为用”，这里的“文化”指的是民族的主体意识，它虽可接受外来信息实现变迁，但须经历漫长的过程；“文明”则是一种工具，它可立即被拿来为民族文化服务，随时处在移动和传播之中。[⑤] 若此，则学术研究中只有文化类型而无文明类型明矣！

在具体的研究实践中，若将文化与文明视为同一个概念，则文化类型也即文明类型，其内涵包含了文化定义中从物质到精神各层面中的主要特征，但这种文化类型或文明类型的理念太过宽泛，似乎与学者们实际研究中普遍运用的状况并不相符；若将文明视为文化的高级阶段的产物，则“文化类

① 芮逸夫主编:《云五社会科学大辞典·人类学》，台湾商务印书馆股份有限公司1975年版，第68—69页。

② 参见朱寰:《从文明的冲突说起》，《文明比较研究》2000年第1期。

③ 参见梁漱溟:《东西文化及其哲学》，商务印书馆1999年版，第60—61页。

④ 参见葛兆光:《古代中国社会与文化十讲》，清华大学出版社2002年版，第192—193页。

⑤ 参见朱增朴:《文化传播论》，中国广播电视出版社1993年版，第50页。

型”与“文明类型”便不能混同，而是井水河水两不相干，这就会引发出一个由于研究者所处的文化背景不同、身上所体现的“民族自我中心主义”（ethnocentrism）情结多寡不一，对于什么是文明、什么不是文明的标准产生歧见。欧美文化霸权下所产生的文化与文明的类分是否是“放之四海而皆准”的真理，是值得深思和反省的。若将文化与文明分别界定为抽象与具象的区别，或理解为偏重精神与偏重物质的区别，则人们的生活方式和行为方式究竟是属于文化类型还是属于文明类型实在难以判断。因为任何生活方式都是在一定观念支配下的具体行为，都与精神和物质形态密不可分，且都是文化或文明类型研究的重要内涵。

（二）文化类型与文化模式的关系

文化模式（Culture pattern），也是文化研究中经常碰到的一个重要术语，通常意义上指的是一个社会中诸成员所普遍接受的文化结构，即该社会诸文化特征协调一致的稳定的组合状态。它一般强调文化因素的结构或形式，以别于内容。美国人类学家喜欢用文化特质、文化丛、文化模式、文化区等概念来作为文化的分析单位。本尼迪克特（Ruth Fulton Benedict）曾以各种文化的成员在感情上对待世界的态度来解释文化模式，认为：“一种文化，就像一个人，或多或少有一种思想与行为的一致模式。每一文化之内，总有一些特别的、没必要为其他类型的社会分享的目的。在对这些目的的服从过程中，每一民族越来越深入地强化着它的经验，并且与这些内驱力的紧迫性相适应，行为的异质项就会采取越来越一致的形式。当那些最不协调的行为被完全整合的文化接受后，它们常常通过最不可能的变化而使它们自己代表了该文化的具体目标。”①为了阐述她的理论，在《文化模式》一书中她细致地分析了美洲西北海岸温哥华岛上的夸库特耳人、新墨西哥州的祖尼印第安人和南太平洋美拉尼西亚多布岛上的多布人的文化面貌，并

① 露丝·本尼迪克著：《文化模式》，华夏出版社 1991 年版，第 36 页。

以酒神型、日神型和偏执狂型三种术语来概括三者的文化形态特征。[①] 本尼迪克特的理论影响是巨大的。1989年,李泽厚就应用本尼迪克特的理论探讨过中国古代的文化,认为中国古代的“礼乐”传统即使不说是日神型的,但至少也不是酒神型的。[②] 美国人类学家克罗伯(Alfred Louis Kroeber)与本尼迪克特不同,他的眼光放得很开,将文化模式分为两种范畴:一种是主要模式,曾绵延数千年并起重要作用;另一种是次要模式,稳定性差而易变。他认为适用于解释全部文化的模式即是诸文化的普遍模式。[③]

国内刘守华等人认为一定的文化类型,必然具有相应的文化模式,但两者又有区别:文化类型主要是着眼于各种文化体系的外在形态特征,这种外在形态特征的差异是各种文化体系相互区别的类型标志。文化模式则更深入一步,主要着眼于各种文化体系内在结构相互整合的特征与状态,揭示外在特征的内在表现。[④] 但事实上,我国学者的文化类型研究,多数是将文化模式与文化类型混为一谈的,两者之间要不要分界或如何分界并不清楚。

与文化模式相关的概念还有“文化精神”、“民族性”等概念。文化精神(Ethos)也称“民族精神”、“国魂”等,是指一种文化特有的精神,是文化中具有决定力的价值系统。一个现代民族国家的“文化精神”有时就称为该国的“民族性”(national character)。一般说来,作为文化核心的价值取向,是最能体现一个民族或国家文化模式的主要特征。因此,国内学者对中国文化类型的研究(含汉文化研究),多数属文化模式研究,非文化类型研究。

(三)文化类型研究的方法论反思

对于文化类型的研究,学者们多是从时间与空间两个维度入手,尤其是从空间维度进行研究的更多。且不说东西方文化的划分和某某流域文明的划分主要是以空间的地理分布为基础,即使在基督教文化圈、伊斯兰教文化

---

① 参见露丝·本尼迪克著:《文化模式》,华夏出版社1991年版,第45—172页。
② 参见李泽厚:《探寻语碎》,上海文艺出版社2000年版,第252页。
③ 参见《简明不列颠百科全书》(第8册),中国大百科全书出版社1986年版,第260页。
④ 刘守华主编:《文化学通论》,高等教育出版社1992年版,第88页。

圈、儒家文化圈等概念界定中也能看得见地域因素的影响。这种以时间和空间两个维度(不少学者的研究还将两个维度分别孤立开来)的研究能不能真实全面地反映一个地区社会文化的本来面目呢?

我们知道,文化类型、文化模式、文化区域的划分是文化研究者在研究过程中通过对文化现象进行比较和归纳所得的结果,也是研究者研究文化现象时所借用的人为工具。在这种研究中,研究者设定的基本点有两个:一是文化现象分析时的静止性,二是文化特征差异的显著性。在这基础上,研究者在实际的文化研究中,对于基本文化因素的选择,常因个人学术或文化背景的不同、研究角度不同而有较大的差异,物质生活模式、行为模式、制度模式、思维模式或价值观、宗教等,都常被当做基本模式加以采纳和解剖。他们通过比较和解剖这些"基本"模式来揭示一个文化的总体特征,并贴上一个明确的标签,如中国文化、基督教文化等。但社会文化事实向这样的研究设定及其基础提出了挑战:

一、文化是动态的,从来就不是静止的。文化之间业已存在或可能存在的传播、交流、结合、变异是如此变化多端,很难以某个片段加以概括。尤其是当代社会,偌大的地球都只是一个"村庄"时,这种贴上某种特定标签所建构起来的适用于过去、现在、将来所有时期的封闭的文化类型理论,是否真能反映一个社会的真实文化面貌,是值得怀疑的。

二、文化的显著特征往往只表现于该文化的中心区域或核心地区,在该文化的边缘区域存在并不明显;或在边缘区域可能存在两种、三种甚至若干种文化特征相互交叉、杂糅的现象;或在边缘区域内某一时段还主要奉行另一文化类型。这些都是不争的历史事实。葛剑雄就认为我国的儒家文化虽然长期享有主流地位,但从未统一过全中国,如新疆地区以伊斯兰文化为主,青藏高原以藏传佛教文化为主,蒙古高原的游牧民族多数时间没有接受儒家文化,即使在中原地区,也不是儒家文化的一统天下,佛教、道教和其他宗教信仰在特定的时期或地区都曾有过超过儒家的影响。① 以一两项或若

① 参见葛剑雄:《葛剑雄自选集》,广西师范大学出版社1999年版,第244页。

干项显著特征来概括一个社会所有文化是存在以偏概全的风险的。好在目前我国文化学界已有学者注意到了以前以汉文化特征来代替中国文化类型研究的缺陷①,在此不再赘述。

三、以区域,尤其是大区域为单位进行文化分类时,以什么标准来概括该区域的典型文化特征,是一个难以解决的问题。葛剑雄曾以东西方文化划分为例,提出了一系列问题,如东方文化以哪一国哪一种为代表?如果以儒家文化为东方文化的代表,以基督教文化为西方文化的典型,那么伊斯兰文化算东方还是西方?如果当代的西方文化是以资本主义的文化为主流的话,那么东方文化的主流是什么?是中国式的社会主义的文化,还是传统的儒家文化?如果是前者,日本、韩国、东亚其他国家和地区的文化是什么文化?② 葛剑雄所提的这些问题,都是值得我们在文化类型研究中进一步深思的。

四、文化类型的划分要不要以物质生产方式作为参照?除了民族学家以外,我国的文化研究者大多是哲学、文学、史学出身,其学术背景本身虽不是学术研究的最主要决定力量,但对其研究对象所观照的视野无疑具有重要的影响。从上述的研究结果看,他们似乎更愿意从传世经典文献中去梳理传统精英的思想和影响,并以此来划分和概括我国的传统文化及其类型。这无疑是重要的也是必要的,但文化体系本身是多层次、多结构复合而成的,也受多种因素的影响。在工业文明以前,文化类型及其特征就与主体人群所处的地理环境和物质生产方式密切相关。因此,完整的文化类型研究,不仅不能排斥物质文化和生产方式的研究,还应主动把物质生产方式纳入自己的研究视野,这样才能更加全面地把握文化类型,准确地阐述该文化的传统和民族精神。

文化类型或文明类型理论在当今经济全球化、生活方式现代化、文化主张多元化的社会中越来越受到人们的重视,对一个国家的政治、经济和文化

---

① 参见冯天瑜:《中国文化史断想》,华中理工大学出版社1998年版,第37页。
② 参见葛剑雄:《葛剑雄自选集》,广西师范大学出版社1999年版,第243页。

决策也有着越来越重要的影响。只有借鉴多学科的研究方法,从动态(变迁)的、辩证的、互动的角度和眼光去理解和分析文化类型,才能把文化类型的理论和研究推向深入。

(作者:华中科技大学社会学系副主任,教授)

理念与社会进步

[中国台湾]陈文团

一、进步及社会进步

Progress(进步)从词源学的意义上讲为"progredire",意思是"向前一步"。[1] 现在的问题在于,简单的向前一步能够取得进步吗?当然不能!一个人可以向前很多步,但如果没有目标,那么要么会毫无用处,要么在某些情况下走向反面,也就是倒退。因此,问题并不在于向前一步,而在于"向前到哪里",这或许可以解释我们所说的进步或者倒退。此问题指出了进步的真正本质:进步意味着向前一步接近某一个特定的目标。因此,正是目标决定了进步。这就给我们这样的观念,我们对于社会进步的考查应该以社会所设定的目标(及其本质)为中心,考查此目标是否是决定进步的真正因素。我们知道,向具有消极特征的目标如毁灭、疾病、死亡等前进一步,很难称为进步。相反,这样的一步(谋杀、自杀——自我谋杀)应该被唾弃和责难,轻一点说,是"倒退"或"颓废";严重点说,是犯罪。

---

① 注意进步不同于发展。对于发展,我理解为数量上的增加,而进步则是向完美接近一步。在《论社会事务的关怀》通谕,第4节中,若望·保禄二世澄清了 sviluppo(发展)是超越简单的 crescita(增加)的。实际上,教皇用的 sviluppo 这个词与我讨论的进步一词是同样的含义。

在这样的语境下，由科技带来的进步如果使人类走向自我终结的话，就不能看做是进步，甚至哪怕它无可争议的是一项发明或发现。宣称高度发达的大规模谋杀的、恐怖行为的、罪恶的技术是“进步”的主张，毋宁说是可笑的“科技突破”。它在社会倒退中起了重要作用，并且毋庸置疑，对社会进步无任何贡献。类似的，对于恐怖行动的成就大肆宣扬为“进步”描绘了一幅低俗品味的漫画：“自我毁灭的进步”。然后，这种“进步”并不意味着社会进步，而是社会倒退，因为它使人类向自我灭绝更近一步。我们知道，纳粹科学家以及那些为战争机器工作的科学家们，大规模杀伤武器（毒气室或火箭等）的发明者们，大规模杀伤炸弹之“父”们，由于他们的目标是某一社会、某一种族的毁灭，他们对社会进步无任何贡献。尽管他们宣称他们是“使用暴力方式的和平守卫者”，他们仍间接地参与了对数以百万的无辜者的骇人听闻的、不可饶恕的灭绝行为。他们如何清洗沾满受害人鲜血的双手？他们宣称进步，但如果说存在任何进步的话，那也是向人类毁灭“前进一步”。荒谬的是，估计有五千万人（包括平民、犹太人、吉普赛人、波兰人、同性恋者和其他人）用他们的生命去“验证”纳粹科学家的科学“进步”。因此，我们必须承认，在科技领域里的“进步”，并不是严格意义上的“进步”，更毋宁说是突破，并且仅仅是在科技领域里的突破。如果科学家的科学发明（或发现）目的是与人类生活相左或者背道而驰，那么科学家对社会进步就无任何贡献。反之，只有为人类服务，维护世界和平，减少人类苦难，延长人类生命，使社会更美好的（技术的或新思想的）发明才真正地对社会发展作出贡献。

基于以上考量，进步应该理解为不但是在远离经常被恐怖和毁灭所威胁方面向前一步，而且朝捍卫、完善人类生活和人类幸福方面向前更进一步。进步只有满足这双重功能时才有意义。现在我们要进一步论证的是，向前一步接近崇高目标不如后退一步，因为这些崇高目标并不是我们现今的产物或者未来社会所预知的。它们“内在地”存在于并且不可分离地来自于人类生活。它们当然并不像我们那些平常的目标，如更好、更聪明、更富有、更快乐等等那么广为人知。

而后退一步,对崇高目标——真(veritas)、善(bonitas)、美(pulchritudo)和圣洁(sanctitas)[①]的不懈追求——是决定进步的真正因素,因为进步的首要方面,即"离开"或向前一步远离罪恶(malum),事实上是取得进步的必要条件。并且,有趣的是,正是这个因素过去是、现在仍然是推动人类建构各种价值体系(或系统)的动力。难道亚洲价值观(中国、印度、越南、朝鲜、日本、印度尼西亚、泰国、菲律宾、马来西亚等)就不是这些终极目标(崇高理念)之手段和目的永恒建构中的产物吗?难道西方价值观就不是以它们为基础吗?难道非洲价值观及人类普遍价值观不是以真、善、美和圣洁为标准来衡量的吗?

在这样的语境下,本文认为社会进步是由崇高目标(真、善、美和圣洁)所决定的,这些目标是人类热切盼望、积极追寻的,并且永远适用于我们的社会。[②] 这意味着,社会进步首先是由人类追寻也就是创造出这些崇高理念所产生的,然后由人类不懈的努力具体的实现他们、繁荣他们、培育他们。只有当社会努力"向前一步"更接近真、善、美和圣洁的理念时,也就是说,当它试图自我转型以适应这些理念的形式,即各种价值体系时,社会才会真正进步。按照这些已经由某一社会所检验并接受的形式,传统的价值观首先被认为是这个社会或某一国家,或者更广泛地说,整个人类的理念。其次,在经过生活世界漫长检验的历史之后,这些理念采用了价值观的形式,并且"传承"(traditio)给下一代。这些传统价值观确实并不是先天(a priori)存在的(因为他们不是或者是先天的),而是由人们世世代代所努力的、检测、使用和再使用的。总之,作为历史的见证者和主导者,传统价值观是社会进步的真正遗产。我们进一步阐述的是,既然传统价值观代表某一社

---

① 亚里士多德本人详细描述了大量的理念,如幸福(快乐、神圣、繁荣)、逻各斯(根据正确的理性标准,《伦理学》,1138b25)、实践智慧、正义(《正义论》,1155a)、知识,等等。

② 注意,有趣的是,有关发展结构的经验主义(让·皮亚杰)和道德发展(劳伦斯·科尔伯格)的研究都指向一个事实,那就是人类发展(进步)是由崇高目标所指示(或指导)的。台湾的一些学者(TARGTI 团)的交互学科的研究表明了同样的事实:台湾人(中国人)的价值观念由最基本和至高的价值观所导向。参见 Louis Gutheinz, ed.《台湾生物区的生活质量》(台北:辅仁大学神学系,1994)。

会的理念,并且因为我们总是努力达到这些理念,那么向传统价值观更进一步同样也意味着社会进步。正是在这种意义上,我们可以说进步意味着不但是“向前一步”,同样也是“向后一步”。

二、辩证的进步:向前一步和向后一步

正如前文所指出的,进步经常由空间的概念“前进”来表现,或者通俗地讲,“向前一步”。“前”意味着比 hic,即当前的位置更进一步。在时间的概念上,“前”同样意味着“稍后”:比 nunc,即当前的时间(时刻)更进一步。“向前看”同时具有时间和空间的维度。但是,我们都知道,“时间上向前”通常被理解为将来,它并不能明晰地指向进步,因为我们自身不可超越的终结限制了我们的存在。比当前(hic)更进一步同样意味着我们走近我们自身的终结,也就是死亡。黑格尔对人类此在(dasein)的分析,正如海德格尔对此在(temporalitaet)的分析都指向人类存在的悲惨宿命:死亡限制了生存。再没有比人类存在的现实更荒谬和悲惨的了:这是由非存在所决定的。① 人向死而生,这是无人能够否认但没人愿意愉快地加以接受的事实。当然这个惨淡的未来并不是人类所探寻的目标。我们对美好未来即无限的未来的热切希望,以及我们对它的“向前推进”同样意味着我们努力延缓我们的终结。生物科学的进步应该由人类延缓我们的终结的努力来衡量。因此,如今进步意味着向前一步接近长寿——我们所有人追寻的理念;这对中国人来说是最重要的美德——也就是接近无限,绝对,即 aeternitas,或者用

① 参见马丁·海德格尔:《什么是形而上学?》(Frankfurt a. M.: Klostermann,1957);让·保罗·萨特:《存在与虚无》,(Paris: Gallimard, 1947)。

宗教话语来说，达到“绝不会现在终止”（infinitus hic et nunc）[①]。黑格尔为追寻绝对、无限，即绝对精神以克服这种宿命的终结所做的努力就应该理解为一种进步的尝试。[②]

与生活的辩证法类似，向善前进一步就就意味着远离恶一步，向美前进一步就意味着远离丑一步，向圣洁前进一步就意味着远离肮脏一步。我们将在下一段阐述，对真、善、美和圣洁的追寻一直都是最迫切的任务。这需要一个两方面的辩证的过程，首先是消极的，其次是积极的。前一个要求我们远离恶、假、丑和肮脏，而后一个则要求我们接近真、美、善和圣洁。因此，人类价值观的建立必须通过这两种途径指引。但是，最基本的是，价值观必须以后一个也就是真、善、美和圣洁理念为基础。在这个意义上，很明显，崇高的理念既为我们的最高目的，也为在此范围内所有价值观的形而上学基础服务。

（一）作为向前一步的进步的悖论

毫无疑问，未来总是在现在之前并且比现在较晚。换句话说，我们未来的存在将晚于现在的存在；明天在今天之后到来；等等。但是，这并不保证较晚到来的东西就会更接近我们的理念并因而取得进步。我们未来的存在只有与我们现在的存在之成就相比较而言时才会取得进步，就像相比较过去来说，我们所谓的进步是由现在的成功所验证的。这意味着，在此是由晚到来的“东西”而不是时间的尺度来衡量的。因此，我们所理解的未来如果受限于时间的尺度，那么其作为“时间上向前”就失去了意义。

让我们首先从通常对进步的理解“向前一步”以及作为将来的向前一步开始。如果进步由其时间上的前进来定义，那么这种“前进逻辑”就决定

---

① 这个问题 Plotinus, St. Augustinus, Meister Eckhard 曾经讨论过，最近 Walter Benjamin 和 Emmanuel Levinas 探讨过。参见 Emmanuel Levinas, *Totalite et infini. Essai sur l' exteriorite* (1961)。

② 参见 Alexandre Kojeve, *Introduction to the Lecture of Hegel' s Phenomenology of Spirit*, (English translation, 1971)。大家都知道，当代的哲学家、早期存在主义的先知，如萨特、德里达、梅洛·庞蒂都受到 Kojev 讲稿很大的影响。

了进步。这种逻辑迫使我们紧紧咬住“没有前进就没有进步”这一假定。通常我们发现这样的信念,人类历史的进步是追寻某种特定的未来的。这种默认的对进步的理解使我们得出这样一个结论:未来必须是人类追寻的真正目的。这就是人类的最后的终结。

当然,这个结论是完全符合前进逻辑的。我们上面提到的观点是,并不是时间的维度而是我们存在的内容,即“东西”才是重要的。从而,我们的问题在于前进逻辑是否与所有对进步的理解相符合。正如我们所看到的,进步或退步是由现在和未来的内容之间的不同数量和质量来衡量的。内容的数量和质量差别是决定进步或退步的唯一标准。这已被人们默认接受,反映在以前罗马人在奥林匹克运动中提出的更高、更强、更远的精神:更好的或者最好的是那些更强壮的、跃得更高、跳得更远的人。也就是说,那些在数量和质量上取得更好结果的人就是进步的。

在这个意义上,以时间维度为基础的前进逻辑就没有任何意义了,因为未来是一个模糊的概念,缺乏任何的具体内容。并且同样的,它是“非实在”的,尽管在理论上是“真”。未来最多能指向未知、尚未发生的事件、尚不存在的生活和尚未到来的世界。这意味着,未来的内容已经虚无了很久,以至我们仍未达到它。结果是,我们遇到一个很不确定的、荒谬的现实,这在塞缪尔·贝克特的《等待戈多》中得到了很好的表述:未来生活当然正在到来(在前进逻辑中是真),但是对我们来说永不存在。我们对未来的生活仍不可确定,尽管它是毫无疑问的事实。认为进步就是向未来前进的支持者们坚持前进逻辑,将这个悖论抛到一边,并且为了说服自己这种“真”,他们必须“想象”并且“设计”一个他们强迫自己相信的未来。对他们来说,这种未来在数量和质量上都必须比现在前进。查尔斯·达尔文并不是这种观点的唯一支持者,尽管毫无疑问他是最好的一个。

现在,问题在于,他们所“认为”是“真实”或“真”的毋宁说是我们想象或者我们任意设计的产物。如果未来还不存在,如果真实的是已经存在的,那么这种想象就纯粹成为幻觉的产物。我们能通过存在的与非存在的相比较来判断进步或者是倒退吗?这就是说,如果将未来作为进步的目标,认为

“向前一步”接近未来是进步的标志，我们就被迫将非存在作为我们的终极目标。同样的，我们或者正面临着“深渊”（海德格尔）、“虚无”（尼采）或者“荒谬”（萨特）的暗淡前景，或者必须拥抱一个乌托邦（一种地上天堂或者无产阶级的完全胜利）作为历史的终极目标。[①] 事实上，我们从未达到，仅仅因为未来是不真实的（甚至它是真），并且它的内容是虚无的。未来是一个真的观念，但同时又是一个虚无的概念。这种两难促使我们在前进逻辑上与进步的论题分离：这种进步似乎是尼采这个疯子的自画像，或者像雷诺阿和梵·高这样的表现派画家在他们对绝望的表达中的情形。

这种考虑促使我们进一步探讨并不是时间前进的逻辑即并不是未来，而是理念和我们认识这些理念的努力决定着进步或退步。通过舍弃将时间前进作为进步的观念，讨论真正的内容即现在的“东西”并不能由未来（的内容）的准绳所衡量或比较，我们推断向前一步接近理念是进步的真正标志。这就意味着，并不是任何的向前一步都表示进步，只有“向前一步”接近理念的目标才能看做是进步的标志。在进化和转型期，我们可以用类似正和反的论点：并不是进化是进步的标志，而是向一个特定的更高（质量上）、更好的目标进化才能称为进步。一个盲目的进化，类似自然法则，是很难被称为进步的。

（二）作为向理念目标进一步的进步

这个论点要求对人类目标及其性质上的差异作进一步的考察。我们将进一步探讨，尽管进步可以由成功的程度，即对目标的接近程度来评价，但社会进步只有在我们设定的目标在性质上是崇高的时候才有可能。让我们转向达尔文的观点。如果人种的目标只是简单地连续自我改适，并且如果自我改适的过程是自然的，那么任何声称进步都是毫无意义的。我们知道，这个目标强加于所有生物上，并不是由我们来设定的；而且因为我们与之无

① 丹尼尔·贝尔的著作《历史的终结》（纽约，1976）及 Francis Fukuyama 的《历史的终结与最后一个人》（纽约，1992），最好地描述了固有的“历史的终结”的悲惨。

关。或者毋宁说，我们在对待这个问题无能为力。难道我们能将一个婴儿出生、成长、变老到最后死去看做是人类进步吗？用任何宽松的标准都很难将这种自然的事实看做是进步。变老证明了人类的历程是由自然法则决定的，但是变老并非我们的目标，正如死亡当然也不是我们的目标，尽管它是完全自然的，标志着生命的终结。因此，我们可以说，简单的自然转适或进化并不是人类生命的目标，更不是人类社会的目标。这样，如果未来是由我们正要转向的东西所标志（或者不如说预测）的，那么这种未来更毋宁说是一种时间的反复，而且我们的生命也只是做同样的重复，不过是以不同的形式而已。

更悲惨的是，我们应该乐意接受死亡为“进步”的标志吗？或许有人会说，我们意识到我们宿命的终结，但是我们反对将死亡作为人类终极目标的观点。死亡是生命的结束，但并非我们的目标。类似的，未来不是我们的目标，尽管我们积极向未来推进。或许有人会咬住达尔文的进化（和转适）论以及弗洛伊德对无意识的分析不放来反驳我们。对他（她）来说，不管是有意识还是无意识的，自然本能总是指向特定的目标。具有讽刺意味的是，因此他（她）会说，在伤痛和死亡的情形下，任何接近他们的一步都是自然的，而且同样的他们能够合理的被认为是人类的“目标”。这种观点的支持者所认为的目标当然与自然所固有的目标没有什么区别。自然是盲目的，但是就像是黑暗中的蝙蝠。如果是这样的话，任何朝这个目标向前一步都可以被认为是“进步”了。

当然，这个论点是很荒谬的。接近死亡并不表示进步而是后退。因为简单地说，就算死亡是有人有意选择的目标，这个目标当然也并不是理念。自杀只会因为绝望才会出现，而不是相反，即因为希望。希望不是病态的症状，而是更好的生活、工作、机会等的表现。换句话说，希望反映了理念。通过理念，我们可以理解什么是最好的、完美的，或者用温和一点的表达来说，少一点错误，少一点负担，等等。我们对死亡的一般理解以及对死亡绝对的拒绝表明它远远不是理念，相反，我们通常认为它是不幸中的不幸、是最糟的！既然是不幸，我们就因此将进步称为从疾病中得到某种康复，离死亡更长了一段距离，或者是离死亡统治的王国更远了一段距离。我们在不让死亡到来、不让疾病侵袭的努力中取得进步。生物学家在发现细菌、病毒中取得进步，当然并不仅仅是为了单纯的了解或者好奇，而是实际的目的：延缓死亡，在远离悲惨的"未来"上向前一步。类似的，政治家在减少他们的人民的死亡率、使他们的国家不涉入死亡出现的事件中（如战争）取得进步。总之，死亡、痛苦以及其他类似的东西并不是人类的目标，因为他们与理念背道而驰。

如果进步被理解为朝我们的理念和特定的未来更近一步，那么问题就在于，我们设定的理念存在于将来还是已经在我们的社会中或我们自身的存在中所固有？我宁愿选择后一种观点，认为我们崇高的目标既不是先天的存在，也不是后天的存在于我们的未来中的，他们是在我们的存在和社会中所固有的。在此固有是在这个意义上理解的，即它们在漫长的历程中由人类所建构起来，并且与我们自己的存在不可分离，尽管我们并未意识到它们。建构它们并不是要满足我们的当下，而是为了一个永恒的历史，即一个漫长的、永恒的存在。同样的，我们的理念并不仅仅在遥远的未来发现的，而且还存在于过去和现在。我们未来的生活世界并不仅仅表示在当下以后的生活，而是一个包容的、多维度的生活。因此，追寻这些理念并不是要期盼未来，不仅仅或许更恰当地说，是在我们自己的生活世界中发现那些在过去和现在的。

德国思想家如黑格尔和谢林早就发现了这一真理。带着对荷马精神和文艺复兴活力的怀念，他们将 Forschritt（字面意思是向前一步）作为世界（和自然）的逻辑。对他们来说，Forschritt 承担着双重功能：努力向前以及向后以达到最本质的价值。历史在他们的眼中必须遵循进步的法则，那就是，必须朝理智所要求的终结进发。同样的，在此 Forschritt 并不是达尔文意义上的朝未来向前一步，而是向前向后一步，是在向"终结"即绝对，也就是人类的终极目标更近一步意义上来说的。事实上，黑格尔仍想象霍默所梦想的、柏拉图所追寻的、文艺复兴的倡导者所试图复兴的绝对：将最终的和谐作为历史的目标（终结）。这种最后的终结是在历史中所固有的，但是并不是置于历史的尽头即未来，或者在评价的最后一天。它将自身置于起始和结束。用救世主的语言来说，这是人类命运的开始（alpha）和结局（omega）。因忧郁和神秘而闻名的本杰明，将救世主口味和对（海德格尔）的"深渊"不一致的妥协糅合在一起。他"预见"到了在我们当下所固有的历史的最后终结（Jetzzeit）。① 这样他就站在反对乐观的马克思的立场上，马克思仍然坚持救世主即将降临之信仰，预言无产阶级社会即将到来。

从这个意义上理解，进步显示出历史的正确进程。不管历史何时达到最后的终结，它都取得了一定的进步。从这个逻辑上来说，在黑格尔看来历史之作为历史仅仅是因其进步的质量，而进步仅仅是由其达到历史的最终目标的 Forschritt 来评价。《精神现象学》（1870 年）意图证明这种逻辑。在这种逻辑下，世界历史是不同时期的辩证积累，以及不同人们心理和习惯的辩证综合，这种心理和习惯是符合其本质是进步的理性逻辑的。换句话说，如果精神是历史的普遍形式，并且如果理性是推动所有现象确定方向或者走向这种普遍形式的法则，那么向前一步，接近这种普遍性就被称为 Forschritt，即进步。②

有关黑格尔对精神与理性本身的同一性问题不是我们关注的，我们关注的是他对进步的独到理解。我们在此可以有两种很对立的看法：反对黑格尔和赞成黑格尔。反对的观点走向了黑格尔逻辑的直接结果：如果进步是理性的特征，并且理性是绝对的，那么进步意味着向绝对接近一步。但是，如果绝对是不可到达的，或简单地说是一个虚无的概念（就像虚无主义

---

① 参见 Walter Benjamin, *The Origin of the German Tragic Drama*, John Osborne 译（London: New Left Books, 1973）。*aura* 和 *Jetzzeit* 的概念在 Benjamin 的其他著作中也提到过，如 *Illumination*（New York: Schocken Books, 1969）和 *Charles Beaudelaire: A Lyric Poet in the Era of High Capitalism*（London: New Left Books, 1973）。

② 参见黑格尔，*Phaenomenologie des Geistes*（1807）、Karl Loewith 英明地将黑格尔将历史作为向绝对精神的不断进步的观点总结如下："这条经过历史前一本质的永恒的当下的精神不是应该绕开的弯路，而是唯一走向知识圆满能行得通的路。绝对或精神，不仅有自身的实体历史，就像一个人有外衣，而且在最深的本质中，是自我完善的运动，是只存在于'变成'的实体。"［参见 Karl Loewith，《从黑格尔到尼采——19 世纪思想革命》（Canada: Holt, Rinehart and Winston, 1964）, p. 32。］

者和马克思主义者所信赖的那样),那么进步就意味着反向(或矛盾地)走一步或者不走向任何地方,又或者走向虚无主义,即自我毁灭(从马克思对资本主义的末日的预测中可以看出)。用这种逻辑,进步要么是一个不切实际的乌托邦,要么是一个危险的幻想。不仅悲观的存在主义者如阿尔贝·加缪和让·保罗·萨特,而且后现代主义者都会衷心欢迎这种尼采的预言;相反,不仅是像塞缪尔·贝克特,法兰兹·卡夫卡这样的作家,而且某些历史学家都会热情地拥抱它,将其作为黑格尔的逻辑不可避免的推论。当然斯宾格勒既不是第一个也不是最后一个历史学家[①],就像大卫·贝尔和福山不是“沙漠”里的唯一的声音。[②] 这些声音在像德里达和李欧塔这样的人大声唱的后现代的合唱中多次重复。第二种观点赞成黑格尔是从黑格尔离开的地方开始的:进步意味着向绝对靠近一步,但是在此绝对反映了一种理念,这种理念只在暂时性和历史性上能够达到。这意味着,理念是出现在历史中并且创造历史的概念。既然历史正走向绝对,理念确实表现出绝对的一部分。在这个意义上,进步意味着理念在历史中实现的过程,正如Loewith 所说:“作为一种不断妥协和追忆的精神,它本质上是历史的,尽管‘变成’的辩证法并不走直线走近无限,而是围绕着一种圆,因此终结就是开始的圆满。”[③]

三、理念和传统价值

到目前为止,我们已经指出了社会进步与崇高目标、人类理念的紧密关

① 参见 Oswald Spengler, *Der Untergang des Abendlandes* (Hamburg, 1972).

② 参见 Jean-Francois Lyotard, *La condition postmoderne—Un rapport du savoir* (Paris, 1978); English translation of G. Bennington and B. Massumi, *The Postmodern Condition: A Report on Knowledge* (Minneapolis, 1984).

③ Loewith, op. cit., p. 32.

系。下面进一步确认人类的崇高目标与人类价值,并且指出建构传统价值观是为了达到人类崇高的目标。

正如我们前文所指出的,进步意味着“向前一步”远离破坏力,“向前一步”接近崇高目标,即我们的理念。事实上,这两步是一个硬币的两面,它们是同一本质的不同表现。活得更久意味着远离死亡,正如活得更好意味着减少痛苦,等等。在这个意义上,接近理念与远离非向往的现实是等价的。因此,我们可以对同样的目标采取两种不同的策略。第一种是改变不希望的条件以排除障碍,或者减少可能妨碍、危及或者破坏我们生活的因素。而第二种则是正面的努力,发现并采取能帮助我们达到这些崇高目标的措施。进步是可以从这两方面看出来的,或者由这两种不同的努力之成就评判的。现在,只有我们清楚地知道这些理念是什么,我们远离可能危及我们的因素(条件、环境)并且接近对我们有益的理念,才有意义。总之,崇高目标是一个人认为能作为指导生活的原则的最好的目标,同时,通过它采取措施以达到这些目标。① 按照维柯在其正在成为经典的《新科学》中的观点,其正确地将性(婚姻)、死亡(葬礼)和宗教提升到社会科学的“三位一体”的高度。② 我们还可以毫无疑义地认为,真、善、美和圣洁已经、正在并且仍将是人类追寻的最崇高的目标。

这些最崇高和最高的理念并不存在于未来,它们也不是过去的产物。更重要的是,它们并不是某一特殊民族或国家的产物。它们既不是由某个天才一手构造或发明的,也不是由我们中的某个人随便或任意强加的。伟大的哲学家没有发明它们,但他们努力捍卫之,并且采用各种方法来实现之。因此,苏格拉底没有发明真,正如柏拉图没有发现美。同样,佛没有创

① 注意,荷马传统中,理念差不多被理解为美德。Arete 最初的意思就是“优点”、“最好”,Aretai 在荷马时期被认为是美德(就像勇敢、身体强壮、善,等等)。[参见 Alasdair MacIntyre, *After Virtues* (Notre Dame: University of Notre Dame Press, 1984), sec. ed., p. 141 ff。]类似的,在儒家传统中,理想的人是君子(绅士、道德高尚的人、有道德的人),也就是拥有仁心、忠诚、孝心等美德的人。

② Giambattista Vico, *La Scienzia nuova*, 英文本 *The New Sciences*, pp. 332 – 333. 在这本书中,维科提出基于三种最基本因素(力量)的科学的新的理解,即婚姻、葬礼和宗教仪式。

造善,当然儒家也没有创造出基于道德原则的理念世界。我们知道,苏格拉底攻击诡辩家的原因并不是出于庸俗的空虚,以显示高于他们,而是出于对真(的理念)的捍卫。他认为真是崇高的目标,并不是因为它能产生最好的影响,而仅仅因为其永恒普遍地公正。简单地说,真是因正义而著名的。康德鲜明地维护了苏格拉底的立场,他再三论证其永恒的公正:尽管所有的都在撒谎,也不能改变永恒的真,这样,"你不应该撒谎"的要求就应该永远有效。① 对苏格拉底、康德和像他们的其他哲学家来说,真是最期望的目标。它是理念并将一直是理念,甚至就算没有人能够达到它。

类似的,亚里士多德以及几乎所有的哲学家都在善(幸福)里发现了理念。各种道德体系过去都建立在善的基础上,现在仍然如此。当然,他们都明白幸福并没有明确的定义,正如几乎没有一个真、圣洁和美的完整的或者理想的体系。这种表面看来的矛盾可以在人类的本质中发现:他们的理念使人类得以存续,同时又超越了人类的限制。这意味着,就算理念是由人类所建构的,它也超越了人类的经验。这就是我们说理念是由人类世代建构,而又天生、先验的存在于我们之中的道理之所在。更有趣的是,它们已经存在于未来了,是我们所努力的目标。

既然本文的目的是证明进步和传统价值观之间的辩证关系,我在此就不深入讨论理念建构的过程了。可以说,如果没有这些崇高的理念,我们的价值系统就不会稳定,并且由于这些理念是内在的,建立在其基础上的价值观就总是正当的。同样,我们可以在传统价值观里发现那些建立在这些理念基础上的价值观。他们是永恒适用的。这就是探询传统价值观的原因和价值之所在,同时也是价值与哲学研究协会存在以及我们聚集在此的理由之所在。

在进入下一段之间,先探讨一下进步、理念和传统价值观之间的关系。

---

① 事实上,康德在他的 *Grundlegung der Metaphysik der Moral*(1785)一书中认为理念作为一种先验的绝对的东西。他推断好的意志即无条件的绝对的好的意志,是好的每一种情形和形式的必要条件。在这种情况下,康德将快乐、真等分配到好的意志中去(等价于中世纪哲学家的 summum bonum)。

我想再次强调我们的论题,也就是,只有当我们接近崇高的目标——真、善、美和圣洁时,才能达到进步。这些理念是我们活动的基础和目标。这些理念也是任何价值体系的条件和标准,只要这些价值是作为满足人类最基本的需要、最初的渴望,作为实现我们希望和既定的未来,总之,作为给予生命、完成生命和繁荣生命的。

四、结论:作为向前一步达到理念和向后一步到传统价值观的理念

正如我们所理解的,传统价值观由两套价值观构成:一是建立在理念基础上的,二是建立在世俗的需要和行为基础上的。

在建立在理念基础上的第一套价值观里,我们可以发现理念和传统价值观相似的特点:它们都是本质的(必然的)且永恒的(普遍的);它们是所有价值的基础,没有他们,价值观就变得模糊不清了。因此,他们是必然的。由于理念不是某一时代的产物,它们是永恒的,并且由于它们既不是希腊的产物,也不由中国或印度所有,它们就只能为人类共同所有。进一步说,由于它们既不是无中生有,也不是纯粹经验,它们是我们在生命过程中先验地得知(或意识到)的。基于这些理念,并且分有相同的本质,第一套传统价值并不是某一时间、历史或集团的产物。并且,确切地说,他们不是某一流派或"文化帝国主义者"所声称的某一文化的所有物。更具体地说,传统价值观,用汉语来说,像仁、忠、孝、义等当然都是建立在善和真(真诚)的理念基础上的。[①] 毫无疑问,亚里士多德提出的传统价值观(美德)如幸福、正义等都是建立在善和真的理念基础上的,或许更是建立在美和圣洁的理念基

① 参见陈文团:"The Dialectic of Tradition and Modernity",in *Philosophical Review*, Also: Tran Van Doan, "What can be called Tradition?", in George F. McLean, ed. (Washington, D.C.: CRVP, 2002), and Tu Wei-ming,《现代精神与儒家传统》(台北: Linking, 1995)。

础上的。当然,我们可以背诵一段价值观(美德),这在任何意义上我们都不能认为它是无意义的。

第二套价值观的构建是适应世俗的喜好,解决世俗的需求,满足意外出现的期望、需求等。[①] 政治中的民主制、独裁政府和君主制,毫无疑问都不是建立在真或者绝对善和正义的理念基础上的传统价值观。尽管如此,它们还是由非主流的价值观(这些价值观不是普遍的和必然的意义上的),如那些时空要求下(稳定、权力及其他)的价值观所指导的。由于它们更具有时间和空间的特征,柏拉图曾经正确地指出每一个这些非主流的价值观都只有在某种特定条件下才会产生价值;如果他们超越了自己的界限,就会危及人类生活(或社会)。与希腊社会类似,每个社会、每个民族都可以根据时间、空间和种族的理念及其喜好建构许多套非主流的价值观。例如,对黑人来说,理想的美女就是黑皮肤的女子,而对白人来说则相反。在大多数情况下,中国人的理想食物是中国食物,但对印度人或非洲人来说则并非如此。一旦社会条件对他们的认识以及其他因素减少、扩大或变形,这些理念就会改变或转型。在全球化的世界里,许多理念,尤其是小民族或种族的理念,就完全被其他强大民族的理念所拭去或取代。(美国)快餐连锁店和饮料在世界各个角落的占有,就像西方奢侈物品在世界的胜利一样,当然不是一个孤立的事件。非洲部落许多方言慢慢地、悄悄地消失,正如各地年轻人中新的(有时是坏的)品味悄悄地蔓延一样,它们都是极有说服力且不幸的例子,说明了非主流的价值观念不能抵制变化。但是,我们不能而且也没有权利声称英语(美国的)是新的十全十美的理想的语言,美国 CNN 是十全十美的新闻频道,等等。他们已经"全球化"的事实并不能证明他们普遍

---

① 实际上,亚里士多德是根据希腊人的品位来建构其伦理学原则的。他试图建构那一种能够用几何方式加以证明的伦理学,这种尝试当然是由希腊人所培养的讲求和谐与比例的审美标准所引起的。他关于善无缺、无害、无过三方面的观念明显是来自于希腊人关于美的观点。我们知道,在荷马英雄传统中,荣誉感也是一种品位。同样,它也被称为一种德行(virtue)。类似地,在亚里士多德看来,甚至柏拉图之后的政治理念也必须符合于这些鉴赏力。在《政治学》第七卷与第八卷中,他的国家理念既不是很大,也不是很小,公民也不能超过一定数量。只有理念的品位能为其公民提供轻松的生活、愉快的享受。因此,城市的主要目的不"只是财富",而是快乐的生活:"引进所需的,输出多余的。"

的、必然的特点,因为他们永远不会成为我们崇高的理念。在某些情况下,正好相反。[1] 将可口可乐、麦当劳、肯德基看做是美国文化,表明的不单单是一种对美国的天真、表面的理解;对他们来说,这是一种恶意的侮辱。美国人,就像中国人、日本人和其他国家人一样可以有某种商业文化,但是这并不是他们的本质。他们的优点(价值)可以在他们的理念滋养过的力量和坚强的意志中发现。美国文化的本质必须在他们的理念中发现(尊重人权、人类种族平等、信仰上帝),这是亚伯拉罕·林肯鲜明提出并捍卫的。类似的,中国(及越南、韩国、日本)文化的本质是和谐、仁爱、正义等理念,而泰国人民的文化则是人类和平和宁静。当然,我们可以在菲律宾、马来西亚、印度尼西亚的文化中发现类似的本质。毫无疑问,如果我们首先拥有了这些理念,我们就对真正的社会进步作出了贡献。自我意识的强烈感觉、对我们自己的信仰的坚定信念、我们自己价值观的自信等,从来都是而且仍是美德。[2]

正如我们在前文中所分析的那样,传统价值观属于两套价值观:其一是先天的特点,其二是后天的特点。第一种是在我们的意识中形成的,并且成为我们所说的"良心"(中文里的说法),或好的意志(康德),或"神圣意志",而后一种则是我们根据社会和世俗的条件进行建构的。他们构成了我们所说的"道德"(在习惯的意义上)、社会价值观、民族价值观、政治价值观以及类似的东西。做这种区分是很重要的,因为我们绝不能想当然地看待各种传统价值观,并且将其置于同一层次上。当我们坚持传统价值观和进步之间的本质关系时,在头脑里我们就有了崇高理念的传统价值观,而不

① 《香港教育局》1999 年报告向主要教育家及政治家提出警告:香港学生及居民在很多问题上都表现恶化倾向,特别是在语言与道德方面。据称,香港学生的语言能力"太棒了",讲的英文"像"中文,中文"像"英文,也就是说,他们讲的是所谓的"中国式的英语"——误用的英文夹杂着糟糕的中文。

② 美国成功产生的第一代与第二代亚洲人有力地支持了这一观点。最成功的亚洲人(诺贝尔奖获得者、百万富翁等)都是那些掌握自己母语并能说流利英语的人,他们充分意识到自己的价值,并受其理念的培育。对于第三代亚洲移民的最近研究(2000 年)前景不容乐观:他们不太成功,进取心不大,缺乏道德价值观念,而且,他们不能用母语表达自己的思想。很多人感觉"疏远"了他们自己的美国社会。

是那些次要的价值观，也就是那些被时空及社会条件所限制的第二套价值观。只有最高理念才是吸引并强迫我们向前进、去寻找实现它们的方法的动力和目标。正是有了这些真实的因素，社会进步才能理解为向前一步接近理念；正是由于它们先验的特征，社会进步也才能是向后一步接近它们。

（作者：陈文团，台湾大学教授；
译者：朱玲琳，中共武汉市委党校教师）

文化、传统和社会进步

[印度]S. R. 伯哈特

处在当今转折时代的人类正经历着一场混乱并且面临着危机,这种混乱和危机是多方面和多维度的。人类处在面临抉择的重要关头而且进退两难。一方面,科学技术的飞速发展给我们带来巨大的奇迹,使我们困惑着迷;另一方面,却是价值的腐蚀、道德的退化和不同类型的贫困,从而导致紧张、冲突和痛苦。善于推理的人类智慧正处在尴尬的境地:如何回应现实。毫无疑问我们已经有了巨大的物质进步,但是它能够在自然的、心智的和精神的层面上带来人们热望的和平和繁荣吗?一些人的确有很多办法获得物质和精神上的满足,但是他们难道没有感觉到所有这一切即将瞬间消失?问题的关键在于当前不安的人性正遭受着精神的枯竭,并且正在狭窄刚硬的自我中心、褊狭和极其糟糕的物质消费主义的涡流中慢慢衰退。一个人只要陷入物质中心主义的迷宫中,他就不会感觉手头拮据。但如果他一旦从中走出来,他便会耗尽精力并且迷失自己。拥有和丧失、喜好和厌恶,寻求和躲避是一种似是而非的感觉。

"仁慈善良"和"生活的质量"的观念已建立,并且在世界不同的文化传统中成长起来,以至于所有一切都是真实的、善良和美好的。为了追求个人的幸福、社会的进步、世界的和平和宇宙的福祉,这一切都是值得考虑和仿效的。这些是全世界的人们一直以来抱有的希望,但是它们总是远离现实,让人难以捉摸。在充满竞争和被分裂的世界中寻求全球化和宇宙的和谐这样一种语境下，那样一种新的努力会通过恰当和足够的教育和其他大众传媒帮助制造一种有利的氛围和适意的思想倾向。思想激发行动，好的思想当然能够保证好的行为。实用主义的观点是靠理想生存，尽管这些理想可能不会容易和完全地实现。它们当然不会以乌托邦的形式出现，但是人类通过努力可以实现。理想需要建构和追求。在每个被人们知晓的历史时期和每个地域，都有一些预言家、圣人、智者和博学的人，他们在自己的潜意识直觉的基础上为普通的福祉提出崇高的思想。我们要谨慎地按照他们具有永久相关性和实用性的规则和实践来行事。

（一）人类生活目标和宇宙进程

对完美生活的追求，为了达到好的生活质量所做的努力一直是人类长期关注的中心和期望。所有人类在不同的文化和文明的领域所做的努力都是朝着这个目标而奋斗。源于非理想的自由以及随之而来的困苦，对于所有有认识力的企业和技术进步来说一直是主要的动力因素。尽管每个人珍爱它们、为之奋斗，并把它们作为人生的目标，但它们的实现需要有计划的共同努力。单个的企业无法做到这一点。单个的个人也许会制订出计划，但计划的实施需要集体的努力。此外，目标暗示了不仅仅是个人的，而且也是整个宇宙的美好、美德的达到以及最佳可能的生活质量，因为个人和宇宙不仅是相互关联、相互依赖的，而且他们组成一个整体，所以需要共同的努力。两者分开的话，一个人孤立地看待个人、社会、民族和区域，那么他不可能拥有很高的生活质量。必须有着全球性的视域和普遍的实现、对于世界的每个部分来说都没有任何偏见。每个人都必须参与和分担这种冒险的成果，因为这是一项集体性的事业。每一个人必须凭着在个人潜力的动态发现中获得的能力，作出自己的贡献，这种能力是由社会和自然环境在整个过程中所给予的帮助。所以，当我们为社会进步规划时我们的展望应该是全球性的，尽管我们的行动必须是局部的。真正的社会进步存在于普遍福祉的实现、对万物的关切、和谐统一、分享和合作的态度中。

（二）宇宙的本性

宇宙是一个不可分割的整体。在共同的生存中存在着有组织的互相依赖、合作性的伙伴关系和支持性的互利共生。有生命的存在与无生命的事物之间有着交互的关系。所有有生命的存在必须在宇宙中共处，这是一种被调节的共处，如同一个鸟的鸟巢，在那里小鸟们和谐地共同生活着。鸟妈妈和鸟爸爸没有偏见，无私奉献，共同照顾着小鸟们，小鸟们才可能在相互合作相互分享的环境中共同生存。它们会为没有食物叫嚷，但不会相互争吵。鸟妈妈和鸟爸爸会满足它们的需要，但不会助长它们的贪婪。小小的生物都可以有着那种和谐，为什么自称具有理性的人类却做不到这一点呢？

（三）人类存在的本性

人类的存在是多维度、多层面、多关系的。它是一个心身复杂体，因为有着被称为灵魂或精神的意识规则而复杂生动。它有着个性的、社会的和宇宙的不同方面，并且与自然、亚人类和人类有着非常密切的关系。然而人类的认同并不由这些方面的任何一面决定。这相互作用、相互依赖的三者的有机复杂精微的组合，构成人类独特的个性。

除了社会的维度，人类还有高度错综复杂、细致的关系网络。社会给人类生存提供必要的基础条件，同时也为人类进化提供所需要的基本的素材。但是在个体存在和社会环境之间并不存在两分或差异。更进一步，从他或她是自然的不能割裂的一部分这个意义上来说，人类存在是本质性的“自然的”，人类是从自然界获得生存所需要的营养，并且通过自然界到达自己的巅峰顶点。自然造就人类，为人类的进化同时也为人类的完美提供基础。尽管如此，但是自然不会耗尽人类的生存，人类的存在同样也不会耗尽自然。人类受自然束缚，但同时也能超越自然的束缚。他意识到作为自然的存在，同时也意识到征服和超越自然的能力。尽管他或她依赖自然，但也可以借助自然的帮助从中解放出来。因此，他有着一种矛盾的意识：一方面要依靠自然，另一方面又有着不受自然限制的可能的自由。对于人类来说，获得这种自我意识并且相应地塑造他的生命和存在是一种特权。

我们有这样的经验,除了身体上的一些因素,我们所拥有的活力、智力、理智、精神等各方面都是同等重要的。它们彼此之间相互关联,彼此支持。它们都有自己的独特性,但是不可分割,更不可以从中进行选择。它们之间可能存在从总体到局部的存在层次差别,但是不存在价值上的区别,因为它们都拥有同等的价值。生命价值的获取是通过一定的比例、均衡地满足这些方面的合理需求得到的。事实上,单一的或者一小部分的发展对于整个人类来说是有害的,对于个人的自我完善也是有害的。身体、活力、智力、理智都属于经验主义的范畴,它们可以通过科学的手段达到,但是精神却属于不同的范围。它是超经验的,并且是在经验主义科学领域之外的。因此在人类认知里存在两个领域:经验的和超经验的。一个是基础,另一个是顶点,两个领域有机地结合在一起。聪明的人会区分两者之间的差别,但他们不会重视一个而忽略另一个。依据环境的要求,它们之间存在优先权和繁衍权或者同时发展,但它们之间没有鸿沟。精神是超经验的但不是反经验的,更确切地说,它是经验主义的实践。经验主义是超经验主义的先决条件和垫脚石,没有另一个,它们中的单一个是无法实现的。科学与精神性是一种合作关系,前者对后者进行加工。

(四)人类生命的意义和重要性

人类的生命是有价值的财富,是迄今为止最优秀的进化成果。它是通过遗传的作用、生态学的相互作用和文化的传播获得的非凡的生物进化,并且也是通过先天的能力和人的行为建立起来的。意识和自我意识是它最重要的两个特性。在自己努力和成功行为的基础上,人类能够创造奇迹。对人类本体论和人类进化的机械理解不能公正说明人类行为的自发性、创造性和有目的的人类的追求。现实是经验性的,人类生存是其中的一部分,通过终极目的会折射出这个特性。单纯的目的论的途径可以对互相合作和共同的福利、所有财产和快乐、社会进步和社会公正、物质的完美和精神的增强,给予一定的观点上的支持。

(五)生命的特性和全球化

生命特性的最完美和至上的表现形式就是人类生存的至善和它必然的结果——全球化,因为它的实现需要全球伦理的普及、声明和实践。“伦理规则的可普遍适用性”的原则和他们之间的相关性毫无例外地源于这种考虑,但是我们不能仅仅从贸易和商业的自由的意义上来理解全球化,不能对它做唯物主义术语的理解。它基本上是一个精神的理念。它是审视引向全球共同体的自我一致性的态度的灌输。它是整个宇宙基本共同体的,而不仅仅是人类和有生命的存在的实现。它是宇宙共处的一种模式,一种精神的共同支撑、共同的牺牲、共同的关爱和分享。它是启蒙的指导和惬意的生活,如同一个经常致力于全球安宁的菩萨,别人高兴他也开心,别人痛苦他也悲伤,经常为别人着想并为他们谋利。全球的圣人和预言家、精神和宗教领袖都已加入到这种生活模式中了。在所有时代和地区的文化和宗教传统中描述的道德准则,旨在培养这种全球密切关系和自我一致性的思想倾向。在这一点上我们拥有巨大的艺术财富,但人类本性是这样的,经常要被提醒并且说服它去实现这个目标。这些对目前的行为的需要和相关性要作出说明解释。

全球化并不是垄断的专利,也不是公然或隐蔽的多样性的威吓,而是在整个有机统一的宇宙内部的适应和和谐。它代表着合作而不是思想和行动的均衡。它设想一个部分与另一部分之间没有对抗或不相容,如同一个组织和有机体中的其他部分,因为所有这些都被看做是相互关联、相互联系和相互依赖的部分,整体组成一个单独的领域、连续统一体和共同体。这就是为什么生命有机体的类比在统一中的多样性(而不是多样性中的统一)中提出来,它们当中的很多部分都没有被分开、隔离和分散,它们合为一体。这里冲突和混乱可能不是不自然的(异常的),但是它们的解决和协调也可能会实现。

(六)达到目标的模式

全球化既是一个观念,也是一个行为的过程,既是政策手段,也是为了在有指导的启迪原则基础上建立新的世界秩序所进行的世界范围的行动,旨在增进人类和整个宇宙而不仅仅是人类的"生活的质量"。这些需要新的伦理规范的系统化,才能调节与此相关的人与人之间、人类和宇宙其他有生命的和无生命的存在物之间的人类行为的整个视域。这是一个全球社会出现的先兆,在那里整个世界可以被经验为一个单独的家庭。通过自我统一性和奉献精神的培养是可以成为现实的。但这些需要价值的超越、价值中范式的转化、改变的思想、宇宙中心的宏大视野、启发性的观念以及通过知识和智慧上的启发,对人类进行的身体和心智方面进行适当训练的生活方式,它需要物质和精神的完全转变和精神唯一的实现。它是自我作为全部的扩展,从我到我们,从自我到全部,从个体到宇宙。这里将没有贫困和剥削,没有绝对的痛苦和悲伤,没有不公正和未衰退的歧视,用比喻的语言来说,是地球上的天堂的实现。宇宙不仅充满着奇迹,而且可以给居住者提供生计,但我们必须确定这些以一个公正公平合理的方式才能达到。但只有通过建立一个新的价值图式,而不是靠我们现在追求的它才能成为可能。这是我们早已遗忘的古典的价值图式的复归和再形成,是新的关注和关切一切的新伦理道德的实践。这一直是开明的心智所抱有的希望。它并不是一个乌托邦的梦想,而是通过适当和足够的教育能在真正的实践中可以实现的理想。

(七)个人和社会进步的价值图式

对反映我们生存意义和目的的人生价值的完美与实现的寻求,一直是人类长期关注的中心。任何关于那种价值图式的探讨必须建立在具体的社会和历史现实,以及个人和社会过去的经验基础上。价值并不仅仅是要被认知和论断,它们应该被实现,在行动中存活。这就需要认知、行动和存在的共生。

如果没有熟练的方式将不会有价值的实现。这暗示着资源的编目、保存和增强存在的部分,创造新的部分而不去掉旧的部分。熟练的使用方法同样也意味着资源的公正使用,而不是以牺牲当代人或后代人的资源为代价。更进一步说,意味着有着公平公正的恰当的行为管理和行动的成果。

(八)依赖传统和扎根文化的作为进化的进步

变化是现实的法则,但是它必须是向着好的、更完美和更和谐的变化。所有的变化并不需要健康和完美。为了更具有利性,它必定采取进化而不是革命的形式。它必须建立在过去的坚实的基础上,建立在经验、关切和责任之上。但是这种借用过去的进程需要一种明智的辨别,以弄清哪些应该接受,哪些应该抛弃。

这样会带着我们去思考传统。传统是一种思潮(parampara)。它根植于过去,但它必须历经现在并且流向将来。它是从过去传承下来的价值和规范的具体体现。它是传播、调整、适应文化中的价值和规范的慢慢积累的进程。它不是静态的,它如同变化一样是持续的,容许有创造性的自由和改革性的变化。它从来不对个人和社会的自由造成威胁,除非它终结、陈旧和过时。因此,对一个持续的、深思的传统的回顾是必要的。活生生的传统提供自由,对改变和改进负有责任和义务。传统使得个人和社会变得智慧,个人和社会造就传统,因此两者之间存在着相互关系。相似的变化和现代性并不意味着脱离过去的经验,它需要的是对于自然和整个传统的正确理解。

传统根源于文化。文化,从它的各个维度来说,是人类进步的重要组成部分,既是个人的也是社会的。文化是一种存在,一种生活模式,一系列的共同的价值、信仰方式和实践。它是一个复杂的整体,包括知识、信念、行为、道德、法律、习俗、艺术、科学和技术的工作、人文学科和社会科学。它是个人的同样也是社会的事务。它完全是由社会给予的传统。它对生命意义的揭示作出贡献。文化生活存在于旨在提高人类存在和社会生活质量的价值追求和实现中。因此,文化必须丰富、扩大和鼓励生命的完美、精神的喜悦和和平的充分。文化是一个从过去而来的活生生的现象,如同传统一样,它是由人类和社会创造和保存的物质和精神财富的结晶。如果没有文化的支撑和文化的重建和稳固,就不会有真正的进步。

（九）进步的完整的和整体的途径

对于社会进步有意义的计划必须是全面的、等级式的和渐进的平衡与均衡的实现过程。经济进步对于人类进步来说是基础,但经济因素只是众多因素中的一种,不可能引起绝对的重视。人类的发展不会受制于经济的发展,而且纯粹的经济发展也不可能与人类的发展等同。更进一步地说,为了确保公正公平的经济进步成果的分享,必须是由“经济伦理”调节自然界中的“法”(dharmic)。毫无疑问,实用主义和功利主义是经济的指导原则,但它们也必须受社会福利制度的调控。不受控制的经济增长会引起道德危机,而且会出现很多对社会和自身造成严重危害的问题。这种增长看起来是一种进步,但对于社会的整个良性发展来说可能无益。必须有一种与人类健康和普遍福利相吻合的经济价值定位。经济有着工具主义的价值,它不应该被看做是自身之内的完结。而且我们应该记住,不仅仅是经济的发展受到道德的指引,而且它也应该具有帮助增强道德的能力。道德不能受制于规则,而应当付诸现实。

（十）科学、技术和社会进步

科学和技术如同经济一样是人类文化的重要组成部分。科学指引技术的创新,技术加速科学的进步,两者相互依赖、相互作用,对于人类生存和社会进步来说都是必要和关键的。但两者都不是价值中立的,它们必须为最终的人类利益和宇宙的利益服务。它们是一种手段,有着工具性的特性。它们必须是人道的和人性化的,为社会的进步和宇宙的和谐存在所限制。它们不应该使人类的生存技术化,更不应该被人化。从这个意义上来说,必须在人文主义和人道主义之间做一个清楚的区分。人文主义是以人类为中心的并且会随着人类的堕落而退减,而人道主义是以宇宙为中心的。只有在科学和技术的精神定位下,他们才能成为人道主义者。这种定位不可能来自传统的文化。目前只存在在传统文化和科学技术之间的秋千,而不是一种消融。人类需要“巨大的协调”。

(十一)社会进步、民主和超越民主

社会进步和全民社会的特点是在有秩序的宇宙内尊重人类尊严和人类自由,包括一些诸如自由、平等、正义和公平等价值。必须意识到每个个体有着巨大的潜力和能力,应该给予自由和机会来显示它们。不同的个体有着不同的能力,它们对于社会进步都是有用的。每个个体也具有潜力,应该培养相应的人格。人格是一个成功的概念。一个人是有知识的、有理性的、自由的和负责任的行动者。他必须是综合的,有创造性的、自由的社会和道德的存在者。他必须了解和实现生活的意义,证明他的存在并且使之对自己和社会有价值、有用。

社会进步的准则是民主精神的成就、思维和存在的民主模式,而不仅仅是政治统治的民主的规定和形式。真正的民主只有当多样性在一个共同体中完好地被采纳时才会获得成功。在共同体中差异应该得到保护、保存和丰富,应该得到自然合理的地位和尊重。民主进程不是对任何地方的人们的思想、感受和期望的压制,而是开放(unfoldment)、巩固和实现。换句话说,民主和社会进步必须以综合性的多样的形式存在,很好地存在于统一体中,如同器官在一个有机体中生存和兴旺一样。在最终的分析中,尽管只是一个理想,但在“一个与另一个”或者“我与他人”之间应该没有差异。在新德里的印度国会众议院的前门上,源自印度文化的诗上写着,如同“这是我的或这是他们的”的观念只有在有着低劣精神和狭隘思想的人那里才会滋生。所以推论就是应该把差异看做“我与我的”而不是看做“我与其他”。这里他人不是异者、敌人、竞争者或是对于一个人存在的威胁,而是一个合作者、一个朋友、同伴的支持和帮助。他人同样也不抵抗或反抗,而是与一种共存和合作的感觉相符合。

民主目前的表现形式不会为上述陈述的期望和需要提供保证。民主被认为是规则的系统,由人们意志所决定的合法的法律规则可以为人民最广大的利益服务。但是在真实的现实中，在世界的任何一个地方都是如此吗？一个有着内在稳定性的体制不能说是最好的。随着社会的进步，人类思想也应该会跟上创新意识的发展，因此问题就是我们能否考虑一种优于民主的体制，在这种体制下所有民主的价值应该很好地保存，而缺点应该被否定。尽管我们已习惯于把民主看做是政治统治的最可行的形式，但不能被看做是历史的终结。人类才智已经历经了政治统治的多种形式——无政府状况、君主政体、贵族统治、寡头政治等，现在已经到了民主的阶段，但是人类的理性不应该接受人类理性和人类意识能力终止的观念。对于聪明的人类来说，思考"超越民主"、比民主高级和良好的状态是可能的，这种状态凝结了所有民主的优点，抛弃了缺陷和不足。现在是我们应该为渴望的法的蓝图做准备的时候了。

（作者：S. R. 伯哈特，印度德里大学教授；
译者：董慧，华中科技大学马克思主义学院讲师）

中国大学生及留美中国大学生民族精神之对比研究

范　蕾　樊葳葳

新兴的知识经济拉开了21世纪的帷幕，发端于工业社会的现代高等教育怎样适应新的发展，成为了世界各国思考的焦点。我国高等教育的发展直接关系到我国能否迎接和战胜世界范围内的各种挑战①，而民族精神的弘扬和培育是我国当代高等教育的一项重要内容。江泽民同志在党的十六大报告中深刻指出："民族精神是一个民族赖以生存和发展的精神支撑"，"面对世界范围各种思想文化的相互激荡，必须把弘扬和培育民族精神作为文化建设极为重要的任务，纳入国民教育全过程。"海内外的中国大学生，是当代高等教育的主体和未来中国社会建设的中流砥柱，弄清楚这一特殊人群对民族精神的理解和实践状况，无疑将对我国的高等教育提供积极有益的启示，也必将促进其更好地发挥在中华民族伟大复兴中的作用。

① 参见谷翠、徐立春:《记全球化背景下青年学生民族精神的培育》,《河北青年管理干部学院学报》2003年第3期。

一、文献综述

关于中华民族精神的具体内涵,学术界有不同说法。张岱年认为,中华民族精神是指导中华民族延续发展、不断前进的思想精粹,它集中表现在《周易》中的两个命题上,那就是:"天行健,君子以自强不息";"地势坤,君子以厚德载物"。方立天把中华民族精神的内容概括成以下五个方面:重德精神、务实精神、自强精神、宽容精神以及爱国精神。刘继刚认为中华民族精神可概括为理性精神、自由精神、求实精神、应变精神等四个相互联系的方面。党的十六大报告则用一句话概括了民族精神的内涵:"在五千多年的发展中,中华民族形成了以爱国主义为核心的团结统一、爱好和平、勤劳勇敢、自强不息的伟大民族精神。"在近代,一方面,优秀传统精神如爱国精神、自强精神、宽容精神、重德精神等都有新的发展;另一方面,西学东渐使一些迥然不同于古代文化传统的、具有现代意义的新民族精神得以生成和发展,而其中最重要的莫过于科学与民主。到了现代,和平与发展是时代的主题,世界格局呈现多极化趋势,经济全球化速度明显加快,民族精神又面临着要吸收锐意进取、开拓创新、求强求富以及开放、竞争、宽容、理性等精神。①

关于中国大学生民族精神的塑造及培育,自20世纪80年代起,就有大量的学者及教育工作者发表了大量的文章加以专门论述,并将其定位为高校德育建设的基本内容及历史使命。② 进入90年代,特别是党的十四届六中全会提出加强社会主义精神文明建设以来,当代大学生的思想道德建设取得了可喜的成绩。但由于当代大学生是在新旧体制转换的巨大变革中成

---

① 参见李鹏程:《对构建当代民族精神问题的一些思考》,《浙江学刊》1995年第6期。

② 参见宋庆贵、张艳:《中国民族精神构建和发展中高等教育的历史使命》,《黑龙江高等教育》1999年第3期。

长起来的，他们在价值观念多元化、社会经济结构多样化的影响下，其正确的民族精神与民族意识还未完全确立，导致当代大学生在这些问题上还存在许多矛盾和问题。囿于研究手段和研究方法的限制，对于当代大学生民族精神理解和实践状况的专门实证研究并不多见。[①] 21 世纪初，为数不多的几个相关调查报告显示：当代大学生对民族精神的理解基本正确，但理解不够透彻，有的出现偏颇；对民族精神教育的国际环境有所认识，但认识有待深化。大学生对学校开展的思想教育工作基本上持正面态度，但同时又反映出高校思想政治工作存在问题。

而关于中国留学生民族精神的民间讨论由来已久，但学术上尚未形成成体系的思想，更不用说具体到某一国家的中国留学生了。[②] 就留美中国学生而言，1847 年容闳随其就读的教会学校教师赴美学习，开创了中国学生的留美史，甚至是留学史。在随后的“留美幼童”和受庚子赔款资助留美的学生中，涌现出一大批新中国的政治家、外交家和科学家。这一批留学生，经历了晚清、民国和国民党统治时期，经历了中国社会发生的天崩地裂的大变革，在内忧交集、外患频仍之际，表现出了赤心为国、敢怒敢言、重义轻死的民族精神。而后中国学生赴美学习的历史一度中断，直至 20 世纪 80 年代初，随着中美关系的解冻以及邓小平同志改革开放政策的实施，国门再一次为学子们打开。赴美留学大潮不断高涨，2004 年美国国际教育研究中心一项统计报告指出，2004 年全美共有 514，723 名外籍留学生在美大专院校读书，而来自中国大陆的留学生多达 54，466 人，排名居首，成为留学大军中一股不可忽视的力量。但由于空间地域的限制，研究留美中国学生生存状态的文章并不多见，而对于这一特殊人群民族精神基本状况的调查研究更是凤毛麟角。参照国内大学生，调查这一特殊同类人群对于中华民族精神的理解和实践状况，无疑对国内高校的思想教育工作将提供积极有益的参考。

---

① 参见田海花：《当前大学生民族精神教育状况的调查报告》，《山东省青年干部管理学院学报》2003 年第 6 期。

② 参见杨治华：《中美高校民族精神教育的比较研究》，《现代教育科学》2003 年第 6 期。

综上所述,学术界对国内大学生民族精神的研究从理论到现状及对策都较为成熟,而对留美大学生的研究还是一块“处女地”。关于民族精神的定义,学术界主要是从自强、重德等个人品质修养方面来概括;而十六大报告除了强调个人修养外,主要从爱国角度,即个人与集体、国家、社会的关系角度来定义民族精神。笔者在设计本研究的调查问卷时,同样紧紧抓住了大学生个人、大学生与国家社会的关系两个角度,并在此基础上,添加考查了大学生个人与自然关系这一角度。另外,在调查项目的设置上,除了调查大学生对优秀传统美德的理解和实践,还调查了大学生对近现代民族精神新元素的理解和实践状况。具体的项目设计将在研究方法中介绍。

二、研究方法

本文采用了定性为主、定量为辅的研究方法,调查了 200 名在校大学生。其中 100 人为就读于武汉四所高校(华中科技大学、武汉理工大学、中南财经政法大学和华中农业大学)的本科生和研究生,男生 32 人,女生 68 人,平均年龄 21.3 岁。另 100 名为正在美国留学的中国大学生,包括本科生和研究生,男生 55 人,女生 45 人,平均年龄 24.1 岁,在美平均学习时间超过两年。

问卷是本次研究的主要工具,分为两部分。第一部分受试者提供自己的相关信息。第二部分,笔者给出 30 个表述,由受试者根据自己的实际情况,在 1 到 5 级利克特量表中作出选择。30 个表述分别从个人、人与自然关系、人与社会的关系三个大的角度调查民族精神(见图 1)。个人角度,从个人对传统和现代的一些观念所持态度,以及个人在现实中对自身学习、工作和生活的把握来调查,而人与社会的关系角度则调查了个人与家庭、国家和整个世界的关系。对所获取的数据采用归纳分析的方法。

调查由笔者于 2004 年 5 月至 6 月在中国实行。问卷正式发放前在一

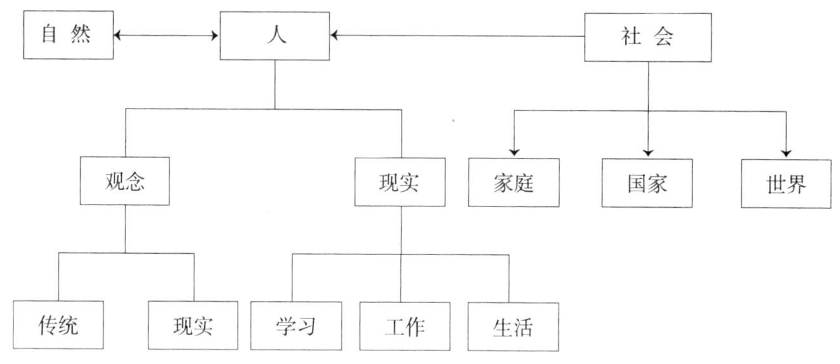

图 1　问卷调查框架

组中国研究生（语言学专业跨文化方向）中进行讨论，并在 10 名中国大学生中试做，笔者随后对问卷的部分项目进行了增减和修改。国内共发出问卷 105 份，回收有效问卷 100 份。国外部分由受试者在因特网上填写并提交（网页：http://eol. hust. edu. cn/fww/fanlei/index. htm）。

三、结果及讨论

笔者首先使用社会学统计软件 SPSS 检验了本调查的信度和结构效度。本研究调查的是民族精神这一宽泛概念，信度分析得出 Cronbach Alpha 系数为 0. 5510，说明研究可信。结构效度因子分析数据显示，30 个调查项目共提取 12 个因子，由于后三个因子所含项目数太少，所以舍去，总共提取 9 个因子，与笔者事先设计调查的方面吻合。将各因子所包含项目与笔者设计框架内的调查项目相比较，有一定出入，综合考虑并调整后，笔者按以下三个角度、九个方面进行数据分析与讨论。

（一）个人对民族精神的理解及实践

本部分讨论大学生作为社会个体对民族精神的理解和实践，分析其学习、生活及工作中对自身的把握,以及大学生对一些传统及现代观念的认识。

表1统计了中国大学生及留美中国大学生在有关个人学习五个项目上的得分状况。由于受试者在对各项目打分时使用的是利克特量表,那么得分越接近1,表示受试者对该项目越赞同;得分越接近5,表示受试者对该项目越不赞同;而3左右的得分反映了受试者不确定的态度。在这五个表述中,国内外受试者对表述5和28都表现出了基本赞同的态度,即他们承认自己学习勤奋,有坚忍的毅力,并且在学习中有自己要追赶的目标。对表述30持否定态度,即否定了在老师说的不对的情况下,仍会照老师的话去做的情况。可见当代大学生已经不再一味迷信教师,而在学习当中加入了自己理性的思考和判断。留美大学生在这三个项目上的得分均低于国内大学生,可见他们在这些方面认识更深。

表1

项目号		5	16	28	29	30
得分	中国大学生	2. 34	2. 81	1. 60	3. 26	4. 26
	留美中国大学生	2. 30	3. 00	1. 35	3. 35	4. 10

然而对于表述16和29,受试者的态度似乎并不明朗。表述16提出,“如果我有‘两弹元勋’邓稼先的才学,我也愿意同他一样,隐姓埋名几十年,专注于国家的某项事业”。对表述16所得数据进一步观察(见图2)看出,持完全赞同态度的国内大学生人数为留美学生的一倍以上,持基本赞同态度的比留美学生多5人,持不确定态度的仅为留美学生的2/3,而持不赞同态度的基本持平。可见在学术事业的追求上,国内及留美大学生的考虑都不再单纯,并不认为有才学就一定要专注于科学研究。但两相对比,国内大学生仍有大多数(42%)持认同态度,而留美大学生(45%)持不确定态度。第29项表述为:“考试之前,我会撇开课本,到处搜集可能考到的试题资料。”对于此项表述国内及留美大学生得分总体趋同,但是对此观点持完全不赞同态度的留美学生超过国内大学生11%。可见,美国大学普遍采用

的综合考查而不是一纸试卷的考试方式，已经引起了国内外大学生学习方法和对待考试态度的不同。留美学生更注重“学到什么”，而不是“会考到什么”。

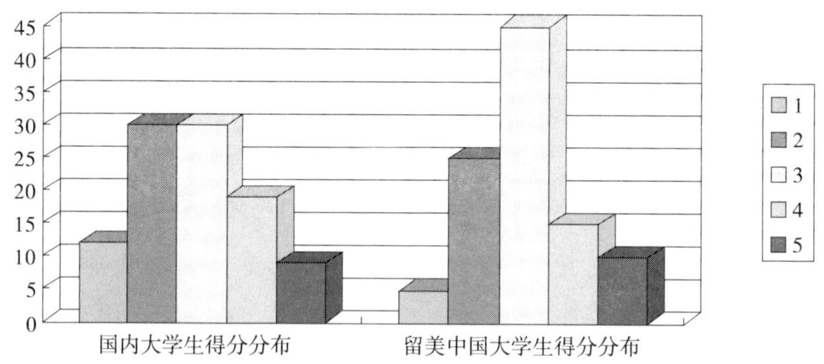

图 2　国内及留美中国大学生表述 16 得分分布比较

在个人生活方面，笔者一共考查了五个项目（见表 2）。表述 17 和 23 调查了受试者的消费观。对表述 17“我崇尚‘超前消费’，即用明天的钱干今天的事（如买电脑和高档服饰）”，受试者的基本观点还是不确定。而对于表述 23，国内和留美大学生都表示基本赞同，即在他们外出时如果时间允许，他们会选择坐公共汽车而不是坐出租车。这从一个侧面反映了当代大学生在生活上能够勤俭节约，在涉及大额消费的时候较冷静、不盲从。

余下的三个表述具体调查了受试者在生活中的心理状况，针对现在大学生都讲求“有个性”的状况，表述 24 提出：“通常情况下，我都不喜欢跟其他同学做一样的事情”。出乎笔者意料，国内大学生的得分为 2. 64，而留美中国大学生为 3. 15，前者偏向赞同，而后者不确定。在自古强调集体主义的中国，大学生开始追求“另类”，这应该是引起教育工作者注意的一个现象。表述 25 指出：“不管出于什么原因，如果有人伤害了我，我一定会报复”。对此表述两方受试都倾向于“基本不赞同”，但值得注意的是国内大学生中有 5 人（5%）选择了“2”，而留美学生中没有这种现象。生活中的报复心理在国内大学生中仍然存在。对于表述 27，“如果我发现自己有非典症状，我会立即向学校报告”，两方受试者意见基本统一，即都表示会向学校报告。这反映了当代大学生不殃及他人的责任感。综合以上几个项目，笔者发现，美国的“天赋人权、自由平等”的观念，对留美学生已产生了一些影响，他们怀有对他人更多的尊重，表现出对他人更多的人文关怀。

表2

项目号		17	23	24	25	27
得分	中国大学生	3.29	1.88	2.64	3.71	1.65
	留美中国大学生	3.50	1.85	3.15	3.75	1.45

表3所列表述7、8和22考查了当代大学生对于今后个人工作的一些打算。在两个传统的择业观点面前，不论国内还是留美受试者都表现出一致的态度，即他们毕业后还是倾向于找一份稳定的工作，并且不赞同“这辈子一定要当官才算有出息”的观点。但是对于“在利益面前，我会不惜牺牲道德”这样的表述，受试者的态度在“不确定”和“基本不赞同”之间摇摆。通过对具体得分分布（见图3）的观察，笔者发现，超过60%的受试者表示不会牺牲道德去获取利益，一小部分受试者（10%左右）持不确定态度，而国内有1/4、美国有1/3的受试者表示在利益面前会牺牲道德。这一比例十分惊人，充分向广大高等教育工作者展示了在市场经济冲击下，重塑大学生正确择业观的严峻性。而对在美国这个高度物质社会的留美大学生来说，这项任务更为艰巨。

个人对待中华传统文化的态度由四个表述考查：4、6、11和20。从这四个表述的得分（见表4）来看，都较为令人满意，它们反映了当代大学生具有尊重传统文化、尊重民族英雄、尊师重教以及尊重知识等优秀品质。

表3

题号		7	8	22
得分	中国大学生	4.01	3.69	1.91
	留美中国大学生	4.10	3.75	2.05

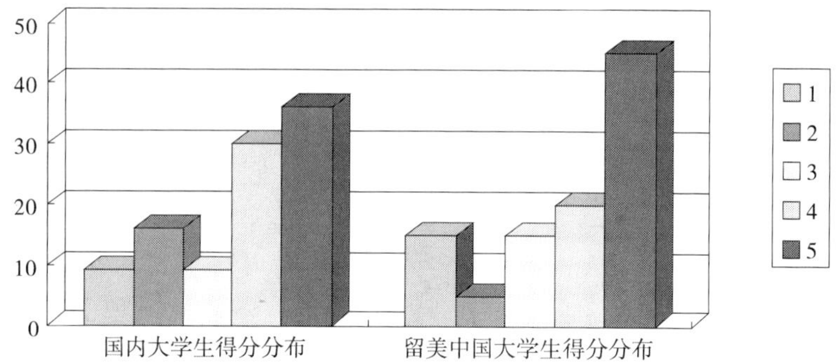

图3 国内及留美中国大学生表述8得分分布比较

表4

题号		4	6	11	20
得分	中国大学生	2.95	2.09	1.73	1.49
	留美中国大学生	2.70	2.45	1.75	1.75

而接下来的四个表述可以说是对传统观念的挑战,是当今某些人唱的“反调”。可喜的是,国内外受试者对这些观点都有较清醒、正确的认识。从平均得分来看(见表5),国内外受试者均基本不赞同学雷锋做好事已不合时宜、法官拒收红包算是“立功”,以及大街上乞讨为生的人是找到了谋生之良策等观点。

表5

题号		10	18	19
得分	中国大学生	4.06	4.35	4.08
	留美中国大学生	3.90	4.45	4.25

(二)从人与自然关系看民族精神的理解与实践

在考查当代大学生对人与自然关系的认识方面,笔者采用了两个类似的表述:“为了配合我国经济的发展,我们应该加速大庆等油田的开采”和

"为了适应我国现代化的发展,我们应彻底进行旧城区改造"。从得分的大体情况(见表6)来看,国内外受试者的态度都是在不确定附近徘徊。将其对表述21选择的具体分数作一比较(见图4)得出,国内大学生50%不支持加速大庆等油田的开采,而留美受试在同等态度上高出15个百分点。国内受试者中有5人完全赞同这一说法,而国外受试者在这一项上选择人数为零。对表述26的得分可以进一步看出,留美中国大学生更具有人与自然和谐发展的观念,环保观念胜于国内大学生。

表6

题号		21	26
得分	中国大学生	3.40	2.83
	留美中国大学生	3.80	3.10

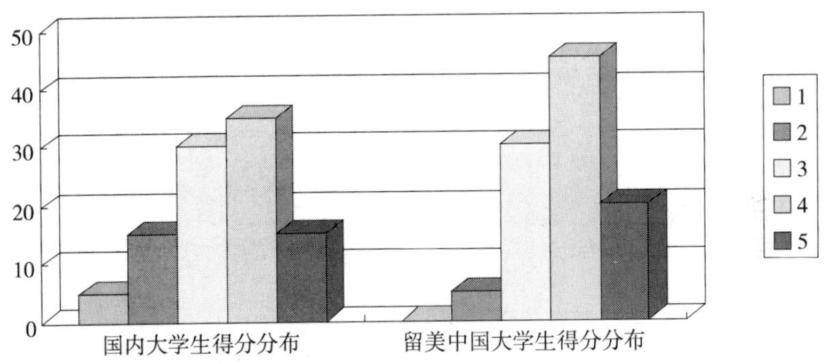

图4　国内及留美中国大学生表述21得分分布比较

(三)从人与社会关系看民族精神的理解与实践

在从人与社会关系来考查民族精神这一角度,笔者考查了受试者三方面的关系:个人与家庭、个人与国家及个人与世界的关系。

首先,在个人与家庭的关系方面(见表7),表述1、3的得分明显表示,国内外受试者的家庭观念都很强,家庭在他们心目中很重要,并且他们表示会时刻把父母的身体健康、心情愉快放在心上。家庭的亲情对于当代大学生的感情生活来说仍占有举足轻重的地位。在表述2"我懂得邻里之道,待客之方"的判断上,受试者均基本认可,这反映了当代大学生在以家庭为中心的社会关系上能够正确对待,处理得当。

其次,党的十六大报告指出中华民族伟大精神以爱国主义为核心,在国内与留美大学生中,笔者主要调查了他们的民族自豪感以及爱国热忱(见表 8)。在面对"中国能取得2008奥运会的主办权,我觉得特别自豪"的表述时,国

表7

题号		1	2	3
得分	中国大学生	1.08	1.83	1.38
	留美中国大学生	1.25	2.05	1.50

内外受试者都表示出了赞同态度。而对于"如果有敌人侵犯我国,我会选择当兵保卫祖国",受试者的得分接近3,即虽然他们整体趋向于赞同态度,但有相当一部分人的态度是不确定,甚至是不赞同的。由图5的得分分布可以看出,近一半(48%)的国内大学生表示会当兵保卫祖国,不确定的人数占1/3,而留美中国学生仅35%表示愿意当兵保国,持不确定态度的人升至50%。可见在将爱国主义落在实处,要求大学生为国家奉献、流血牺牲时,留学生的态度没有国内大学生坚决。

表8

题号		9	15
得分	中国大学生	1.68	2.56
	留美中国大学生	1.90	2.80

最后,对于当前及未来五年的国际局势,绝大多少的受试者表现得比较冷静、客观,他们倾向于不赞同可能爆发世界大战的观点,对于"和平为主,局部冲突,基本稳定"的国际局势有一定的把握。在对待外来科学文化的态度上,国内外受试者选择趋同,他们均能保持宽容、开放、平等的心态,去

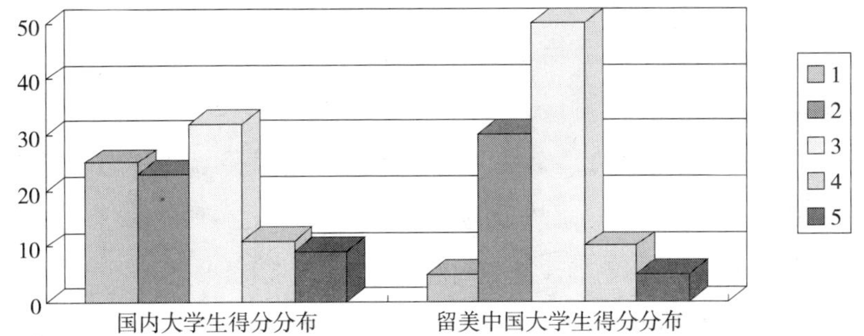

图5 国内及留美中国大学生表述15得分分布比较

看待并接受外来科技、文化。(见表9)

表9

题号		12	13	14
得分	中国大学生	3.57	4.31	4.05
	留美中国大学生	3.75	4.45	4.25

四、由本调查对我国高校思想教育的几点建议

笔者通过问卷,从个人、人与自然以及人与社会三个角度调查了国内大学生及留美中国大学生对中华民族精神的理解和实践状况。问卷结果分析显示:国内外受试者在对待传统民族精神的认识和实践上有趋同之势,但在当代民族精神新元素的理解上出现稍许分歧。

在对待传统民族精神方面,国内外受试者均表现出热爱中华民族,崇尚中华传统美德,但是常常缺乏民族使命感。绝大多数受试大学生热爱伟大的中华民族,具有强烈的民族自豪感,能够以开放的心态接受西方先进科技文化,渴望中华民族告别贫穷、跻身于发达国家的行列。并且,绝大多数受试大学生对传统美德倍加推崇，在实践中能够身体力行。但部分大学生却表现出缺乏民族使命感，没有把民族的使命与自己联系在一起，较少考虑个人对祖国对民族的历史责任。

而在对待民族精神一些新的元素时，国内大学生和留美中国大学生的理解和实践又稍有不同。总的来说，留美中国大学生在具体的学习方法和学习态度上更加务实，更加注重学习过程给自身带来的进步。但对于学术的奉献精神不及国内大学生，更多的留学生在学习和工作上采取实用主义的态度，真实、有用、现实、实惠是他们立身处世的原则。在人与自然、人与社会的关系上，留美学生表现出对人对物更多的人文关怀，更加注重人与自然的和谐发展。国内大学生在这方面的意识相对来说就要差一些，在部分大学生身上甚至出现了过分“个性”张扬的趋势。

由此，笔者提出对我国高校思想教育的三点建议：

第一，科学引导，理清价值观念。

对于大学生存在的正面优势，既要加以保护，又要善于鼓励。对于他们存在的许多混乱甚至错误的思想，必须采取辩证的科学态度。一方面应该看到，大学生思想多元化有其客观先在性的原因，也有个体发展方面的差异，有一些思想意识甚至是不自觉地产生的；另一方面，应以审慎的态度对待大学生的思想混乱和错误，冷静分析，结合实际，有的放矢地制定出切实可行的方案来解决这一问题，最大限度地澄清他们的混乱和错误思想，引导他们尽快在政治上和思想上走向成熟。

第二，创新教育内容，继续加强人文素质教育。

加强民族精神教育，必须处理好批判与继承、弘扬与创新传统文化的关系。要在批判中继承那些优秀的、符合当今人类和社会发展需要的部分；传统文化所面临的社会环境是不断发展变化的，因此要在弘扬那些优秀传统文化的同时引导学生正确判断接收新元素。同时，还应以宽广胸怀积极、主动地吸取世界各国各民族的优秀文化成果，结合我国国情，取长补短，为我所用。并应一如既往地坚持并加强对学生的人文素质教育，引导学生对自身、对他人以及对整个社会的关注，将自身的前途命运与整个国家和社会的发展联系起来。

第三,创新教育方法,建立激励机制。

在教育方法上,不能一味单纯使用说教,而应开展多种形式的"公民教育"、"榜样教育"及"事件教育",引导学生自己去体验。在进行民族精神教育过程中,要善于捕捉机会,因势利导,注意让学生将理论与实践结合起来,并及时地对他们的实践作出评价,建立相应的激励机制。如在面对美国轰炸中国驻外使馆、抗击"非典"等重大事件时,教育者一方面要尊重学生的自我选择,让他们主动实践民族精神;另一方面又必须因势利导,防止他们误入歧途,避免混乱的产生。要让学生在实践中成长,在实践中为民族强盛和国家的发展做贡献。事后,教育者应及时对学生的言行作出中肯的、令学生信服的评价。对于那些表现突出、贡献较大的要给予一定的物质或精神奖励,以激励学生进一步实践民族精神。

(作者:范蕾,华中科技大学外语学院讲师;
樊葳葳,华中科技大学外语学院院长,教授)

民族精神与新闻媒介功能实现

刘　洁

一、民族精神是新闻传播具有普适性的精神资源

新闻媒介的功能是什么？这是新闻学理论和实务面临的核心问题之一，很长一段时间被表述为政治宣传，到今天它仍然是主流的回答。但政治宣传只是事业状态下部分新闻媒体功能的一部分，并不具有普适性和足够的涵盖能力，且在实践中有意无意地忽视或否定了其他新闻传播的功能。对此曾有争论，但仅止于是新闻传播政治宣传功能处于第一位，还是可以做到政治宣传与告知新闻信息的辩证统一。后来，对它有所修正，提出了新闻媒介的基本功能、直动功能和连动功能，其中，"告知新闻信息"是基本功能，直动功能主要包括政治宣传功能、经济促进功能、社会组合功能和文化娱乐功能等，连动功能主要指社会化功能，并且强调基本功能。①

这样对新闻媒介功能似乎有了比较全面的认识，但有只见"用"、忽略"体"的嫌疑。如果追问传递信息又是为什么？就会不得而知，或者是回到政治宣传上面去，完成了一次循环论证。

① 参见程世寿、刘洁：《现代新闻传播学》，华中理工大学出版社2000年版，第70—85页。

在具体分析新闻媒介功能之前,必须承认任何功能的实现,必须在物质层面如纸质媒体、电波媒体、网络媒体等的基础上进行,这是信息传递的物理层面;其次,还必须基于图片、文字、声音、图像等信息符号,这是信息传递的语法符号层面。真正的新闻媒介功能分析基于其上,又不限于此。新闻媒介的功能只有和个体的人、社会及其其中的各团体发生关系,才有分析的价值。即使是诸如气象新闻等,表面来看只要把气象现象报道清楚即可,但从什么角度分析、如何传播就又不仅仅是物理传播那么简单。

新闻媒介是新闻信息传送的渠道,是各种观点意见的意见场,也是各种文化、利益的角斗场。新闻媒介(传播)精神资源是客观存在的,是新闻资源的重要组成部分。

对新闻媒介功能认识的不确定,根植于新闻传播普适性价值观的缺位。新闻传播是大众传播的一部分,面对着社会最广泛的群体,是全体国民和其他个体及组织的现代生活必需品。新闻传播的精神资源不能局限于某些个人、利益集团,而应该是全民性的、全社会性的,为全民、全社会所认可。

民族精神是具有普适性的新闻传播精神资源。从横向来看,民族精神具有最广泛的代表性,不局限于政治信仰,也不局限于地理、政治意义上的国家范畴;从纵向来看,有深厚的历史内涵和积淀,为新闻这一"容易使人浮光掠影"的工作增添历史责任感和厚重感。

有人也许会提出疑问:普适性的精神资源的提法,是否会否认或削弱党的领导?回答是否定的。

首先,这完全符合"三个代表"提出的最广大人民群众的根本利益的要求。同样,只有在新闻传播的精神资源上同广大人民群众贴近,才能真正做到"三贴近"。它不仅没有削弱,反而是加强和改善党的领导的措施之一。

其次,执政党中国共产党的理论和精神精髓,通过多年的实践和理论宣传,已经成为民族精神的重要组成部分和核心。两者并不矛盾,而是一体的。民族精神并不会取代和削弱的革命精神,从革命党到执政党,从实践到理论,中国共产党人的革命精神逐渐成为现代中华民族精神的主体,"从历史性和时代性的有机统一来看,中国共产党人的革命精神继承和丰富了中华民族精神，使民族精神的内涵更加丰富，影响更深。正如党的十六大所提出的，中华民族形成了以爱国主义为核心的团结统一、爱好和平、勤劳勇敢、自强不息的伟大民族精神。”①

再次，精神资源不能代替日常对新闻传播的管理，不能代替党在思想、组织、政治上对新闻传播的领导。

二、民族精神与新闻媒介功能的全面认识和实现

功能与价值应该是对应的关系，价值的缺陷必然导致功能的认识和实现的不完整，这一点在中国新闻传播上得到了明确验证。中国新闻媒介被赋予“无产阶级专政工具”的标签，这个论断本身在一定历史条件和一定范围内是正确的，但不能概括新闻媒介的所有功能。不幸的是，在这种价值指向下，抹杀了新闻媒介的其他功能，如信息传播、经济整合、娱乐等功能，中国的报纸一度出现了禁止刊登广告、新闻报喜不报忧、杜绝娱乐新闻等不正常现象。究其原因，是新闻传播精神资源单一。

把民族精神作为新闻传播的重要精神资源，而不仅仅把新闻媒介作为“阶级斗争”的工具，有利于推进对新闻媒介功能的全面认识。特别是中国共产党作为执政党，要代表全民的利益，不论是直属于共产党的新闻媒体，还是在党的领导下的其他新闻媒体，都有代表全民利益的义务和责任。民族精神从人群、地理、历史等方面都具有广泛性，为新闻传播功能全方位的认识和实现，开阔了视野和道路。

如果还是以传统的专政工具论为新闻传播的指导，那诸如 2004 年 5 月 26 日香港佛教暨各界迎请佛指舍利瞻礼祈福大会这样的新闻就不能报道，

① http://www.civilness.com/info/news_detail.asp? bigclass_id=20020925205035953&smallclass_id=20021010104901812&news_id=20040511154116864。

甚至有可能被指为迷信,但实际情况是国家通讯社新华社、党中央机关报《人民日报》等重要新闻媒体都在显要位置进行了报道。因为迎请佛指舍利瞻礼祈福大会表现了祝愿世界和平、社会安定、各界祥和的美好愿望,是我们团结统一、爱好和平、兼济天下、与民忧乐的民族精神的体现。

世界上很多国家,都有其新闻传播的共通价值观。我们以近邻新加坡为例进行说明。

在现代化的发展过程中,新加坡面临着东西方文化的双重冲击,对此新加坡政府进行了准确的定位,明确了其文化的东方属性,在对待东西方文化的态度上,坚持"技术上依赖西方,精神上固守东方"。因此新加坡通过文化再生运动反对全盘西化,倡导东方价值观。所谓"东方价值观",其核心就是借鉴中华民族优秀传统文化,特别是中国古代的儒家思想文化。当然新加坡政府所倡导的并不是原原本本的中国古代儒家文化,而是经过改造和选择的现代新儒学。①

新加坡弘扬国家利益第一,强化国家意识,政府注重培植公民的国家意识,以各民族都能接受的方式向国民灌输"我是新加坡人"的国家意识,使人民产生归属感和责任感,在心理上认同一个国家、一个新加坡,并在这一旗帜下为新加坡而奋斗。从1988年开始,政府每年都要开展一次"国民意识周"活动,激发国民的爱国热情,凝聚国民的爱国意识。1991年经新加坡人民反复讨论和国会批准,政府公布了《共同价值观白皮书》,推出了各族不同信仰的民众均能接受的国家意识。②

要让民族精神或共同价值转化为新闻传播功能的实现,要实现一个重要的转化,就是这些共同价值为全体社会成员共享和认同。在新加坡实行比较严格的管制,"一般新加坡人支持现行的审查制度。在新加坡,控制传媒既有其历史根源,也有其政治基础,小心谨慎避免出事比自由化更受欢迎。新加坡社会必须对传媒进行控制运作,这是政府一贯宣扬并为公众所

① 参见陈立思:《当代世界的思想政治教育》,中国人民大学出版社1999年版,第296页。

② 参见刘自尊、孔琳:《新加坡的思想政治教育及其启示》,《思想理论教育导刊》1993年第7期。

接受的立场。"[1]无论是对本国媒介，还是对在新加坡的外国媒介，新加坡政府在管制和自由之间努力进行调整，而且取得了较显著的成效。有调查显示，新加坡人不支持在他们国家存在反对派的出版物，大多数人认为，媒介和政府应是合作的关系。[2] 在这个过程中，政府和业界及民众能较充分地沟通，能在达成共识的基础上进行。无论是加强管制，还是放松管制，都应有较一致的认识，才能减少变革过程中的代价。

三、民族精神应成为新闻从业人员的精神支柱，保证新闻媒介功能实现

新闻传播本身不能是没有灵魂的、简单的信息的传递，也不可能只是物理层面的信息的传送。这种精神动力可以来自于很多方面，但就新闻媒介的社会公共性而言，它不是资本的代言人，也不是部分利益集团的代言人，而应是跨越不同的阶层的社会公众所共有的。新闻从业人员的认同有很多种，如媒介特征、新闻理念等。但民族精神的认同更重要，而这恰恰是我们忽视了很长时间的。

民族精神是一个民族赖以生存和发展的精神支撑，它是一个民族得以维系和凝聚的精神纽带，对一个民族的生存和发展来说起着精神支柱、精神动力的作用。民族精神也应该是新闻从业人员的精神支柱和精神动力。

当前新闻传播表现出文化分裂，新闻媒体和新闻媒体之间、同一媒体在不同的新闻报道之间，新闻从业人员的职业表现和内心之间，往往不一致。出现这种现象主要有两种原因：

---

① Ang Peng Hwa & Yeo Tiong Min, *Mass Media Law and Regulations in Singapore*, Singapore: AMIC, 1998.

② 参见 Tan Lai Kim, Hao Xiaoming & Chen Yanru, "The Singapore Press as a Mediator Between the Government and the Public", *Media Asia*, Vol 25 No 4, 1998。

第一，从业人员缺乏坚定的信仰。在有些从业者内心世界中，多种思想观念的混杂，少了对信仰本身的忠诚，多了实际厉害的考虑，容易出现“骑墙派”和“风吹两边倒”。

第二，是传统文化心理文化分裂的现实反映。谢选骏在《神话与民族精神》一书第八章“反思的余论”中分析中国文化心理的分裂，认为儒家式的说教因其普遍的滥用而沦为谬误。

“灵魂分裂”的第一种表现是名实睽离、表里不一。汉宣帝有段名言说，汉代统治者惯用“礼表法里”、“王霸道杂之”的统治权术，以确保自己的统治利益，但在宣传上却是独尊儒术、罢黜百家。他们宣传的，恰恰是他们不能做到的或不想真正花气力去做到的。统治者的这种两面态度，迫使具有各种思想背景的知识分子，为求擢任，不得不掩饰内心的活动，而以儒家正宗相标榜。其恶果之一，是弱化了人们吐露自己真实思想的勇气，造成表面上“舆论一律”，实际上同床异梦。而争权夺利的各方势力，则以“不道德”的罪名互相攻讦，以“卫护道德”来自我标榜。他们是文化心理上的“同盟军”，共同致力于掩盖矛盾之症结，掩盖政治利益和经济利益的冲突。①

这段论述放在今天的新闻传播实践的背景上考量，还是有相当解释力的。媒体上的文化不自信，实际上是公众、社会缺乏文化自信的投射。而新闻从业人员由于其职业的特殊性，更应该有坚强的文化自信和民族自觉意识，在道德上、在精神上相比一般的知识分子，新闻从业人员应该有更高的要求。这种精神力量，我们认为一个重要的来源就是经过凝练了的民族精神，具有现代性的民族精神。

① 参见谢选骏：《神话与民族精神》，山东文艺出版社1986年版。

四、发扬民族精神,优化对外传播功能实现

从民族国家角度出发,除了国内新闻传播以外,新闻媒介还有个重要的功能就是对外传播。从经济实力、影响力来看,中国新闻媒介在国际传播上相对处于弱势,和国家发展的需要不相符合。国际传播世界严重地不均衡,哈梅林克(C. Hamelink)1983 年的研究发现,约 80 家跨国公司控制着国际传播市场 75% 的份额。美国学者史蒂文森(R. Stevenson)在《21 世纪的世界传播》(1994 年)一书中提供的数据表明,世界上 10,000 家日报中一半是英文的;电视中绝大多数使用的是英语;学术研究成果的 80% 以上是首先以英文发表的,其中许多后来从未被译成其他语言。[①] 在经济、政治、文化全球化背景下,特别是中国加入世界贸易组织以后,我国新闻媒介介入全球新闻传播竞争的范围和深度会进一步扩大。

媒介的竞争表面上是资本、人力等的竞争,但实际上往往是民族文化与民族精神的竞争。面对西方的文化霸权,除了物质层面的努力之外,更需要弘扬和培育优秀的民族精神和文化。民族精神的固守和发扬,既是我们的目的,也是对待西方文化霸权的重要工具,更是新闻媒体责无旁贷的社会责任。因此,研究如何发扬民族精神,搞好对外宣传是个重要的课题。

我国对外宣传的对象,一是同根同族的海外华人,二是其他文化背景的人和集团的跨文化交流。对于海外华人,民族精神是联系他们和祖国之间的强大精神纽带。其中,民族精神和文化中的精华应予以发扬光大,如"以仁义为核心的政治文化"、"以操守为标准的君子文化"、"以自由为追求的人道文化"等,都是海外华人的精神依托。对于不同的文化和民族背景,一方面我们需要吸取其他民族文化的营养;另一方面,更需要坚守神圣的民族

① 转引自张咏华:《互联网与中华文化的对外传播》,《国际新闻界》2001 年第 4 期。

精神,“民族的才是世界”的,弘扬和培育中华民族精神的精髓,这也是对世界文化多样性的贡献。

(作者:华中科技大学新闻与传播学院副教授)

思维的网络性与市场经济的宏观调控

——关于中国古代的网络思维及其现代转换

萧汉明

一

作为智慧(即方法论)意义上的哲学,自近代以来有了很大的发展,特别是辩证法理论的系统化,对于促进人类智慧发展以及科学的进步起到了重大的作用。因此,19 世纪辩证思维系统的确立,是人类思维发展史上的一个光辉里程碑。19 世纪末至 20 世纪初的物理学革命,进一步巩固了这一思维成果的正确性。这种辩证思维,克服了以静止的方法观察事物的局限,消解了以往人为地强加给自然界的僵化的、不变的、不可逾越的对立,从而开创了人类思维发展的新纪元。

然而,就这种辩证思维所揭示的若干规律与范畴而言,仍有一定的局限性。它所提供的方法论并不能完全满足科学世界观的要求。如科学世界观要求人们全面地看待世界,不要只见树木不见森林,但由于这种方法论的重心只在于考察事物内在的蓬勃展开的过程,因而往往只能提供观察树木的思维路向。早在 19 世纪末,马克思主义的创始人就已经感觉到,自然科学已经发展到不能逃避辩证综合的地步。而已有的辩证法理论的局限性所带来的直接后果是，许多在单项系统的研究中擅长辩证分析的人，在复杂系统的全局上往往难以摆脱以孤立的态度对待事物的片面化倾向。这说明，已有的辩证法理论形态在复杂系统的研究方面尚缺乏相应的思维方法，不能有效地认识与把握复杂系统整体的运动与变化。因而不应将这种辩证法的理论形态看做是一种完善的形态，更不能将这种辩证思维的适用范围随意夸大到放之四海而皆准的程度，因为它还留下了很大的空间有待发掘。

从总体上把握一个复杂的矛盾系统与从复杂的矛盾系统中找出一个主要的矛盾，是两种不同的致思方向。从复杂的矛盾系统中找出一个主要的矛盾，并着重探讨其自身蓬勃展开的内在根据与运动轨迹，其思维路向的基本特征，从方法论的意义上说，是从综合走向分析，因而可以将这种辩证法界定为辩证法的分析形态（即分析型辩证法）。尽管这种形态也注意到事物之间的互相连接，但由于缺乏对事物之间的各种连接方式的充分考察，因而难以为复杂系统的认识与把握提供方法论依据。故当需要对复杂的矛盾系统从其互相连接性上加以把握时，这种辩证思维所总结的诸种法则，似有英雄无用武之地之嫌。由此可见，辩证法还需要向事物之间的复杂联系中去寻找最为一般的各种联系形式，并重新建构一套与之相应的行之有效的思维法则，以实现从分析到综合的思维路向的转进，从而达到方法论与世界观的全面统一。由于这一思维路向的重心是探讨事物之间的复杂的联系形式，因此可以将这一形态界定为辩证法的综合形态（即综合型辩证法）。

实际上，在分析型辩证法中已经昭示了综合型辩证法的因素，如原因与结果、必然性与偶然性、内因与外因、主要矛盾与次要矛盾等，对事物之间的联系业已有一定程度的注意。只是由于思维的侧重面被限定在分析的层面，因而一直未能在事物之间的互相连接方面得到充分开展。综合型辩证法，其对象是揭示复杂矛盾系统中诸种矛盾事物之间的相互连接形式，及其动态平衡机制与平衡状态被打破后可能出现的整体的变动趋向，以及各自相应的调控手段。这种综合型辩证法将弥补分析型辩证法在宏观视野上的不足，因而在复杂系统的研究中将具有独特的方法论意义。分析型辩证法与综合型辩证法是辩证法不可分离的两个组成部分，相互之间有着密切的关联。故从其理论意义而言,所谓综合型辩证法的提出,只是为了使辩证法得以进一步充分拓展与完善,而不是对辩证法本身的否定。

二

综合型辩证法的确立与系统化,也许不是短时间内可以一蹴而就的。然而,通过对以往哲学史的先行史料的清理与对现存世界相关事实的考察,假以时日,综合型辩证法的系统化是有望实现的。

本文所要探讨的网络思维,是综合型辩证法的重要组成部分。它所探讨的是复杂系统内部诸多子系统之间纵横交织的网络结构的一种思维方式。这种思维方式,不是以一个树木如何由种子到生根发芽、枝繁叶茂、开花结果的自身不断蓬勃展开的过程为研究对象,而是以整个森林内在的各种要素之间的互相作用的平衡态与非平衡态以及调节手段为对象。当然,对整个森林内在的各种要素之间的互相作用的把握,必须以对其各种要素的分别认识为前提,这正是综合型辩证法与分析型辩证法的关联之所在。

网络思维的先行史料,主要可见于中国古代盛行的五行学说。

作为一种思维构架,水、火、木、金、土五行,只是五个符号,代表着五个功能不同的系统。其基本的机制是五行的相生相克与乘侮胜复。相生,即金生水、水生木、木生火、火生土、土生金。相克,即金克木、木克土、土克水、水克火、火克金。相生相克的并存状态,使多维系统之间呈现为一种相互依存、相互制约的动态平衡关系。乘,指相克太过;侮,指相克不及乃至于反克。相克太过与反克,都会造成偏胜,从而导致多维系统平衡关系被打破,在这种情况下,五行机制本身必然会产生一种修复的因素,使被打破的平衡关系得以恢复,这就是五行思维架构所蕴藏的自组织功能。

这种五行思维构架,在中国传统医学中得到了成功的运用:

其一,五脏配五行的生理平衡功能:五脏为心、肝、脾、肺、肾,心配火、肝配木、脾配土、肺配金、肾配水。五脏,不是指五脏的形体,而是指五脏之气。五脏功能在正常情况下,如果某一脏气因受到外邪侵袭而表现出过盛或过衰的功能时,五行机制会自动通过其相生相克的调节,使之恢复平衡。这个功能机制的具体运作是,如果肝木受肺金之气克制过胜,肝木便无力制约脾土,脾土因此转强而倍克肾水,肾水遭倍克而无力制约心火,心火于是转强而倍克肺金,使肺金制约肝木之胜气复归于平,整个五脏因此又回复到平衡状态。这个运作过程,也可以简化到肝木、心火、与肺金三者之间的生克关系上来。由于肝木生心火,故肝木为母,心火为子。当肝木受肺金欺侮之时,其子心火会出面将肺金的过胜之气压下去,这种状况被称之为"子复母仇"。当代西方哲学也认识到,在生物系统或某些特定对象内存在着一种自组织功能,但在思维方式上,却并未发现其中内在的网络性的调控机制,因而在哲学上不能提出有效的辩证综合方法来。

其二,五脏配五行的病理与治疗方法:在病理方面,人体的疾病大多都是由于五脏之间的生克机制出现故障造成的。一般情况下,患者通过自身的自组织功能可以恢复失去的内在平衡。而治疗只是当患者的自组织功能不足以发挥应有作用时,不得不采用的辅助手段。因此,在治疗上通常使用的办法是,通过用药或针灸与推拿按摩等手段,或泻或补,疏通经络,以恢复五脏生克功能的正常化。因此,中医治疗如同坐镇于患者的脏腑经络网中,其施治方法不是仅仅只针对病灶的局部方位,而是要调动整个网络的正常运转。①

以往的研究者,通常将中医的这种思维方式称之为整体思维。仔细揣摩之后,其实此种说法实乃似是而非。作为思维方式,以整体的形式是无法运作的。任何一种作为研究对象的整体,都是一个有限的整体,相对于更高层次的整体而言它依然还是一个局部。因此整体与局部只能是一比较而言的相对性概念,世界上没有一个绝对的整体,也没有一个绝对的局部。无论

① 关于中医的五行学说,参见萧汉明:《易学与中国传统医学》第2—3章,中国书店出版社2003年版。

是一个复杂的矛盾系统,或是一个单一的矛盾体,都是整体与局部的统一。也许,可以将无限称为最高整体(或绝对整体),但无限是无法成为人们的研究对象的,因为一旦无限得到了证明,那么这种无限就只能是有限的了。可见,以整体思维规定的思维方式,不能区别分析型辩证法与综合型辩证法的差异,因为这两种辩证法都是以整体观念为前提的。

以整体观念为前提,不仅要求对研究对象的各个方面的毫无遗漏的把握,而且还要求对研究对象与其外部的关联给予充分的注意。这是分析型辩证法与综合型辩证法的共同点。二者的区别只是在于:前者以一个单一的矛盾体为对象,而后者以复杂的矛盾系统为对象。在一个单一的矛盾体中,事物的运动、发展与变化,主要取决于此一事物内在的矛盾性,外在的连接也有着一定的不可忽略的辅助作用。在复杂的矛盾系统中,此一复杂的矛盾体的运动、发展与变化,取决于其内部诸种矛盾的连接方式与结构状况。而网络思维,正是从复杂矛盾体的内部众多的连接方式与结构状况中抽象出来的一种思维方式。这种思维方式,尽管不是对复杂矛盾体的内部众多的连接方式与结构状况的全部的、完整的反映,但却是研究复杂矛盾体中纵横交织的矛盾关系不可或缺的。中国古代先贤所倡导的五行思维架构,是网络思维中一种具有特定的功能机制的、极有典型意义的平面结构类型。也就是说,并不是所有的网络思维架构都有功能机制作用,只有在5(或5+2n)个系统中才有可能找到这种具有特定功能的交叉关联的结构。

三

在中国古代,还有一种更为复杂的网络思维结构,这就是在运气学说中得到运用的一种架构。

运气学说所要回答的问题是,六十年内气候变化的周期性及其对人体健康状况的周期性影响。它所采用的思维构架是一个立体的网络结构。由五运与六气两个大的系统交织而成。

在年周期范围内,五运分主五个运季:木运主春,火运主夏,土运主长夏,金运主秋,水运主冬。在年周期内,五运分主五个运季,每一运季为七十三日零五刻。这是年周期五运的正常运行状况,年年如此,一定不易,这就是所谓“主运”。在五年期循环圈,五运又依次各主一年,该年所主之运称为“大运”,是决定该年气候区别于其他年份的主要因素。除主运与大运外,还有一个因素,就是“客运”。客运的次序每年不同,其次序以每年的大运为初运,余则按五行相生之序,依次作用于五个运季。从而使主运的规则性运动出现上下波动的非规则性变化。

六气指厥阴、少阴、少阳、太阴、阳明、太阳,此六气在年周期内的次序,年年如此,在二十四节气中每气各分主四个节令,其六步之序年年相同,被称之为“主气”。客气则每年不同,其次序为:太阳、厥阴、少阴、太阴、少阳、阳明,每年依次轮转一步(即一气),从而形成一个六年期的循环圈。在六年期循环圈上,每年的主事之气递相更易,从而影响到其他五气的位置随之出现相应的变化,这就是所谓“客气”。在六年周期上,客气的运行有自身的规则性;但对每年不变的主气而言,则表现为一种非规则性的运动,从而使主气出现波动性变化。

无论六气系统中的年周期循环圈、六年期循环圈,或五运系统中的年周期循环圈、五年期循环圈,都是从单相系统的基本因素的互相作用中推断出来的理论值。而实际上,任何一个年份的气候变化都是多系统之间互相作用的结果。运气学说正是在这一点上显示出它的高超的综合思维水准。中国古代以干支纪年、运气学说采用以五运配天干、六气配地支的方式,将每年的年干支转化成为反映运与气两个系统相互交织的错综复杂的网络关系。天干的五行属性是由五天之气的天区方位决定的,因此五运配天干,即木运配丁、壬年,火运配戊、癸年,土运配甲、己年,金运配庚、乙年,水运配丙、辛年。六气配地支则为,巳亥之年主司厥阴,子午之年主司少阴,丑未之年主司太阴,寅申之年主司少阳,卯酉之年主司阳明,辰戌之年主司太阳。五运所配之天干与六气所配之地支又各有阴阳之别,这样,在五年期循环圈上，又嵌套上一个阳年与阴年的两年期的循环圈，而且由阴阳相倍而成一个十年期循环圈。同理，在六年期循环圈上，也嵌套上一个阳年与阴年的两年期循环圈，与一个由阴阳相倍而成的十二年期循环圈。

如果将天干比作一个十齿转盘，地支比作一个十二齿转盘，将两个转盘的齿轮扣合转动，那么天干盘转六次，地支盘转五次，两盘的齿位就能恢复到原初状态，而干支既不重复又无遗漏的组合正好为六十。运气学说以干支纪年，由此形成了一个六十年的周期循环圈。在这一周期循环圈内，每一年的气候变化大致取决于该年的运（主运、客运、大运）与气（主气、客气）互相作用的结果。从宏观意义上说，一年气候的主要特征，主要看司天、在泉与大运。司天即客气的第三步气，主上半年之气候；在泉为客气之第六步气，主下半年之气候。大运则主年中之气候，故又称其为中气。以甲子年为例，甲为五运之阳年土运，为此年之大运。子为六气之少阴司天、阳明在泉。上半年，少阴君火司天，气候温热；年中，为土运太过，主长夏之季湿气偏重，雨水偏多；下半年，阳明燥金在泉，气候偏燥偏凉。其他年份亦可依此法一一推求。但由于每一年的大运与司天、在泉之间存在着一定的相生相胜关系，故推求过程中不能以简单化的态度对待。仍以甲子年为例，由于上半年君火克制中运湿土，故长夏之偏湿多雨会有所减轻。又由于湿土生燥金，故下半年之偏燥偏凉之气候会加重。从微观意义上说，一年四季二十四气的气候变化，还必须充分考虑一年内五运与六步、主运与客运、主气与客气之间的生克顺逆之类的互动关系。①

运气学说从创建到现在已经将近两千年了，不少决定气候基本面貌的因素已经发生了很大变迁，它们构成了影响运气学说周期准确率的不可忽视的原因。笔者重提这个古老的问题，目的并不在于强调这个学说至今仍有多么高的准确性。笔者所心仪的是这个学说的精巧的思维架构。运气学说的思维架构的内核也是五行，只是它的使用范围已经由多维的平面网络系统，进到了多维的立体网络系统，这说明五行的相生相克与乘侮胜复机

① 关于运气学说，参见萧汉明：《易学与中国传统医学》第4章，中国书店出版社2003年版。

制,在实际运用上与具体的研究对象之间存在着密切的依存关系,由此也就决定了五行学说的适用范围。

四

应当说,客观世界的复杂性并不一定都呈现为多维系统之间的网络交织状态,即使呈现出网络状态也并不一定都具备五行的相生相克与乘侮胜复机制与自组织功能。因此,中国古代圣贤所倡导的五行,只是网络思维中的一种特定的典型的思维方法,它的适用范围是有一定限度的,但其理论价值与使用价值却是不可轻忽的。

诸如早期资本主义市场经济所出现的周期性的经济危机,就是国民经济结构在严重失衡后所导致的一种以破坏性方式进行自动调节的功能的表现。危机之后,经过萧条、复苏,才又进入新一轮的经济高增长期。这就是自发的市场调节机制。由于这种自发机制的巨大破坏性,所以西方经济学家不断地为消解危机提出种种办法。20 世纪 30 年代,在世界经济大萧条的情况下,凯恩斯提出了以有效需求拉动供给的经济学思想。这一思想抓住了经济发展的龙头,有可能使市场经济发展步入有序的良性循环的轨道。但凯恩斯经济思想的实现必须以充分的社会消费能力为前提,而各种刺激消费需求的手段的有效性则取决于社会的就业率与消费者的偿还能力。正是因为社会消费能力的这种最终制约,资本主义经济危机依然还是一个挥之不去的阴影。凯恩斯的经济思想的严重不足是,忽略了金融资本在市场经济运行全过程中的中枢地位,因而难以在市场经济运行过程中作出适时的调节,不能有效地抑制经济高增长期对社会实际消费能力的恶性突破。所谓泡沫经济,正是对这种恶性突破所造成的貌似繁荣的经济虚浮景象的形象表述。在美国,除了运用凯恩斯理论之外,还特别注意到运用金融资本的供给量与利率机制,对市场经济运行进行调节,因此造就了一个较长时期内的经济的持续增长与繁荣,避免了市场经济在自发状态下的周期性的经济危机所引发的巨大的破坏性灾乱。美国之所以成为世界顶尖的经济大国,除了国际的原因之外,就是其拉动经济的手段与调控市场经济的能力。尽管如此,泡沫经济的出现在美国也难以避免。究其原因,主要表现在对金融资本的供给方向上缺乏弹性与灵活性。

泡沫经济的出现是经济危机的前兆。不挤掉泡沫,任其像一匹野马狂奔不止,经济危机就必然会出现。而挤掉泡沫,则可以避免经济危机所造成的惨痛破坏,所以挤泡沫常常被看做是宏观经济调控的重要措施。然而宏观经济调控并不等同于挤泡沫,严格地说,宏观经济调控的意义在于防止泡沫经济的出现,其关键则在于充分了解市场经济的基本结构以及金融资本在其中运行的状况。在我国,一提起宏观调控,似乎就意味着大力降低金融资本的总供给量,以减缓国民生产总值的增长速度,其结果只能是使宏观调控等同于挤泡沫。究其原因,还是由于对市场经济的基本结构缺乏了解,因而往往忽略了及时改变金融资本的供给方向,以抑制过热门类的固定资产投资,促进落后门类迎头赶上,保证整个国民经济平稳的持续增长。

按照金融资本运行流程,市场经济的结构大致可以分做以下五个门类:第一,土地、水源、矿产、能源与运输(包括交通工具与交通干线)等基础性管理与投资门类;第二,冶炼、机械制造及其他生产资料的管理与投资门类;第三,农副业、水产、轻工业、房地产、旅游、文化、艺术、体育及服务性行业等管理与投资门类;第四,用于刺激消费需求的管理投资门类;第五,教育、科研与金融资本等门类。这五个门类的划分只是一个粗线条的划分,在实际把握中可做一些充实与调整。

这五个门类既互相促进又互相制约,是一个密不可分的有机整体。其中,第五门类相当于五行中的土。中国古代先贤说:“土旺四季”①,“土常以生”(《素问·六元正纪大论》)。其义为,土这个门类对其他四个门类都具

①《周易参同契·五相类》。古人以木配春、火配夏、土配长夏、金配秋、水配冬。土居中位,对四季都有生成意义。

有促进作用。教育涉及人才培养，科研则关系生产力与管理能力的水准，而金融资本的投向与供给量则影响市场经济是否能平衡发展。至于第一至第四这四个门类，则明显表现为一种依次逆向相生的关系。

发展经济的目的最终是为了改善人民的生活，因此人们衣食住行的消费需求，是拉动整个市场经济发展的龙头。而整个社会的消费能力与消费水准，又限制与决定了市场经济发展的速度与规模，这就是凯恩斯理论特别注重刺激消费需求的原因之所在。如果说对第四门类凯恩斯理论还有待深化的话，那就是：(1)通过经济发展的空间规划，逐步缩小城乡差别与地域差别，而不是只将注意力放在一两座特大城市的发展之上；(2)通过合理的分配制度，逐步缩小贫富差别，而不是长期只让一小部分人占有国民收入的绝大部分成果。这两大差别的逐步缩小，是提高社会消费能力与消费水准的根本措施，而刺激消费需求只不过是其辅助手段而已。

社会消费能力与消费水准的提高，必然会首先促进第三门类的生活资料生产的发展。生活资料生产的发展，必将带来了对第二门类生产资料的需求。同理，生产资料的生产，又必然带来了对第一门类的需求。当第一门类的需求形成之后，整个市场经济运行的全过程便展开了，而社会消费也就随着经济的增长而逐步提高。按照五个门类互相促进的关系，可以形成以下的结构图式（见图1）：

图1所强调的是第五门类在促进市场经济各个门类发展中的中枢性地位，因此该图还不足以反映市场经济运行的完整流程。传统的五行图式常常将土放到金与火之间，这并不意味着“土常主生”的中枢地位有丝毫动摇，只不过是为了形成一个循环相生与隔位相克的图式而已。依据五行相生相克图式，市场经济的五个门类就构成了这样一种网络结构状态（见图2）：

此图的外圈上的虚线表示相生，内圈的实线表示相克。对这个图，我们先看一看EBD三角区。当第五门类（E）的金融资本在第二门类（B）的生产资料生产的投资过旺时，第三门类的生活资料的生产一时还跟不上，这就必然导致生活资料的价格上涨，从而使第四门类（D）的消费需求负担加重，于

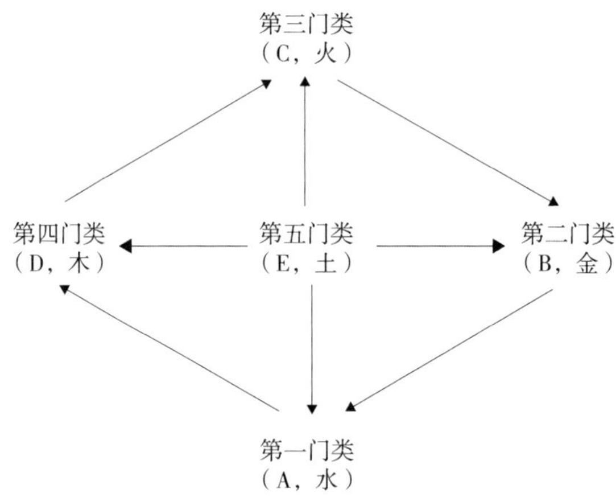

图1 “土常以生”的五行相生图

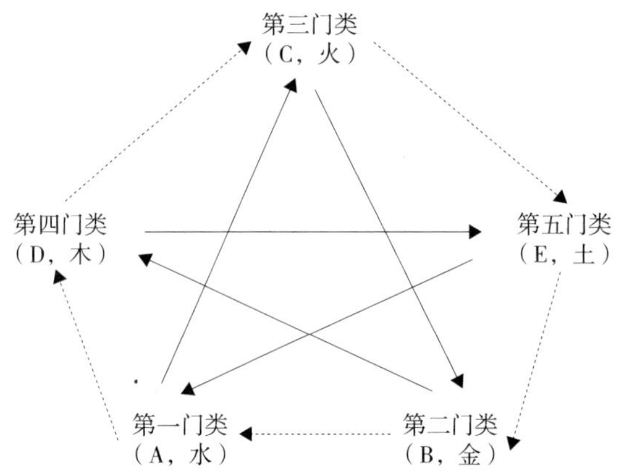

图2 市场经济五个门类的相生相克图

是储户纷纷向银行提出存款，从而削弱了金融资本的投资能力，使第二门类的过旺投资复归于平。这是一种自然调节，是市场机制自身的功能。如果在这个过程中，金融资本承担不起这一风险，就会导致银行倒闭，金融机构破产，由此引发出金融危机。因此，金融资本时刻应将防范风险放在首位，严格注意金融资本的供给量与供给方向，使金融资本始终保持良性循环。再看 BAC 三角区，当第二门类（B）投资过旺时，必然扩大了对矿产资源开采以及能源、运输、土地、水源等方面的需求，从而推动了第一门类（A）的拓展。第一门类对第三门类(C)没有直接的全面需求,在资金方面还摊薄了金融资本在第三门类的投资,限制了第三门类的发展,从而使第三门类不仅不能拉动第二门类,反而构成了对第二门类的制约,使第二门类的过旺投资复归于平。在这个三角区,最大的风险是金融资本的供给严重偏离产业资本的收益率,使第二门类过旺的投资部分不能收回,导致企业资金恶性循环,银行呆坏账节节升高,从而造成银行资金循环的梗塞,严重危及到银行资金的安全性与收益率。AED、CEA、DCB 这三个三角区的情况,皆可依此类推。

以上是从宏观意义上对市场经济五个门类基本结构与互相关系的简要陈述。除此之外,还必须注意到,市场经济基本结构的五个门类各自又有其自身的网络,这就是中国古代贤哲所说的阴阳中复含阴阳,五行中复含五行。当然,市场经济五个门类的各自的分门类并不一定刚好都具有五个方面,每个门类中的每个方面在自身所在的门类中以及与相关门类中的某些方面,也存在着一定的生克制化关系,因而也不能忽略。把握宏观经济调控的目的,在于促成国民经济总值的平稳增长。因此,在一般情况下,不应仅仅热衷于依靠拉动某一个门类甚或某一门类中的某一方面的办法,造成国民经济高增长的假象,其结果必然严重破坏国民经济结构的平衡。但在某一门类或某一门类的某一方面特别落后的情况下,下大力拉动这个门类或这个门类的这个方面,又是促进国民经济平衡发展的必要措施。中国古人常常认为养生与治国的道理相通。庄子曾说:“善养生者,若牧羊然,视其后者而鞭之。”(《庄子·达生》)将这个思想运用到经济调控上,就是随时要促进落后的门类迎头赶上,其重要手段就是注意调整金融资本的供给方面。平衡是相对的,不平衡是绝对的,因此不能把一般的不平衡现象都看做是泡沫。《周易参同契·五相类》说:“五行错旺,相据以生。”五个门类出现交错的繁荣景象,看上去好像不平衡,实际上正是一种动态平衡。观察的着眼点,应放在某一门类的兴旺是否脱离了对其他门类的依存关系,是否犯了兵家孤军奋进之大忌。

要实现对国民经济按五个门类进行宏观调控,需要建立相应的管理体制，以确保对五个门类发展状况以及金融投资在供给量与供给方向等方面信息的准确把握，最大限度地减少金融资本投放与收缩的盲目性与强制性。目前，由于我国的市场经济尚处在全面确立的过程之中，因而宏观调控的实施往往以行政的手段居多，因而常常出现一收就死、一放就乱的现象。当然，这只是一种暂时的不得已的办法，随着市场经济的全面确立，行政调控将逐步让位于金融调控。

依据具有普遍意义与特定意义的网络思维原理，建构若干范围内行之有效的思维机制，以解决一系列在宏观调控与从总体上把握复杂的矛盾系统时所遭遇到的种种困扰，不仅是一个急迫的现实问题，而且关系到思维水准由分析型辩证法上升到综合型辩证法的理论问题。

（作者：武汉大学哲学学院教授）

后 记

文化既是民族的，又是世界的。如何在全球化的境遇中保持文化的民族性与世界性之间的张力，以更好地弘扬和培育民族精神？这个重要的课题，已经引起了海内外学者的广泛关注。2004年7月3日至4日，由华中科技大学民族精神研究院主办的"全球化与民族精神"国际学术研讨会在华中科技大学举行，来自美国价值与哲学研究会、伊朗社会科学院、越南社会科学院、泰国ABAC大学、巴基斯坦拉合尔大学、中华全国青年联合会、中共中央党校、中国人民大学、中央民族大学、武汉大学、华中科技大学、湖北大学和我国台湾大学等海内外二十余家学术机构和单位的六十余位专家学者出席了会议。学者们围绕全球化背景下弘扬与培育民族精神的必要性和紧迫性，关于民族精神的多元解读，民族精神与文化认同，全球化境遇下民族精神所面临的机遇、挑战及应对方法，如何弘扬与培育中华民族精神等问题进行了广泛而热烈的讨论。会议在学术的交流与碰撞、各国学者友谊的建立和增强、促进未来学术合作等方面都取得了很大成功。本书就是在会议提交的论文以及会议发言基础上汇编而成的，收入了美国、印度、伊朗、越南以及国内学者的主要研究心得，共分成民族精神的审视、全球化语境中的民族精神、全球化与民族精神的弘扬与培育、中华民族精神探究、文化视域中的民族精神等五个部分。本书充分反映了此次国际会议的成果，在一定程度上也反映了国内外学者对全球化背景下民族精神研究的初步成果。我们希望本书的出版能够进一步推动民族精神的研究不断深入，并引起越来越多的人关注这个话题。是为记。

编　者

2008年12月

责任编辑:钟金铃

图书在版编目(CIP)数据

文化反思与价值建构——全球化与民族精神/欧阳康主编,
栗志刚副主编. -北京:人民出版社,2009.9
(民族精神研究丛书)
ISBN 978-7-01-007985-1

Ⅰ. 文… Ⅱ. 欧… Ⅲ. 民族精神-研究-世界 Ⅳ. C955

中国版本图书馆 CIP 数据核字(2009)第 092931 号

文化反思与价值建构

WENHUA FANSI YU JIAZHI JIANGOU

——全球化与民族精神

欧阳康 主编 栗志刚 副主编

人民出版社 出版发行
(100706 北京朝阳门内大街 166 号)

北京集惠印刷有限责任公司印刷 新华书店经销

2009 年 9 月第 1 版 2009 年 9 月北京第 1 次印刷
开本:710 毫米×1000 毫米 1/16 印张:22.25
字数:315 千字 印数:0,001-3,000 册

ISBN 978-7-01-007985-1 定价:46.00 元

邮购地址 100706 北京朝阳门内大街 166 号
人民东方图书销售中心 电话 (010)65250042 65289539